戴本孝评传

苏庚春题签

辽宁美术出版社

序言

文·石谷风

古风堂夫子的这篇序文写于近三十年前,那时我刚入而立之年。如今,先生已归道山数载,回忆古风堂上聆听教诲,先生勉促我撰写"戴传"恍如昨日。

此后岁月,我南行北漂,为生计奔波,疏于问道,然重新修订"戴传",一直挂念在怀。直至戊戌夏暑,留云草堂甫成,稍得妥适,自兹日落而息,日出劳作,俨然古人耕读生活。历时三月余,"戴传"修订遂成。

重读先生序文,感慨之余或可略得安慰。今"戴传"将得"正式"出版,所以先生赐序于前,纪念先师的关爱和嘉勉,是为记。历阳后学眆溪许宏泉,辛丑春二月于燕山之阳。

(许宏泉案)

明末清初是一个社会大动乱的时代,在其文学、艺术方面亦充分地反映了这一时期的社会矛盾,具有鲜明的时代特点。当时,一部分民族志士投入抗清运动,发展为艰难凶险的悲剧结局,最后以身殉国。另外一部分官僚士大夫,选择了投降清王朝,为新的统治者服务的道路,以求得一官半职。而许多正直的知识分子,在国破家亡之时,或出家为僧为道,遁迹山林;或落魄为"遗民",

佯狂垢污。他们坚持民族气节，清贫自守，终老布衣，并以其卓越的学识才智，精研诗文书画，取得了一定的成就。戴本孝便是其中颇为突出的一员。他在坎坷多舛的道路上度过一生，是一个超尘脱俗、正直热忱、具有强烈爱国思想的画家和诗人。

中国绘画艺术至明清之际，曾出现一个高潮期，名家辈出、流派林立，他们各树一帜，活跃于画坛，开创了前所未有的新风貌，是划时代的艺术创造。对三百年来之画坛有着深远的影响，这与当时的社会背景以及经济基础有着不可分割的关系。

当前，明清画史的研究是国际上的一门显学。国内外许多学术交流会的召开、专家学者的专著和论文的出版与发表，形成了一时学术研讨的新潮。我省和县许宏泉幼年失怙，却聪敏好学，中学读书时，即对绘画和画史颇有兴趣。由于他刻苦钻研，集众长而自悟，如今，已是一位自学成才的青年学者，曾多次在报刊上发表书画史论文，颇有自家见解。他编写的《戴本孝评传》是煞费了一番苦心的。因为有关戴氏的氏族、家史、身世、籍贯以及交游等问题，志乘不详，说法也不一，又加之戴氏一门诗文遗者，曾因文字狱严加禁毁而多失传。如戴重的《河村诗文集》、戴本孝的《前生集》和《余生集》，早因雍正十年（1732）运漕黄正超家收藏禁书之狱而被销毁。乾隆四十五年（1780）因和州戴移孝《碧落后人诗集》及其子戴昆《约亭遗诗》文字之狱，所有戴氏一门著书，经地方官严密搜查焚毁，偶有出现也成为罕见之史料。而要写成有分量的专著，单靠自己搜罗到的手边资料，当然还很不够，因此，许宏泉曾两次到北京图书馆查阅《余生诗稿》《不尽诗稿》，获得许多难得的史料，又到天津、南京、扬州、合肥等地向公私收藏者搜集有关戴本孝绘画、诗文题跋、书法、印章等资料。为了弄清戴本孝家史、里居等情况，他多次到本县城西北四十里的迢迢谷一带，作深入细致的调查，获得许多第一手资料。并在花园戴村发现《和州花园、河村连宗戴氏宗谱》，是为研究戴本孝家史的重要依据，足以补正前人史料之不足。甚至还到戴氏生前师友交游活动之处进行采访，作了大量调查。去岁秋，我应许宏泉和麻朝炎先生之邀去和县了解戴本孝故里情况，对迢迢谷、花园戴村故居、鹰阿山避难处以及鸡心山祖茔地等各处遗址进行了复查。将史料记载与实地调查相结合，有所发现，以往许多疑难问题得到解决。

我想，只有30岁的许宏泉写成这本《戴本孝评传》是不简单的，希望作者以此为起步，继续勇于实践、勤于探求，相信今后一定会写出更多更好的作品。是为序。

1992年10月于安徽省博物馆

目录

第一章
生平概述   1

籍贯   2
家族与环境   6
笔名叙略   28
卒年考证   33

第二章
游历与交往   37

小三吾诗会：走出迢迢谷   39
黄山之行：真山原是古人师   52
余生之旅：五岳归来形已换   54

第三章
遗民与遗民心态   135

亡国之痛与沧桑之感   136
劫后余生之困顿   138
隐逸情怀   140
遗民之意义   142

第四章

艺术思想与画风之衍变　　147

画学思想初探　　148
风格的确立与渐变　　161

第五章

诗歌评述　　325

概述　　326
影响与评价　　334
关于《余生诗稿》兼说"戴氏文字狱"　　336

第六章

年表简编　　341

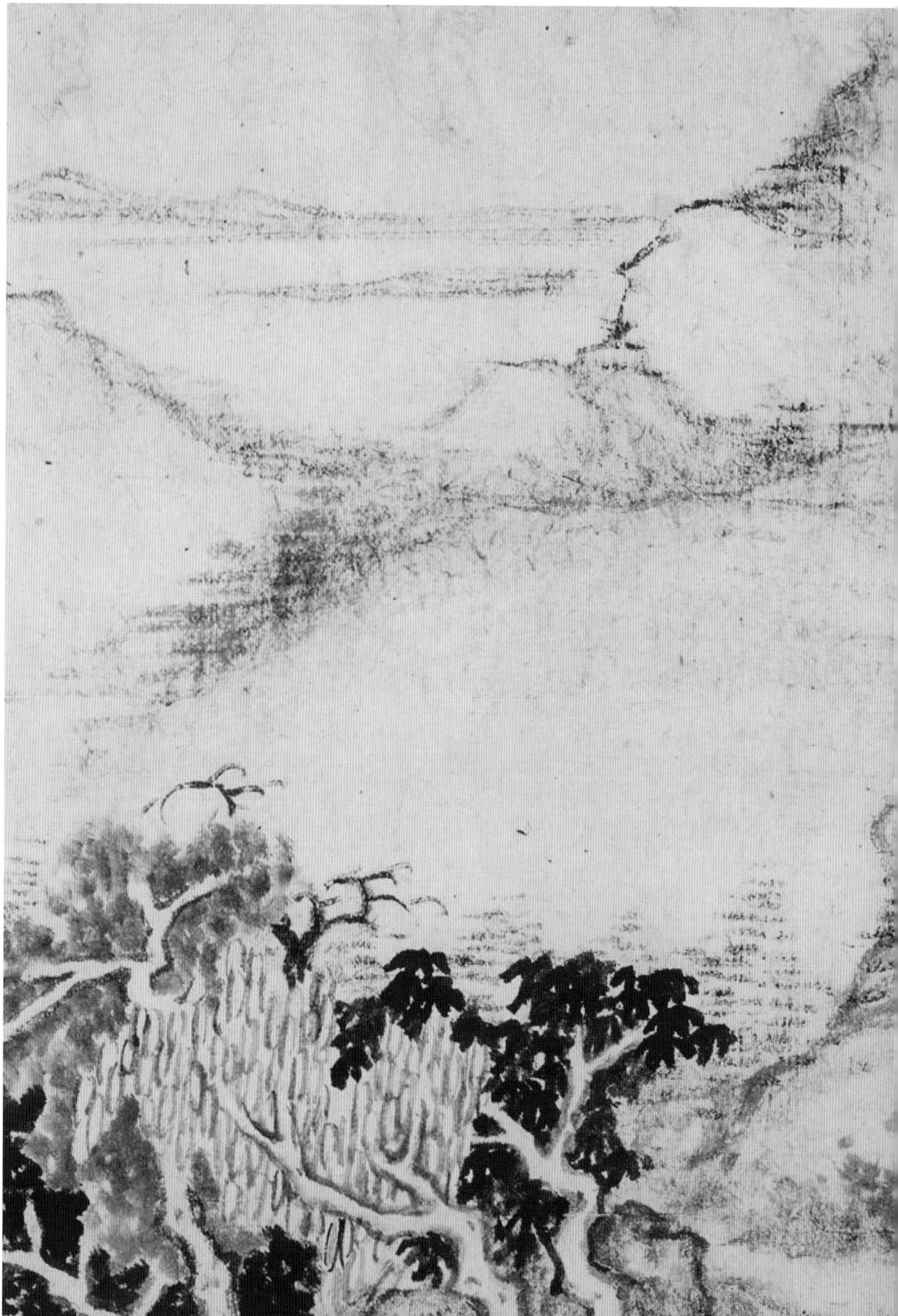

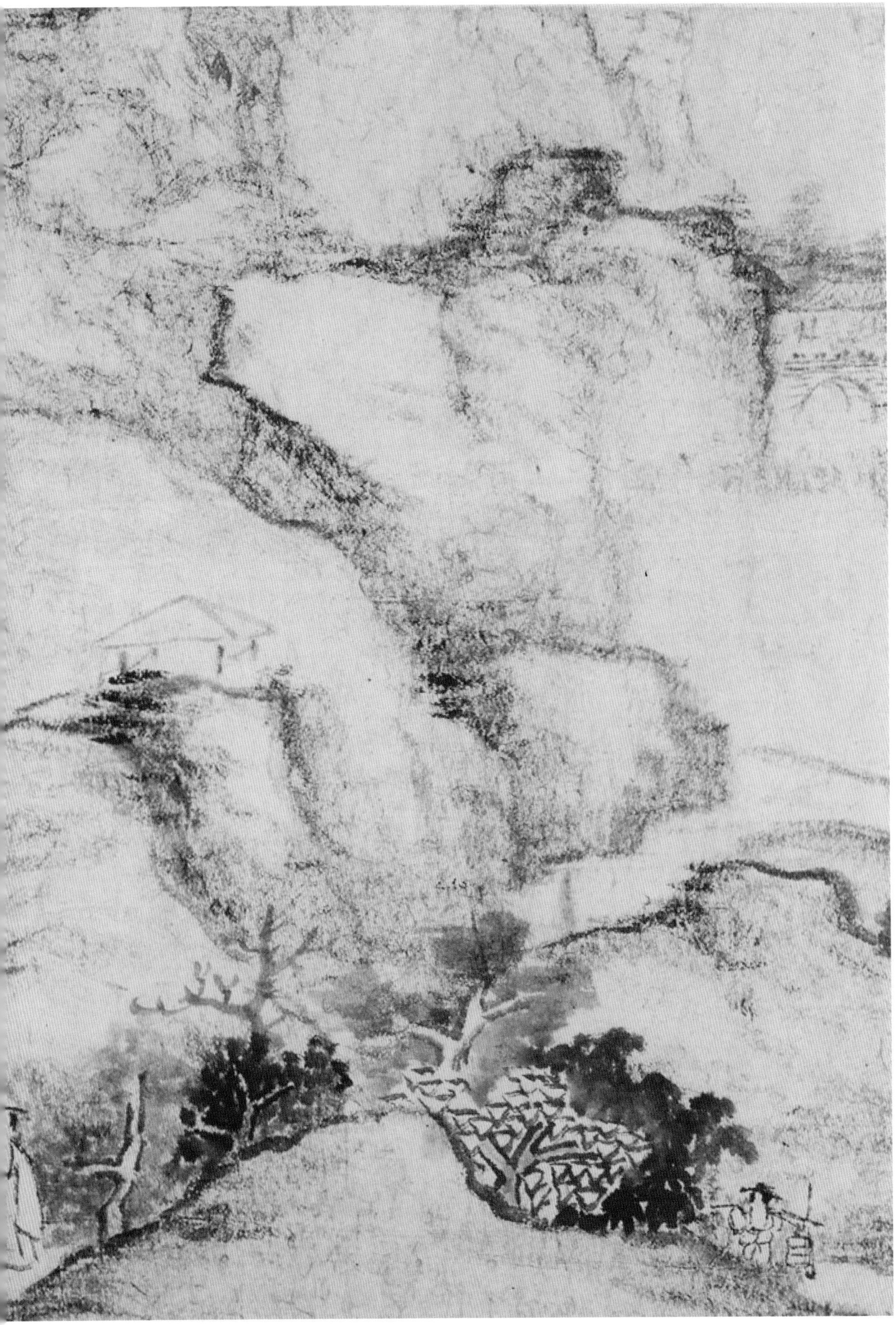

迢迢忆,
最忆戴鹰阿。
吟到余生悲岁月,
图成残壁旧山河,
空染泪痕多。

——忆江南·怀戴鹰阿

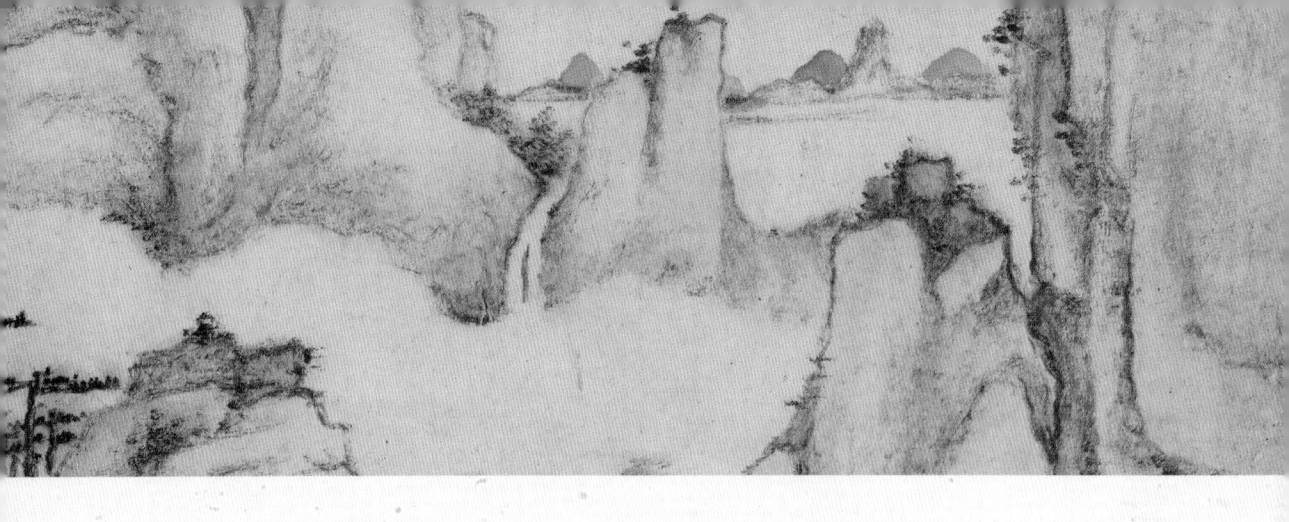

生平概述

第一章

籍 贯

戴本孝出生于明代末年，可谓"生正逢时"，在他青少年时，恰逢朝廷腐败，时局动荡，异族入侵，战乱频仍，生灵涂炭，遍地荒芜……故其平凡一生却有着不平凡之遭际。明亡后，戴本孝蛰居穷乡僻壤，佣书卖画，布衣终老，可谓是历代知识分子于乱世之中无奈而真实的生存状态。这种状态也无疑使其艺术生涯和艺术成就表现为边缘化，尤其清代残酷的"文字狱"等特殊历史原因，其诗文著作与绘画散失严重，传世无多。所以，历来画史对之均未深入论及，即使偶尔提起，亦只是寥寥数语，以致后人更是对其了解甚微。

最早记载戴本孝的画史著作应为乾隆四年（1739）成书的《国朝画征录》，作者张庚却将戴本孝的名字误作"本存"，且与汪朴、吴定三人合传，论述十分简略：

> 同郡（按：前称汪朴为休宁人，此处同郡即指休宁）戴本存，号鹰阿山樵，山水以枯笔写元人法，小幅及册页颇有可观。

其后，彭蕴璨的《历代画史汇传》、李濬之的《清画家诗史》以及其他一些史论著述对其亦大率略而不论。以致经过点校的《画史丛书》依然沿袭张庚误"本孝"为"本存"之说。

戴本孝，字务旃，明天启元年七月九日（1621年8月25日）[1]生于和州（今安徽省和县）古官道旁的西河村。由于缺乏研究，有关戴氏的籍贯一向是

---

[1] 戴本孝：《余生诗稿》卷十一有《生日诗》（1691）云："生当七夕后二日，不知儿逢闰七夕。今年我复来东皋，恰恰行年七十一。"据此推算，其生年当为1621年。

说法不一，多持"休宁"这一讹传。就连较权威的《中国画家大辞典》和《辞海》《中国人名大辞典》等也是以讹传讹，沿袭这一错误的说法。后来，一些出版物如潘天寿著《中国美术史》，安徽美术出版社的《四味书屋珍藏书画集》，江苏美术出版社的《龚贤研究集》和《石涛与〈画语录〉研究》，吉林文史出版社的《明清画家印鉴》等，仍固守旧说；而人民美术出版社出版的令狐彪编《中国古代山水画百图》及华文出版社的《中国书画大辞典》等，则持"一作休宁""一作和州"这种模棱两可之说。而由安徽美术出版社出版的《明清安徽画家作品选》中又有"祖籍歙县（一作休宁，非）"的新说。

据章学诚纂修《和州志》载：戴重（本孝父）远祖仲礼，从明太祖朱元璋取和州，从征有功得世袭千户，赐田宅，着籍和州之西河村。另据查《新安戴氏支谱》获知，有新安戴氏一支曾由休宁迁入和州。今藏于和县花园戴村戴氏家族的《花园、河村连宗戴氏宗谱》也载明戴重祖上仲礼公元末迁居西河村至戴重已十代，综合以上诸多记载可以看出，把戴本孝说成休宁人也并非毫无缘由的。然而，即使戴本孝远祖为休宁籍，由元末至清初，前后三百年，戴氏家族在和州繁衍十多代，仍称"休宁"籍贯，向无此例；至于说"祖籍休宁"，早已是年代久远之事，似毋庸赘述。况且戴本孝在画中常见署款为"历阳鹰阿山樵"，虽其亦有"前休子"别号，却从未直署"海阳（休宁）"。而"祖籍歙县"一说，实为该书的文字作者之误断，查阅《花园、河村连宗戴氏宗谱》获知，在和州城西北迢迢谷西部的凤台山东北"顺天乡十三四都冷水涧"也居住过一支姓戴的氏族，称花园戴村"发脉于徽州龙虎郡"。徽州的府郡为歙县，此恐是"祖籍歙县"一说之来源。实

《和州志》书影

守元公

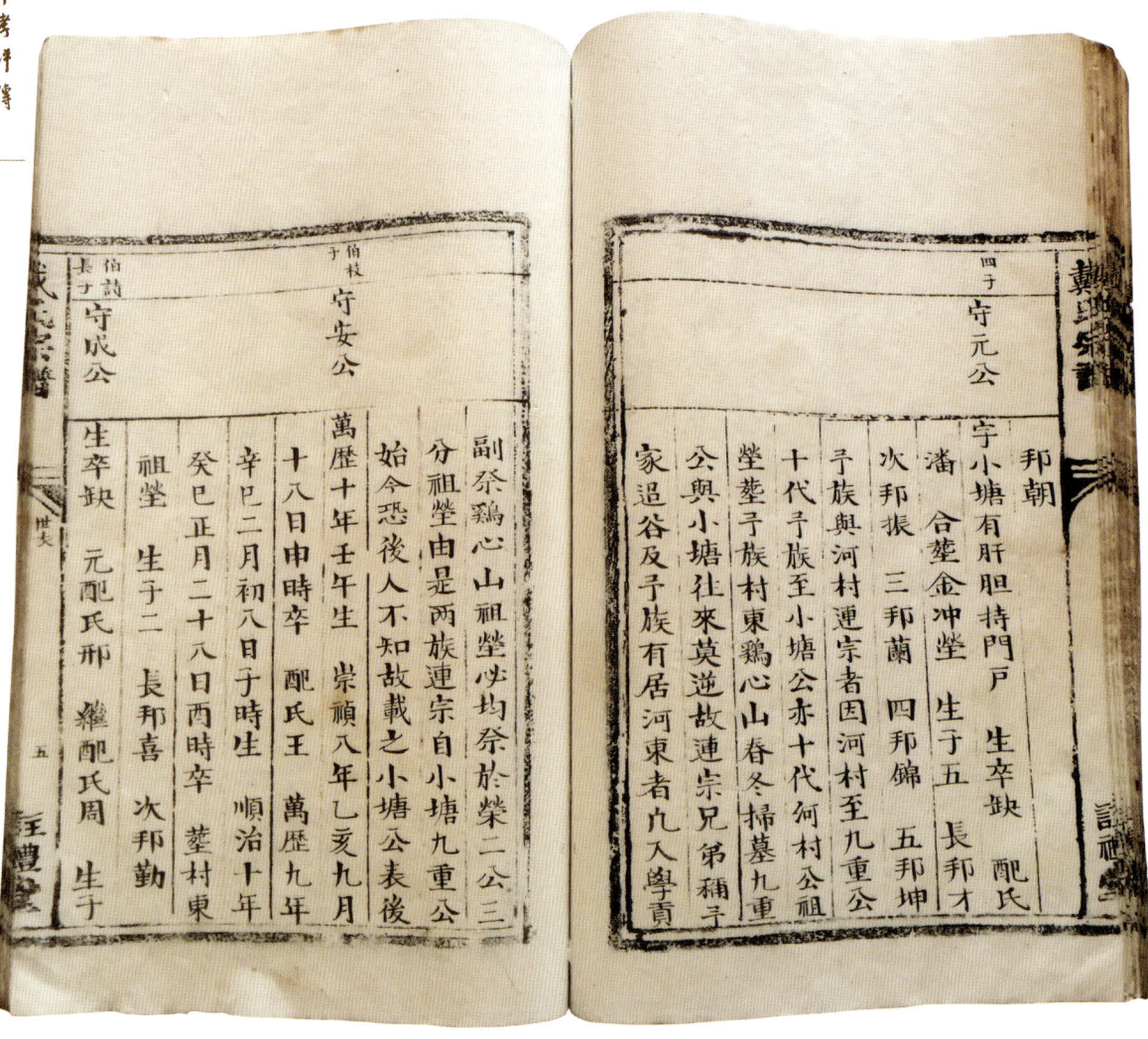

四子

守小塘有肝胆持门户 生卒缺 配氏

邦朝

潘 合葬金冲塋

次邦振 三邦兰 四邦锦 五邦坤

子族与河村连宗者因河村公

十代守族至小塘公亦十代河村公祖

塋葬守族东鸡心山春冬扫墓九重

公与小塘往来莫逆故连宗兄弟称子

家退谷及子族有居河东者九入学贡

守安公

伯枝 长子

守成公

副祭鸡心山祖塋必均奈於荣二公三

分祖塋由是两族连宗自小塘九重公

始今恐后人不知故载之小塘公表后

万历十年壬午生 崇祯八年乙亥九月

十八日申时卒 配氏王 万历九年

辛巳二月初八日子时生 顺治十年

癸巳正月二十八日酉时卒 葬氏东

祖塋 生子二 长邦喜 次邦勤

生卒缺 元配氏邢 继配氏周 生子

际上，徽州亦包括休宁等县，况谱中有明确的记载，花园戴氏至小塘公（守元）十代时与西河村戴氏十代九重公连宗同为"注礼堂"。是谱称：

> 予族与河村连宗者，因河村至九重公十代，予族至小塘公亦十代；河村公祖茔葬予族村东鸡心山，春冬扫墓，九重公与小塘往来莫逆，故连宗兄弟称，予家迢谷及予族有居河东者，凡入学贡副，祭鸡心山祖茔，必均祭荣二公三分祖茔。由是两族连宗，自小塘、九重公始，今恐后人不知，故载之小塘公表后。

可以说，两族连宗，也是戴氏父子后来徙居迢迢谷的渊源。

花园村藏《戴氏宗谱》原为三部，分号为"宽""和""睦"，惜于"文革"焚毁其二，现存一无封签本。是谱于康熙癸巳（1713）创修，乾隆辛卯（1771）春续修，嘉庆己卯（1819）三修，光绪乙亥（1875）仲秋四修。花园戴氏"世系表"，自荣二公起，至五百余年后国字辈（二十一世），各支分脉记录详尽。关于河村戴氏各支派脉，尚有两部未见，据族中长者回忆，一部多为祖上容像及赞、铭之类，另一部是否即为河村一脉"世系表"尚不得知。又族中长者言，因戴氏父子抗清坐罪，所以后来修谱不敢将其列入，免招祸株连同族。现存是谱中有《谱例》曰："谱与国史无异，史录一国之事，善与恶俱书；谱存族之事，书善不书恶，为亲者讳也。善有可录，片言细行不遗焉。"可见，修谱者对于族中之人与事并非记录无遗，用他们的话说是择善而去恶。是谱于乾隆年间续修，正是清代"文字狱"处于登峰造极之时，戴重《河村诗文集》指为禁书被查抄，戴移孝（本孝弟）、戴昆父子遭戮尸，后人举家遭殃。族中人担心株连全族的惶惧心情是可以理解的。尤其对于戴重一家这样的事，清廷特别敏感，动辄杀人，不择手段地残酷镇压，无非是立威于民，以巩固其统治地位。清朝进入乾隆时期，亦称"盛世"，政局已当稳定，久而久之，一般的平民已习惯于做清廷的顺民。至此，对于戴重一家誓与清廷不合作的所谓"民族意识"，戴氏宗族中的后人或是很难作出公正对待的。若真如此，即使那两册遗失的谱牒中也不一定有戴重一脉的记载。鉴此，我们倒是极为佩服方志学家章学诚的胆略和识见，在乾隆三十九年（1774）编纂《和州志》时，用了近万言的篇幅详细地叙述了戴重及其二子的生平，为其父子三人立传。

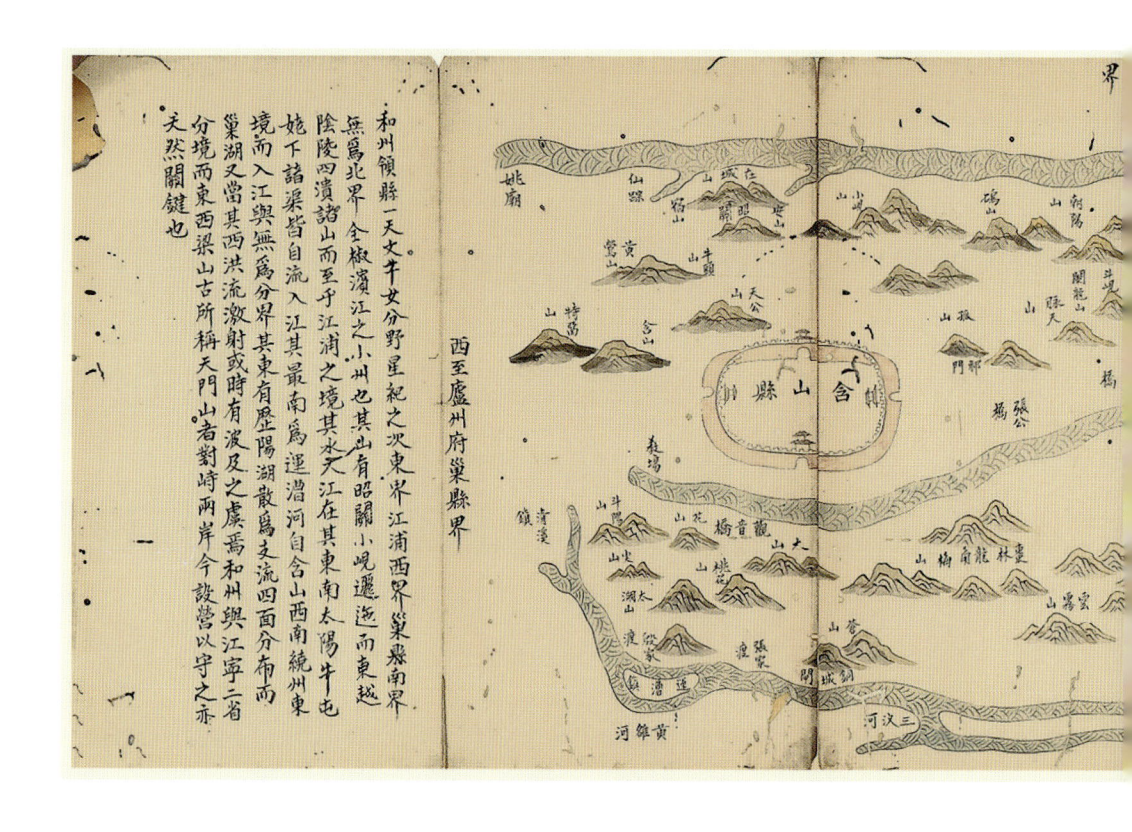

家族与环境

一

到戴本孝的父亲戴重这一辈，戴氏家族在和州已生活了整整十代。

和州（历阳），地处皖东，位于长江下游，东南濒江，西北环山；左望六朝古都金陵，南依江城芜湖，隔江与采石矶、博望（山）相望；由巢湖而下的诸支流与滁河分贯南北，素为鱼米之乡，近有"文化古城"之谓。

十余年前，考古学家在城西北陶店乡龙潭洞发掘出一具旧石器时代的猿人头盖骨化石，将其定为"和县猿人"。考古学家认为早在三四十万年前，这里就有了人类的繁衍生息活动。关于和州的历史，邑人陈廷桂（子犀）辑《历阳典录》及朱大绅修、高照纂清光绪《直隶和州志》等文献皆有记载。因城南有历水，古称"历阳"。西周时，和州属扬州；春秋战国时皆为楚地；秦时置历阳县，属

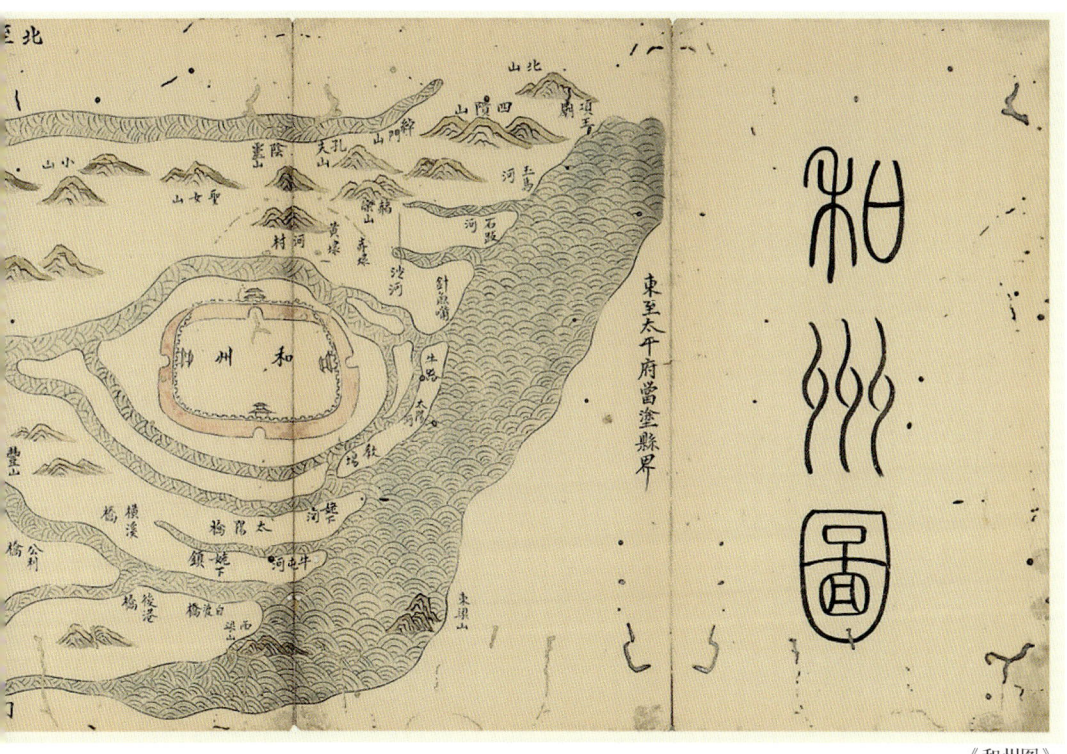

《和州图》

九江郡；汉沿之；三国为吴之重镇；晋时置历阳郡；北齐天保六年，分历阳、齐山郡，置和州，刘禹锡《和州刺史厅壁记》称："梁之亡也，北齐图霸功，拥贞阳侯以归，王僧辩来迎，会于兹地，二国和协，故更名和州。"（光绪《直隶和州志》卷四）唐、宋时代，或称和州，或改历阳之名。元世祖至元十三年，以和州隶淮西总管府置和州，二十八年又降隶属庐州。明太祖洪武之年，和州仍属庐州府，洪武七年改属凤阳府，十三年，升为直隶，并辖含山县。因其历史悠久，又地处吴头楚尾之要，尤是南京之西南门户，历代为交通、军事之重地，是谓"负山阻江，为姑孰、金陵藩蔽，最称扼要"，又称"凡有事江南者，率先致力于此。春秋时，吴楚战于长岸。长岸者，今之西梁山也。厥后刘项之于乌江，吴魏之于东关，以逮牛渚、鸡笼、昭关诸处，皆历代兵争之所"（光绪《直隶和州志》卷三），亦可谓"挥戈跃马之地"，故其胜迹多与此相关。历代文人流连风景，旷览名胜，凭吊自深，学士谈论，骚人赋咏，可谓洋洋大观。

陈廷桂《历阳典录》远稽旧史，旁采各篇，其自序曰："吾和县自秦分城，由范筑项亭在望，陋室犹存，书堂则桃坞蛙池，高风可溯，仙宅则丹台石室，故址依然。"多为州城周边一带名胜。若李清照诗"至今思项羽,不肯过江东",即有项王自刎遗址,后人于江边建霸王祠,"雄踞高阜,江东诸山拱揖,槛外旧有李阳冰题'西楚霸王灵祠'六篆字"(光绪《直隶和州志》)。后毁于动乱。城中有隆冈清潭,即唐刺史刘禹锡陋室旧址。城西二里桃花桥西,是唐诗人张籍读书处旧址。东南有横江浦,李白曾驻足于此作《横江词》。诸如天门山、白渡桥、凤台山、梅豪亭、万寿塔、镇淮楼诸名胜,至今仍可登临。

在民间,关于戴氏父子传说无疑与"世俗"有关,诸如"九重公死后,四面八方出棺"云云。倒是一则戴本孝"月夜画梅"的故事,堪称佳话。

据史书记载,北宋歌豪杜默(师雄)归隐乡里丰山杜村,于门前手植梅树六株,历经沧桑,独存一树。树高三丈有余,曰"玉蝶",每岁春首着花,如蛱蝶翔舞于山石之畔,颇是壮观。因其每年轮开半树,人称"半枝梅"。相传,杜默后人杜浩(字三楚,《历阳典录》有记)与戴本孝交往甚笃,每值梅花初开,杜家总忘不了约本孝赏梅作画。某年,春雪初霁,本孝欣然赴约。只见梅树生机勃然,玉蕊翩翩,当即援笔写照,数帧皆难尽其韵。薄暮,本孝伫立窗前,但见月光初照,梅影映雪,宛然绝妙水墨梅花图。本孝复乘兴铺纸挥毫对影而

白石洞遗址

画。不料方写半树，一片乌云遮住明月，似泼翻墨盂，将雪地梅影倏地涂去。本孝长叹："助我者明月，败我者亦月矣。"过一刻，待他再见案上之画，却见半树梅花姿媚横斜，曼妙清绝。于是戴本孝月夜画"半枝梅"成为一时美谈。据说，从此这梅树每岁也竟只开半枝了。

虽为传说，可见家乡人对戴本孝这位大画家充满爱戴之情，梅豪胜境亦因此平添几分诗意。戴本孝《余生诗稿》卷五中有一首《柬杜三楚芳讯老梅胜常否》七律诗，当是他们之间交往的最好见证。诗曰：

十余年不到君家，宝树堂前烟草遮。幽结三间小茅屋，香横十丈大梅花。每惭俗客能来赏，偏是狂夫兴懒赊。幸得孤芳同散木，斧斤今已遍天涯。

清兵入主中原，时江南兵卒造战舰伐木甚厉，老画师牵挂的"十丈梅花"幸免于难。而今沧桑几百年，花开花落，芳香依旧……

二

事实上，乡里对于这位老死布衣的画师了解得并不多，而画家的父亲戴重九重公，则是大名鼎鼎。在人们看来，九重公是一位了不起的"民族英雄"，就像山东人说起秦琼、汤阴人谈起岳飞一样，美誉中带着几分神秘。传说纵然美好，终究是传说。不过《和州志》近万言的《戴重传》和《历阳典录》，以及同代名贤、乡里后学为戴重的著作《河村诗文集》所撰的序、跋文字，为我们了解他的生平、思想和学术成就等提供了丰富、可信的史料。

戴氏家族随明代立朝得定居和州，落户城北河村，遂为望族。章学诚《和州志》称："戴氏远祖仲礼，从明太祖取和州，从征有功，得世袭千户，赐田宅，着籍和州之西河村。"[1]

---

[1] 又称河村铺，光绪《直隶和州志》卷四称"河村铺，州北二十里"。今属和县乌江镇，仍名河村。

戴重为彦岫五世孙,彦岫公"以侠行名"。戴重曾祖宠"有孝行"。祖恩,"为州学生。能文章,矜气节"。父淳,"少孤,事母孝。有二庶弟,抚而教之,至于成人,则悉以膏腴之产推让二弟"。家族世风若此,戴重少幼受其熏陶。

戴重(1602—1646),字敬夫,初名九重。《和州志》中《戴重传》这样描述他少年时:"少奇伟,方儿时,即嬉戏兵械,习行阵击刺法。"年稍长,尊江浦郑朝聘为师,"闻朝聘讲授圣人之学,私心独喜,尽焚平日所习举业程式文字,慨然有志于古人。静坐深思,彻日夜不倦,穷经余暇,抵掌谈五霸大略,腾踔自喜,不屑屑为拘儒曲谨,意气岸然也"。可以看出,戴重青少年时代深受传统"忠君爱国"思想熏陶,敢于抛弃科举八股程式,这对他后来成为民族义士有着极其重要的影响。

郑朝聘,号艮岳,生平不详,据《戴重传》记载知为焦竑的弟子:"先是,江浦郑朝聘,师事江宁焦竑(1540—1620),溯江西罗汝芳(1515—1588),讲良知之学。"戴重"年十五,为生员。遭父丧"。《和州志》没有明确记载戴重失怙之年,戴重则在他所著《河村诗文集》中叙述甚详:

> 从十五岁为和州诸生,无所识知。后三年,父以婚重,礼成逾五月,父遂卒。祖母与母抚重而亟怜之,家遂贫……[1]

戴重18岁成婚,五月后,父亲不幸下世。遂家道中落。戴重一面助母操劳家务,一面不辍学业。24岁始师事郑朝聘,并在家居西庄筑馆筵其师,《和州志·戴重传》称:

> 至是,重于西庄筑立雪堂,馆朝聘庄中。与从叔元亮执贽称弟子。

又据《移宅记》载:

> 二十四岁,始事江浦郑先生为学。郑师名朝聘,号艮岳先生。将以明年迎师西庄,朝夕教诲之。会师有疾不果来,重独居西庄,悉焚

---

[1] 戴重:《河村诗文集》卷一,《移宅记》。

童时所为书文者，静坐长思，若耿耿有所得。数往于师，以求其得失。秋八月，师卒矣，伤之如之何哉。

与《和州志》所记载的一样，青年时代的戴重心怀远志，具有独立思想，已成为一位关切时势、怀有忧患意识的文人，这对于他后来加入复社、投身抗清都有着密切的联系。

西庄在"州小西门之十五里千秋坝，有土城……"[1]事实上，从《移宅记》可知，戴家已数移其所。最大的一次迁徙是过江至南京，实则是"避祸"。先是祖母卒，后又是"叔父以仇家死"，为打官司卖掉西庄田地，官司又输了。此时，已闻山东"寇变"，于是这年冬天，戴重决定"奉母徙南京""亲戚、兄弟亟沮之，独母与重决其行……至京，居西安澡马塘宅，北望钟山，有园有池，花石藤树。终日对母坐语，凄然不乐"。

这便是《移宅记》中所记叙他们全家背井离乡的经历。《和州志·戴重传》亦记载："知和州将乱，移家南京。"是明崇祯五年（1632），戴本孝12岁。

第二年九月秋，戴母病故，临终前，遗命戴重曰："汝江北不可以归，吾江南亦可以葬。"可见老夫人乃是洞明时势豁达之人。这一年年底，李自成果然兵犯和州，大肆屠戮。《移宅记》载：

> 流贼陷和州屠焉，昆弟妇子、朋友亲戚亡过半。仅存者相依于京，不能给也。

刘城《推官戴公传》也详细记载其遭际：

> ……遂行之南京西安门，居二年而母卒。乙亥（1635）春贼犯州境，渡江至和州河村，悉举族殡葬之，以宗族兄弟之家移江南。劝亲识急徙，皆不听，挈弟子数人而南。十二月贼果陷和州，屠焉。从公言者，皆得免。明年丙子正月贼去，复渡江，哭所亲，多解衣营其葬。旅南

---

[1] 戴重：《河村诗文集》卷一，《宿西庄记·己巳》。

京凡五年，以贫故五徙其宅。[1]

虽然避难落脚在南京的日子很艰苦，但因为戴重和母亲的远见，果断选择逃亡，全家得以幸存。及寇兵进犯州境，戴重又毅然渡江力劝族亲尽快逃离，但大多数人难弃故土，不肯离去，戴重只好带着弟子等数人悄然逃离。劫后，1636年，戴重又返回老家，安葬族亲。

戴重全家在南京流亡五年，五徙其宅，从西安门到鸡鸣山下，再搬到离南京城九十里外的横望山中，"其山实穷谷，其民野而悍，不得为乐土"。[2]尽管若此，暂可避乱。因有族亲和友人陆续逃难聚到一起，又因回乡解衣为族人治丧，戴家的生计也越发艰辛。

《和州志·戴重传》这样描写戴重流亡的情形：

> 沿江千百里间，饿殍相藉，野死无瘗，行者皆脔割取食。重挈家流离转徙，欲谋樵隐，卜居横望山，携经授徒。时时短衣疾步，出入间里间，插剑囊矢，不类儒服。居人或疑为盗，相与骇愕。后见横经讲肆弟子自远至者，质疑就正，艰难之中，弦诵无虚日，于是咸敬礼之。游石臼湖，走句曲，抵南京，周览形势。会横望盗起，移家太平，又迁铜井，名其居曰陶窟。

自壬申年（1632）逃难到崇祯十五年壬午（1642），戴重举家流寓金陵，自石臼湖归里，遂又再度逃荒至江南。屡遭天灾人祸连累，一直在颠沛劳顿之中。而在这期间，发生了几件"重要"的事。

据《和州志·戴重传》记载，崇祯初年，戴重加入复社，同人有张溥（天如）、吴应箕（次尾）、梅郎中（朗三）、方以智（密之）、沈士柱（昆铜）、萧尺木（云从）、陈子龙（卧子）、陈贞慧（定生）、鲁可藻（孺发）等。"后遭国变，或捐生殉节，或高隐没世，始终不渝，论者以为一时之盛"。戴重与萧云从的结识应该因为复社同人的缘故，二人又同避难在石臼湖。萧云从（1596—1673）

---

[1] 戴重：《河村诗文集》，刘城撰《推官戴公传》。
[2] 戴重：《河村诗文集》卷一，《移宅记》。

是姑孰人，家居鸠江（今芜湖），离石臼湖不远。邢昉（1590—1653）有诗《寇定后送戴敬夫、萧尺木还乡省亲》，[1]当是流寇犯和州乱后、戴重回乡时。戴重参加复社，对戴本孝后来的"遗民思想"显然有着重大的影响。而他与萧云从的交往，也使得戴本孝有机会习画之初得到名师指点和熏陶。[2]

崇祯十一年（1638），戴重在吴应箕为弹劾阮大铖起草的《留都防乱公揭》上签名，参与弹劾阮大铖。崇祯十五年（1642），戴重应南京乡试，被放。感时伤势，欲上书请崇祯帝迁都陕西，以是保国安邦之策，称"中原流寇充斥，国家脱逢不测，欲一旦迁南都，取道无由。莫若早据关中，可扼河山之固，号召天下"[3]云云。书阻不得上。

在石臼湖，戴重以教书谋生，"湖中邢于定，亦贤而隐者，馆重其家，意气甚得"[4]。又因"横望盗起"，转移太平，又迁铜井。太平，今安徽当涂县。横望山在县东北六十里，亦名横山，《舆地纪胜》云："其山四望皆横，故名。有陶贞白（弘景）书堂，今为澄心院。五井、丹灶、药臼在焉。"陶曾自号"隐居"，故横山又名隐山。铜井，在江苏江宁县（今江宁区）南，北濒长江，南接当涂，为往来冲途。《和州志·戴重传》详细记叙他们一家在横望山中艰难度日之情状：

> 横望处万山中，丧荒多故家益贫，日仅一再啜䭀，杂以粗粝，母不能堪。本孝则取古忠臣烈士所为致命遂志传诵人间诸篇什中，择其尤卓荦者，浩歌长诵。又使幼弟若女弟辈抚掌击节，相和于前，激宕顿挫，鼓气作饱。母遂怡然，为之忘忧。

几经周转，戴重感到前途无望，最终选择回到故乡，营居州西北四十里外的迢迢谷鹰阿山下，为终老计。

崇祯十四年（1641），21岁的戴本孝娶妻成婚。两年后，本孝随父回到和州，并一同登临鸡笼山。

---

[1] 见陈廷桂《历阳典录》，清同治六年刊本。
[2] 《和州志·戴重传》云："时同避乱于石臼湖者，萧云从、姚希舜、王用贤、葛良贤、马阜生、孟芳年等，皆一时高士。"
[3] 《和州志·戴重传》。
[4] 《和州志·戴重传》。

然而"树欲静而风不止",甲申(1644)三月,李自成攻陷北京,崇祯帝缢死煤山。明王朝气数将尽。

未久,凤阳总督马士英(约1591—1646)拥福王朱由崧(1607—1646)入南京,建立南明,自称监国,虽偏安一隅规模苟简,亦令天下愚忠于明王朝的读书人有了复兴的希望,激昂感慨,以为中兴可期,纷纷涌向南都,欲续报国之志。从少年时代即有志图报天下的戴重也走出穷谷,出仕福王朝廷,入应天巡抚程世昌幕,遂又参加岁贡廷试,其文章为主考官所赏,擢为第一。戴重在试卷中言辞激烈,直指奸党,实则抨击马士英等权奸当政。马士英见其文,极其愤怒,因中以党祸。后得以解,得授湖州府推官。当事者欲其厚赂,戴重不应。又因马士英曾向戴重强索沉泥砚遭拒,因此,他虽实授湖州,未到职即被挟怨改任廉州(今广西合浦县)。至此,戴重深感时事不可为,亦对东南一隅之监国感到失望。

戴本孝自幼随父辗转走避,身经乱世困苦,加上他从小就体弱多病,很令父亲担心。《和州志·戴重传》称"本孝幼羸,瘠有瘵疾,父常虑其不育,督以经业"。他在《余生诗稿》自序中亦称:"忆余在襁即负奇疴,弱冠犹羸。"但作为长子,戴本孝不仅要帮助父亲操劳日常,显然也是要常领几个弟弟念书习文。《和州志·戴本孝传》称:

> 重恒外出,本孝年未弱冠,已能将幼弱谨视内外。奉母左右,无方必周以谨。

或许因为本孝幼弱多病,戴重对他的"教育"也是自由的,"稍长,自以其意为之,辄能自合程度"。[1] 南明朝初,戴重也曾希望本孝参加福王监国会试。而当时福王"下令童子纳金充军饷,乃听与试",[2] 也就是说,先缴钱,方可就考。本孝愀然拒绝,他对父亲说:"谁秉国成,乃至出此。以若所为,即欲偏安作东南小朝廷,且不可得,何以试为?"[3] 戴本孝因对时势的极度失望,从而绝

---

[1]《和州志·戴本孝传》。
[2]《和州志·戴本孝传》。
[3]《和州志·戴本孝传》。

意仕进。对于儿子的决定，戴父十分赞许。

自此，戴本孝"因得肆力于诗古文词间，以其余慧习绘画业，临摹金石古文，若隶楷法书，皆有事外致远"（《和州志·戴本孝传》）。戴本孝完全放弃科考仕进，从而专注于绘事，可见关键时刻的选择对于人生是多么的重要。当然，这或许也是一种极其无奈的选择，时势就这样捡选了戴本孝这位艺术家。而这时，他已经二十多岁。也就是说，戴本孝真正从事艺术活动是在甲申（1644）之后。

戴重因为得罪马士英当局，被改任廉州。戴重并未前往赴任，乃投书故都御史刘宗周，"陈说古今大义，时事得失，宗周伟之"（《和州志·戴重传》）。他们都感到事不可为，宗周亦欲罢归，与戴重涕泣作别，戴重则再次回到石臼湖。

乙酉年（1645），戴重又往南京，时宁南侯左良玉将称兵东下，讨伐马士英当局，欲聘戴重入幕，戴重决然谢辞。乃与志同道合者朱华堞、郑大璟、韩绎祖、彭士望、金有声、潘居贞、朱盛澂、王汉冲、张允修、刘城、鲁可藻等十二人结"不敢忘社"，于崇祯殉难之日，怆然哭祭。

这一年，戴本孝的长子出生。

时巡按山东御史凌駉，联络河南归德、睢州诸府县将吏，以期戮力中原，为南都响应。"以史可法素知重，乃因可法驰书招力""重将赴之"（《和州志·戴重传》）。然而，北方已传过来清兵渡过黄河的消息，史凌駉亦死。戴重"北望遥哭，既自诧曰：'天不使我偕凌公死，意岂尚有待耶！'"（《和州志·戴重传》）"黑云压城城欲摧"，戴重再次感到失望，又重归石臼湖，集乡人教射为正社盟，从者达数十人。

此时，程世昌将往湖州，邀戴重同行。同社有郑大璟者挽留他："天下大乱，吾乡怀玉山中尚足避"，并"先为结庐相待"（《和州志·戴重传》）。戴重则有意往浙中，遂挈家登舟离开石臼湖，随程世昌一同下湖州。放舟东发，途中偶遇冒起宗。起宗之子冒襄（辟疆）与戴重是同年贡生，又同为复社中人。于是戴重托其转书致辟疆，信中称："国事至此，吾辈死生皆由可见，愿君自爱，慎毋忘平素也。"[1]不仅表明心志，亦委婉勉励冒襄"毋忘平素"。冒、戴二人的诚挚友谊，一直延续到他们的后代，成为日后本孝兄弟和如皋水绘园交往的深厚基

---

[1]《和州志·戴重传》。

础，本孝兄弟也得到了冒襄的特别关照和教诲。

1645年元月，清兵攻破南京，福王被执，戴重一行于途中听闻噩耗，与世昌舟中相对恸哭，来到湖州后林村，便与当地的故都御史潘玹之子潘国瓒和书生严启隆等人聚议，国瓒与戴重为同选贡生，尝治戴山别业为戴重授馆。招义勇两千余人，与长兴的韩绎祖、太湖的黄飞相呼应，于中秋后五日举兵起义，在反清复明的斗争史上又增添了悲壮的一页。

关于戴重起兵之事，《戴重传》叙述甚详。先是戴重决意起义，程世昌却担心军资不足，顾前惧后，不敢果决。戴重"知世昌终无激发意，即谢去，不复与谋"（《和州志·戴重传》）。二人临阵分裂，戴重遂独与严启隆、潘国瓒共商计策，拔戟树帜。

章学诚在《戴重传》中详细描述了戴重湖州起义之事迹，可谓悲壮不已：

> 部署已定，值中秋月夜，酹酒会洞庭山上，悲欢而散。越五日，逆我大清兵于苍溪，前军王元震，以鸟船数百头从支港出没奋击，纵火焚大舟。大舟不利转动，夹岸伏弩齐发，我师颇有伤者。大军少却，重方集众毗山，劳苦将士，议进取策。天忽大风，雷雨骇作，系碇巨缆一时尽绝，联舰云散，播荡洪涛中，咫尺不得相顾。军士皆颠仆莫能起，急鸣金收众，泊西沙洋，势始稍定。中夜，复大风雷拔中军豹纛，吹折帆樯，旗帜毁裂。比明，检校残军，无复行列。重仰天大恸，谓元震曰：自与公等举义，马革裹尸，夙所愿也。今三军未交，天意若此，人事复何望乎。因慷慨赋诗，有更遣包胥何处哭，谁为荆轲复同谋之句。闻者悲之。于是，还泊后林，将收散舟入洞庭山，集师再举。会大清兵进剿后林，适潘国瓒为子纳妇，妇家温氏饶于货，亦请破家从军，故即军中成礼。适大军掩至，人不及甲，村中大乱。重亟出，大军遥望射之，发三矢皆格落不得近。而元震方掉舟急流，殊死力战，大呼驰突，重急与启隆率众继进，我军有小校，隐堞垣中，自左出不意射之。重中矢，矢洞腹饮羽；重拔矢出其镞，按创疾走，颜色不少动。遇启隆，亦被刀创。于是，导重从歧途遁去。大军擒元震，大索后林。方重将举事，以家寄东林，至是，转侧遁归东林山中。大军将剿东林，以赵麟趾归降，因乞保东林，许之得无恙。大军自苍溪返湖州，鞠元

震主谋姓氏，及出师符缴所自作。元震至死，卒不出一语，重卧东林，金创溃裂，下血数斗，自拟必死。[1]

起义以惨败告终。戴重身负重创，侥幸脱逃。《戴本孝传》中也记录了当时的情景："重举事后林，先挈妇女幼弱匿迹东林山中。泣辞家庙谓：自今以往，成败唯天，死生唯命。"又以家事交代本孝："汝勉为之，家中事不复关我为也。"（《和州志·戴本孝传》）事实上，戴本孝这些年来，随父转徙流之，"屡濒危急"，本孝都一直"周旋其间，卒赖以济"（《和州志·戴本孝传》）。后林起义之时，戴本孝已成家生子，担当家族的生计日常之劳，责无旁贷。

本孝机智沉着救父出围。《戴本孝传》记载："及重被创危急，本孝潜用小舟载归，时逻徼甚严，咫尺皆有厉警。重卧舟中创甚，本孝宛转支应诘者，卒得脱去。"（《和州志·戴本孝传》）一路上，全家已作了"不幸"的准备，如《戴重传》云："途中嘱妻女纫衣，誓死待不测。"（《和州志·戴重传》）航江千里，终于平安回到和州。

贵池刘城是戴重复社同人，又一同结"不敢忘社"，他于戴重卒后的戊子年（1648）六月二十四日含泪撰写《推官戴公传》，[2] 叙其生平，尤以湖州起义事记载详尽，并详细记录戴重负伤后对本孝、移孝兄弟的遗嘱：

> 本孝、移孝，扶父间关归和州，创复剧，远近赍参苓以供药饵者不绝。时居马鞍山寺，偶语子移孝曰：吾从负创以来，究知大道，今示尔以死期，尔默识以俟可也。疾方革，创始大溃，遂绝粒不复食。命本孝、移孝等曰：尔兄弟只宜固贫力学，或习医以隐，万万不可学举子业，其守我将死之言。[3]

戴重负创归和州，不愿祸及乡邻，既没回到西河村老屋，也没去鹰阿山，而是隐身辗转于山中寺院。据《戴重传》记载："重归乡不复家宿，头戴铁箍，

---

[1]《和州志·戴重传》。
[2] 此文收录在戴重《河村诗文集》，文后有跋注明写作日期，距湖州举义事不远，故所记不但详尽，尤可信实。对照章学诚《和州志·戴重传》，其主要内容皆取自此篇。
[3] 刘城：《推官戴公传》。

转食僧寺。"(《和州志·戴重传》)先在甘露寺,后转苍山。苍山在和州含山县境内,当地人闻听戴重是抗清义士,唯恐祸连。戴重自能理解他们的心情,遂辗转还居北山,"盖先祖葬地也"(《和州志·戴重传》)。乃僧栖马鞍山寺中,远近乡亲皆纷纷送来山参和止血草,以表达对义士的敬重。戴重尝感慨道:"吾舍首邱,将何从焉?"[1]

马鞍寺,即普明寺,在州北三十里马鞍山中,据光绪《直隶和州志》卷五记载:"寺中古松最奇。元至正五年,无用禅师建。"戴重《河村诗文集》有《马鞍寺石础》诗并序称:"寺为无用禅师所建,在元至大间,时蒙古有中国将三十年,而柱础犹刻曰大宋国和州高义舍石。于乎何?宋之人不忍忘宋也。"一行文字,无意触动此刻戴重的心。

曾经胸怀高志的知识分子,如今不得不披着僧衣,寄身山寺。也许并非出自对宗教的信仰,时势将一代豪义之士逼入空门,生不能安,死不心甘。一个有血有肉的男儿,他无法摆脱现实生活的沉重包袱。作为一家之主,他本不该于家室儿女撒手不顾,记得一位作家说过,人尚不能自救,救国救民最终不沦为谎言,至少也是空话。好在本孝已将近而立,于是便命他带着全家老小安置在迢迢谷中的鹰阿山下,"视谷中田舍以给朝夕"(《和州志·戴重传》)。荒凉偏僻的迢迢谷显然要比古官道旁的西河村安全得多。同时,山中有戴家祖茔、田地,又有连宗的"花园戴"村族亲,自然是赖以生存的最佳选择。进一步来说,他也为本孝在乱世之年安排了"遁隐"的归宿。

写到这里,不得不感慨一番。纵观历史,明末的政治已势同朽木。从万历十年(1582)以后,神宗朱翊钧就肆意压迫、宰割人民,无论是百姓还是国家都已是财尽力竭。随后的光宗、熹宗更是昏庸,国家千疮百孔,朝廷一片狼藉。之后,朱由检即位。让这位17岁的小皇帝来掌控一个庞大国家的命运,确实有点难为他了,何况是这样一个腐败不堪的政权。民不聊生,纷纷造反,李自成直捣京都,迫使崇祯皇帝吊死煤山。然而李自成也没有保住北京,东北的清兵入关了,他们落后的半奴隶半封建社会制度给内地人民带来了更大的灾难。两年后,长江、钱塘江,乃至湘江、赣江流域的人民都接触

---

[1]《和州志·戴重传》。

到了这"北来的血腥"。[1]

深受战乱之灾的大多数人已对覆灭的明王朝不抱幻想,封建统治者对人民总是要压迫奴役,甚至屠戮的。摧毁他们国家的李自成已经死了,报仇无门。对清军的野蛮行径他们更不能忍受,就像不能忍受明王朝统治者的残酷压迫一样。于是,他们又要拼出性命来维护旧的统治,抵抗清兵的到来,因而便爆发了一次次的战斗,一次次地付出血的代价。这真是不可思议的历史悲剧。

尽管他们的"愚忠"使我们嗟叹,然而平民百姓无法选择统治者,他们只有对最基本的生存权利的渴望,平安地活下去。但在面对外来强暴的危难关头,那些奋不顾身、挺身而出的知识分子的英勇行为却又怎能不令他们心生景仰。其悲壮的结局使人们同情。今天看来,他们的"国家"实则是统治者所据有的"政权"和"朝廷",但我们不应该否认,每个人的心目中一定有一个属于自己理想中的"国家"。中国历史上,游牧的少数民族与中原汉族,既有长期的文化交流、互市贸易,也有大大小小的冲突战争,每个民族都有自己崇拜的、为捍卫本民族利益的"民族英雄"。明朝灭亡的原因,应归结于统治者的自私和狭隘。如果明王朝能以残余力量结纳四方义军甚至李自成的余力来共同抵抗清兵南下,历史或许是另一种结局。然而这种假设根本不可能成立。所以,清初一次次的斗争,力量分散,其实是带着某些盲目的冲动,甚至没有目的——反清是实,复明不过是儒家文化背景下无奈的一种精神寄托,因此,最终只能一次次流血。

于是,史凌駉死了,张苍水也死了。

戴重没有死在战场,却也身负重伤,危在旦夕。

走投无路,戴重僧栖寺中。又终因不堪忍受这种"苟延残喘"的生活,决定绝食,了结余生。

起初戴重答应每日稍饮数勺清水,其子偷偷于水中放进山参。十日后,戴重回到家中,家人环拜堂下,强忍泪水不敢哭出声来。更进汤液,戴重轻轻地挥了挥手,他对子孝说"生之惨也有甚于死,幸毋重困我"(《和州志·戴重传》)。又道:"吾从负创以来,究知大道,今示尔以死期,尔默识以俟可也。"(刘城《推官戴公传》)。复作《绝命》十五章,又言道:"我死第殓以常服,此我自吴兴以来,

---

[1] 朱东润:《陈子龙及其时代》,上海古籍出版社,1984。

血肉淋漓，庶以上觐先帝于九京耳。"（刘城《推官戴公传》）

戴重志欲殉节，只有两个字可比——心死。虽未比"留取丹心照汗青"，亦期"残诗留着后人看"；既难作首阳山以"苟活"，唯能"一死了之"。而此时，"病已不支"，伤口疼痛日益加剧，又"闻四方顽民举义者，日就俘戮"，战火连天，荒乱未了，愤惋之际已心灰意冷。故其殉节，并非一时之举，而是长久以来困顿与苦闷后的抉择，是一种撕心裂肺般的绝望。

戴本孝和全家甘心而无奈地承受着巨大的悲痛，尊崇戴重的坚强意愿。九月末，戴重"端坐正衣冠而没"（刘城《推官戴公传》）。距负伤时不到一年，年仅46岁。

一位从青少年时期就怀抱济世之志的文士，在特定的历史时期，成了一名大义凛然的抗清斗士，一名出生入死血战沙场的英勇战士。因为他意识到，自己的力量乃至整个生命，都属于自己的民族和国家。在中国文人志士的心目中，国家就像自己的母亲，无论国家的命运如何，无论国家对自己怎样，自己对母亲则有着永远不能推卸的责任。"国家兴亡，匹夫有责"。面对残酷的现实，戴重挺身而起。胜利不是必然的。他已经为争取胜利付出了极大的代价，死而无憾。

临终前，戴重和含山张不二《绝命辞》四首云：

> 先生影未出青山，如此从容一死难。
> 新史不劳高士传，残诗留着后人看。

> 嵯峨千岁首阳山，欲往从之道路难。
> 抄得汉书龚遂传，南风危坐把儿看。

> 轻即鸿毛重泰山，死生义在决何难？
> 五旬绝粒无些事，只有青天尚可看。

> 贼臣嚬笑掷江山，最快陈东骂死难。
> 今日相逢游地下，神州沈陆有谁看。

张秉纯,字不二,生员。乙酉年(1645)五月南都陷,遂绝粒不食。萧云从作《和州含山张不二先生乙酉殉节纪实》文称:"戴重和含山张不二绝命词。九月末,重绝食卒。"又称:"(重)举义被创,扶还故邱,因和先生辞以哭先生辄失声,亦绝粒不食于迢迢谷,死焉。论者谓和州为高皇帝汤沐郡,自开天三百年来,竭力致身以报国者,唯此幽终数人而已,岂非两间正气焉。"(《和州志·戴重传》,《历阳典录》)

和父亲一样,戴本孝也曾怀有报国济世的抱负。他出生时,明王朝已近没落的黄昏。在他满怀憧憬的年代,接踵而来的却是战火纷飞。在湖州,他亲眼目睹激烈悲壮的战斗场面。父亲负伤,他义无反顾地突破重围,历经艰险,扶其归里。这一切,注定他后来老于布衣的人生选择。

父亲的死,使戴本孝深为震撼。十九年后,本孝45岁,适父终年之忌,称自己45岁前为"前生",45岁后为"余生"。45岁前所作诗集为《前生诗稿》,45岁后所作诗集为《余生诗稿》。回顾这二十年来的生活,戴本孝在他的诗集《自序》中颇有感触地写道:"嗟!予以是岁倏亦四十五年矣,与先君子易箦之期适同,不觉涕颐如瀚,哀哽不能言。痛思二十年来,身世所涉,死生究无一当;或负薪穷谷,或佣书村塾,卖文为活,溷迹市屠。生之日,死之年,怅怅乎,不知其何从也?"显然,父亲的死在他的心中留下了深深的创伤,家庭的重负又使他不得不四处奔走,卖文鬻画,过着国破家亡后忍辱负重的凄苦生活。

三

父亲死后,迢迢谷成为戴本孝的归宿。

迢迢谷,又称迢谷,位于和州城西北四十里,是一条幽深而开阔的山谷,西自鸡笼山,北至如方山麓,长达五千余米。青山隐隐,绿水悠悠,每一座山自有雅号,每一注泉渊源有自。据史书记载,当年的迢迢谷,树木森茂,野棘丛生,时有凶兽出没山中(戴本孝有《虎患》诗,记载当年虎伤山民家耕牛之事)。山外向北不远,便是发掘"和县猿人"头盖骨化石的龙潭洞。今迢迢谷一带为石杨乡治(原为高关乡,旧名高皇殿,传明太祖朱元璋发兵举义时,曾在此驻马狩猎,并欲就地建都称王,小山镇因而得名),谷中沟蹊交错,灌溉丰腴的农田。

谷西，有历山，或称历阳山，又名凤台，传明太祖朱元璋偕娘娘登临此山而得名，近有娘娘山。戴重《河村诗文集》称："下盘绵峦，上冠巨石，纵裂棱摺，状若莲花，高数十仞，凿磴缒铁，引以登巅。俯视群山，无敢并者。"又《贺铸诗注》云："昔城将沦没，神告一姥，使西走。姥携鸡笼，登此化石，今有石状如鸡笼，因名鸡笼山。"山下有道院，《道家洞天记》称为"第四十二家福地"。历山而下，有一座小而圆的山峦独居谷中，便是戴氏祖茔地鸡心山。戴重《河村诗文集》有《宿鸡心山先墓记》一文[1]详细描述了这一带概况。鸡心山，南对大镬山，西眺鸡笼山，背倚乌石山，左傍掉尖山，鸡心山伏居其中。大镬山，山民俗称戴虎山，山势巍峨，林木葱茏。峰之东侧，并峙一山，便是戴本孝筑庐于此并以其命号的鹰阿山，山民谓之"鹰窝山"。光绪《直隶和州志·舆地山川志》载："鹰阿山，州西北四十里，形势耸峭，山坳常有鹰隼飞集，明戴务斿避贼于此，号鹰阿山樵。"

与鸡心山西邻有一个并不太高的土冈，曰戴冈。冈下居一村，即前面提及与西河村连宗的"花园戴"村。村后群山逶迤，修竹荫密，古木参天，蔚然森幽。《历阳典录·山川二》记迢迢谷云："州西北五十里，乌石山下，长十余里，直达如方山麓，谷南夹掉尖山，山胁曰黑凹，一山皆空，罨烟其中，千突云涌；有洞曰张婴洞，或曰张氲，中有石盎、石琴，为崇祯乙亥避乱者所败。"谷中有陁公庵，庵后雄岩高岫，一泉自庵右而出，曰冷水涧，"石池如月，泉水澄澈可鉴，淆之不浊，小虾蟹纵横其中，见人则缩入石罅"。[2]宋贺铸有《渡冷水涧投宿万岁岭》之诗。戴本孝尝撰《陁公庵泉记》一文，移录如下：

> 掉尖山阳有僧庐，曰陁公庵，不知何始。竹木蔚然，倚山出泉。泉有五德焉：一曰清穴石而滥，土不能滓也；二曰味甘，酌之寒，炊之芳也；三曰其源深，艭不竭也；四曰远于人而静也；五曰其出高，其流卑，疏以灌亩，崇冈获嘉禾焉。仁之泽也，五德乃备，是故僧有时而

---

[1] 戴重:《河村诗文集》卷一《宿鸡心山先墓记》，曰："鸡心山先墓，距州四十里。前曰大镬山，后曰乌石山，左曰掉尖山。鸡心山特小，居其中。东麓之别有小峦曰小山，西麓之别有支阜曰戴冈，冈下一村，与予同姓非同族也。横溪之东流曰冷水涧，涧之溢有两山夹之，形家谓如日月状也。鸡心山垄，即先曾祖考妣、先祖考之墓……"
[2] 光绪《直隶和州志》卷四。

鹰阿山远眺　前山主要风景已为开采山石所毁

递，庐有时而倾，竹木有时而斩，斯泉不可得而湮也。[1]

迢迢谷东止覆釜山，下有平疴汤，即香泉，称"第一汤"。昭明太子萧统曾于此建昭明书院（院内有祖塔、六坟寺），虽幽深冷僻，却佳为遁世隐居之所。戴本孝在描述草庐环境时写道："石泉秋露净，茶碗月宿香。"作为"艺术家"的戴本孝而言，寻求个如此偏僻清幽的栖身之地是极为难得而又无奈的选择。

四

戴本孝有兄弟五人，这从他父亲的诗文《死问》一诗清楚可知："当时一箭

---

[1] 陈廷桂纂辑：《历阳典录》，嘉庆三年修，同治六年刊本。此文亦收入戴重《河村诗文集》，文下有高寿恒按曰："陈氏《历阳典录》载此记为戴本孝作，本孝敬夫先生长子，著有《余生集》。陈氏在乾隆间，其时戴氏父子文集或尚有存者，所录必不误。"

穿我腹……六月始得归东林，五男惊视如聋喑……"（《和州志·戴重传》）戴本孝在《余生诗稿》自序中写道："予兄弟四人，二十年中（指父亡后二十年，引者按）瘵殇其二。"所言兄弟四人，同胞亲生；尚有其一，指的是戴本孝诗作中经常提到的西河村老屋的从弟格孝。

戴本孝为长，移孝为仲，格孝次之。

戴移孝（1630—1706），字无忝，小名丁，号笏山，自称碧落后人。移孝少兄十岁，他们都经历了这个天崩地裂的变乱时代，目睹明王朝的覆灭，身验兵灾离乱的苦难。

和父亲一样，移孝有侠义之风，《和州志》说："移孝壮有力，善刀槊，好驰马弯弓，习射略，尽其精能。"[1] 在乡间，视其为侠士。父举事湖州，移孝年仅16岁，"从本孝经纪家事，周历艰难中，习于劳苦"。[2] 及父重创濒危，又与家兄周旋左右，抚归故里。父亲绝粒殉节，移孝兄弟将父亲安葬于鹰阿山下，"躬负土筑坟，手植松柏，哀恸感行路"，[3] 因父亲遗言免丧事，移孝"始有四方之志"。此后，则义无反顾，足迹遍于大江南北，远涉滇南，广交豪杰智谋之士，虽"屡濒于危"，亦"意气腾踔"。潘耒《送戴无忝南归》诗称之："谈兵究八门，读书穷四库……浩荡万里游，四十不婚娶。归登射蛟台，悲歌挟余怒。"[4] 于其学问意气极称之。先父当年湖州的悲壮经历和殉节牺牲的惨痛情景，他永远不能忘怀，读他的《答人述先君旧事》一诗，痛切心情油然可见：

莫道吴兴事，酸风刺骨塞。相知皆死别，无处问平安。故鬼千家哭，孤城百战难。当时衣上血，今日与谁看？[5]

清康熙元年（1662），永明王云南死。戴移孝感到时不可为，才停止活动，慨然引退，以布衣游四方。不得已以满腔悲怨致力于交游和治学。陈维崧《陈检讨四六文集》卷六《戴无忝诗序》称其文章清丽，"体制遥深"。其治史论《易》，

---

[1] 《和州志·戴移孝传》。
[2] 《和州志·戴移孝传》。
[3] 《和州志·戴移孝传》。
[4] 陈廷桂纂辑：《历阳典录》，嘉庆三年修，同治六年刊本。
[5] 钱仲联：《清诗纪事》明遗民卷，凤凰出版社，2004，694页。

卓有见解。方以智有《定风波》一词见赠：

> 几点青山是六朝，风尘起处数归樵。木末荒祠看落照，人少。夕阳催入乱红飘。
>
> 欲问青天天莫笑，谁好，魂从笳角一声消。日暮残鸦啼古道，春草，那堪踏损马蹄骄！[1]

从《浮山后集》卷二中可知，移孝尝师事方以智，自称"学人"。顺治十二年（1655）曾携冒襄诗至金陵造访，与方以智共坚遗民之志。《和州志·戴移孝传》称移孝"自四方归来，亦扃户著书，涉历寒暑无少间辍""而于闻见所及，若胜国孤臣烈士、畸形侠客，凡一节之奇，行谊未彰人耳目者，为之记传，以备国史要删（有《古今史贯》《前明忠节传》、《黄水湖舍丛谈》，今俱未见）。所历山川要害，都邑兴废，古今人事得失，具有论传"。惜其所著皆遭毁或散佚。又据《戴移孝传》记载"秀水侍郎曹溶（秋岳）邃于史学，尝著续献微录，搜罗前明史事，颇称赅洽，闻移孝名，携其书渡江质之，移孝出所论著，曹爽然自失，赋诗有'履武正迷途，乃荷烛龙引'之句""因与约为兄弟，会于成龙总督江南修《江南通志》，辟移孝撰集其事"。

又尝游蜀地，四川巡抚张德地延其入幕中，命子随其学。又欲荐其署雅州知府，移孝不欲羁縻，谢归故里，家居授徒。

康熙五年（1666），37岁的移孝始娶妻成家。

至康熙十九年（1680），移孝携兄画作只身入都，为父亲死节事列状上史馆，欲求为父亲立传，未能如愿。当时馆中学士如徐元文、王士祯、陈维崧等"皆爱其才，欲荐留史馆"，[2] 移孝亦谢辞不就，归里山居。立志坚守先严遗嘱，布衣终老。

移孝交游甚广，"初，桐城方以智以僧服庐墓合山，遣子访移孝于南京"。邀移孝往合山，"方以智出所著《周易时论》相质问"。移孝四方归游，贵池刘城"遣人招移孝馆其家，坐卧一楼上，楼藏书数万卷，移孝昼夜攻苦，削圆木

---

[1] 方以智：《信叶·诗余》，《浮山后集》卷三。
[2] 《和州志·戴移孝传》。以下引文皆出于此。

为警枕,三年夜无甘寝""一时学者如宣城沈寿民、江西张自烈、如皋冒辟疆皆以博雅推移孝"。其交往友好,亦多先父和本孝故交,而与州人吴盛藻(观庄)交最善。丁酉年(1657)冬,吴远宦广西,有传讹其死,移孝闻之,只身万里远赴,欲为收其遗骨,即至宾州,见吴安然无恙,一时悲喜,潸然泪下。移孝为观庄诗文集《天门集》所撰序文中具述此事。

移孝"天性纯笃,痛父创死,一衰麻十年不易"。父亲遗产悉让兄弟。其"生平刚毅,不苟言笑""年七十余,精神炯炯,抵掌谈王伯大略,上下今古,顾盼炜然"。所作诗歌,多豪迈悲壮之慨,"人或拟其诗为司马迁书,移孝雅意不屑屑也"。将以"山林隐逸"荐之,移孝固辞之。"布政使某,命有司亲至其家,问讯起居",并以"高尚笃志"四字题门额,移孝慨然道:"吾诛茅仅盈把,蔽风雨耳,安用绰楔者焉。"辍之不用。

移孝晚年好言辟谷炼丹之术,遂弃之不复留意。康熙四十五年(1706)冬,忽染小疾,未久竟下世,享年76岁。

据《和州志·戴移孝传》记载,移孝"作书法颜真卿、柳公权",今传世书迹仅见于上海博物馆藏戴本孝《三绝图卷》后题跋一章。所著有《古今史贯》(与叶肇梓同著)、《前明忠节传》、《黄水湖舍丛谈》,均佚,又据光绪《直隶和州志·艺文志》记载尚有《碧落庐丛谈》《碧落后人诗橐》等著述,今均不见。

戴格孝,字有怀,章学诚《和州志·戴本孝传》中附其小传,称从弟格孝"幼依伯父重,本孝、移孝并友爱之,力学不倦。康熙年学政录诸生,送布政司试,凡先录有遗者,试前再录之,谓之大收。童子能通晓三场文艺者,听与大收。格孝七艺并工,赡得与布政司试,下第,准故事为生员"。

兄弟五人劫余仅存本孝、移孝、格孝三人,邑人评价本孝、移孝兄弟,长为"孝"、仲为"忠"。兄弟二人从小随父亲颠沛流离,患难之中,手足之情愈显笃厚。这从戴本孝《余生诗稿》的许多诗作中清晰可见。本孝作为贤达的兄长,无论流落何方,时刻都惦念手足。乙巳年(1665),移孝游历四川,丙午年(1666)元旦未归,其时,本孝将作燕赵之行,但思念年轻的弟弟飘零他乡,颇为感伤,吟诗为怀:"……昨梦峨眉巅,有弟瞻望兄。伏火寄丹砂,斫雪求黄精。两人各异地,万里唯孤征。丈夫自有怀,天地空无情。"戴本孝至京都,除夕之夜,又作《感怀诗》牵挂移孝:"年年年尽日,回首意茫然。惟镜不藏老,须杯略助眠。孤心天地狭,尘眼古今穿……四海争今夕,一身犹异方。云烟俱是客,兄弟总非强。遥忆怨欢共，凄凄旧草堂。"[1]戊申年（1668）三月，本孝离京赴华山，又为移孝弟作《千尺峡、百尺峡云雪图》。[2]尤移孝重病濒危之际，本孝于榻前劝慰进药，直至移孝康复才放心地回到山中。可见本孝确实没有辜负先父的嘱托，处处以兄长的慈怀关照并理解自己的兄弟，任他浪迹四海，欲成大志，自己则茹苦含辛，肩负着一家老小的艰难生计。

戴本孝居和州，一直住在迢迢谷中；移孝归里后在城中经营药肆。有求本孝诗画者，辄召兄入城以应。戴本孝便是依靠卖画所攒下的钱扩建山居草堂的。

戴本孝21岁结婚，25岁得长子，59岁妻病故，本孝作悼亡诗："三十八年内，五男见十孙。"[3]可知本孝也有五个儿子，长为钺星，次为屏星……五为权星……《和州志·戴本孝传》云："本孝有五子，晏、旦皋并娴文史。晏字晦息，本孝长子；皋字登博，本孝四子皆长于诗。晏好学善思，负大志，衣冠言动有古人之风，皋工隶书。"

戴本孝命长子经营药肆，命季儿耕种务农。其父临终前曾告诫本孝、移孝诸弟兄："尔兄弟只宜固贫力学，或习医卜以隐，万万不可学举子业……"[4]移孝果遵父命，于城中设肆卖药，度过后半世生涯。后来，本孝游华山访傅青主，见其父子隐于村市卖药谋生，这便更增强了本孝的"岐黄传家"之志。在他看来，让"粗通《神农本草经》"的钺星选择这条谋生之道是再好不过了；而让权星力田务农亦是"乱世"之中"匿隐深谷，不求仕进"的谋生之计。他在钺星30岁生日时作诗勉之："《梁父吟》难及，《神农经》可穷。救饥诚（纲）事，力养脊微躬""养拙聊耕陇，耽闲且学诗""履道思操行，当若戴若思"。[5]看来，戴本孝既希望子孙安贫守拙，又希望他们不要庸庸碌碌痴活一生。所以他要在钺星30岁生日时以"陆机荐戴若思亦三十"勉之。

---

[1] 戴本孝：《余生诗稿》卷一。
[2] 戴本孝：《余生诗稿》卷三。千尺峡、百尺峡为华山之景观。
[3] 戴本孝：《余生诗稿》卷六。
[4] 章学诚：《和州志·戴重传》。
[5] 戴本孝：《余生诗稿》卷四。

笔名叙略

明亡，朝代变更，天下大乱，文人志士多已心灰意冷，或着僧衣出家，寻找清净的避难场所。移孝仍奔走他乡，欲承父辈复明之志。戴本孝不能像弟弟那样奔走四方，但其"遗民之志"始终不渝。为寻求心灵解脱，寻找佛家的精神支柱，出家为僧，对他来说，显然也不现实，于是只能心心念念，向往着方外之生活。从他的一些别号中可以窥出他当时的苦寂心境和志趣。

戴本孝的别号很多，常见于他的画作题识之中。古代侠士崇尚"行不更名，坐不改姓"的无畏风范，而文人逸士却性好别署，少则数十，多则上百。明遗民中，许多画人，如石涛、八大山人都有很多别号。一方面，可以看出他们的情趣，同时，与其特定的历史环境也有着密切关系。到了康熙初年，面对大势已去的局面，知识分子们都感到回天无力，甚至痛恨自己无能，惭愧自己无志。他们何尝不崇尚陈子龙、戴敬夫辈的英勇大义。但倘若人人都去引绳投水、绝粒殉节，国家岂不成了一片废墟？苦闷若渐江、八大山人、石涛、戴本孝，这些仍崇尚气节的画家，只能把无限的悲怨倾注于笔端。八大山人在画中常署"哭之、笑之"，正是凄苦心境的流露。清廷的种种暴行，尤其强迫汉人剃发的野蛮行径和接踵而来的"文字狱"，使得整个社会特别是文学艺术领域笼罩在沉重悲愤的阴影之中。当时许多诗人、画家的作品中都普遍流露着一种感伤无望和愤懑恐慌的基调。他们既要坚守气节，又不能无视统治者的残暴。渐江是明智的，八大山人是明智的，戴本孝也是明智的，或隐姓埋名，或遁隐山林，以诗歌、笔墨抒发心志。可以说，乱世文人出现大量"别名"的现象，是时代的必然物，除了带有某种痛悔自责之外，亦充分表现画家强烈的民族意识。诸如"无智"（渐江），"垢道人""朽民"（程邃），"髡残""白秃"（石谿），"屋驴""丧家狗"（八大山人），"瞎尊"（石涛），"愚道人"（施润章）及戴本孝的"破琴""知耻""鸡垢"等，何等痛切的心情，形成一时之风，正是一代具有正义感的士人思潮使然。

戴本孝的别号大致可分为以下三类。

以山川地名为号，多为家山胜迹或道家修炼之地。若"鹰阿山樵""迢迢谷老樵""横江槎客""西顾岩樵叟""迢迢谷农""长真璃秀洞天樵夫"……最后这个别号似乎有点怪僻，所谓"长真璃秀洞天"为道家洞天白石洞之称号。白石洞位于和州城西北,今含山县境内的白石山中,光绪《直隶和州志》记载:白石山在县南八十里,有石洞。"其洞须俯偻而下,约十许步,渐高广,莫测远近。有石案、石棋,又有二石龙,鳞鬣悉具。……《燕洞天记》云:白石山周回七十里,第二十一洞天,号璚秀长真之天。"又引《列仙传》云:"历阳有彭祖石室,石室即长真观。唐大历中,道士商栖霞居之,绝粒三十余年,飞升而去。宋靖康、建炎间,东海白玉蟾亦居于此。"戴本孝《余生诗稿》中有《白石洞天歌》赞曰:

> 历阳有山名白石,相传是古彭铿宅。
> 号为璚秀长真天,天外尝有游仙迹。

其《癸酉山水册》第二帧所写景致颇似白石洞天之境,并钤"长真璚秀之天"之印。

又如"太华石屋叟""钟山梅下野老""石天踏海"人等别号皆与其游历之山川有关。

以庄周寓言中人物为号。如"天根"或"天根道人",乃出自《庄子》内篇之《应帝王》。文称:

> 天根游于殷阳,至蓼水之上,适遭无名人而问焉,曰:"请问为天下。"无名人曰:"去!汝鄙人也,何问之不豫也!予方将与造物者为人,厌则又乘夫莽眇之鸟,以出六极之外,而游无何有之乡,以处圹埌之野。汝又何帛以治天下感予之心为?"又复问。无名人曰:"汝游心于淡,合气于漠,顺物自然,而无容私焉,而天下治矣。"

庄子假借天根这位虚拟人物而发挥其无为而治之理,批判仁义礼法的政治论,主张淡漠自然方能治好天下。戴本孝以"天根"为号,与其平素"无为"之思想有关。另有一印曰"木鸡",亦出自《庄子》,为其《外篇·达生》中语:"望之似木鸡矣,其德全矣。"以木鸡般的静寂超然,喻德行之完美,亦耐人寻味。

和石涛等许多朋友一样,戴本孝虽向往佛禅,常栖身佛寺之中,却心存道家之念,崇尚老庄性灵之自由,因自称"归云道人"。如其友人屈大均初为释复出而入道。他和石涛有一位共同的朋友张瑶星,是一名道士,自号"白云道者"。

孔尚任有《白云庵访张瑶星道士》一诗，[1]《余生诗稿》卷十有《过雨花台松风阁[2]赠张白云》诗，句云"当时松挂空皆老，到处云山不厌贫"。另一位栖居丛霄道院的道士叫周向山，名京，江宁人，是石涛的好朋友，石涛有怀其诗云："悔许青城陈道士，丛霄顶上卓乌藤。"戴本孝尝寄居丛霄道院"丹室""仙窟"中，《余生诗稿》卷十有《九日登丛霄院饮周向山丹室即席二十韵》诗，句云"仙窟隐古踪""人间此丛霄"，表达了戴本孝向往清净脱尘的隐居生活，似乎与"道教"无关，不过是画家生活与道家情怀的某种契合。

　　守砚庵与碧落精庐。以"守砚"和"碧落"颜其室，并引以为号，明心志也。

---

[1] 孔尚任：《湖海集》卷七。
[2] 风松阁为松风阁。宋宛有《风入松访张瑶星于松风阁不遇》。

鸡笼山（凤台山）远眺

"守砚"之事，初为先父之高洁，今乃承先父之遗志。据《和州志·戴重传》记载："初，重有澄泥砚，士英使其客厚币结重，欲索砚为贽，谓显要可立跻。重谢曰：'明公黄金白璧高山斗，穷书生拥一破砚，愿无劳深虑也。'拂衣径去。"本孝敬仰先父之气节，因于迢迢谷中筑守砚庵。"遗民的怀念之情通常向旧物寻求寄托"。[1] 李景新《屈大均传》记大均"取永历钱一枚，以黄丝系之，贮以黄锦囊，佩肘腋间以示不忘""屈氏将那枚永历钱当诗作了"。[2] 这种看似琐细又寻常之"情怀"，或许是一种虚幻而无奈之表征。然而，后人却不难从中读出一份苦涩与苍凉。

---

[1] 赵园：《明清之际士大夫研究》下编《明遗民研究》，北京大学出版社，1999，471页。
[2] 赵园：《明清之际士大夫研究》下编《明遗民研究》，北京大学出版社，1999，471页。

多年以后，戴本孝将此传家之宝交付儿子庙星守之，并作诗《先文节公澄泥砚授犹子庙星守之，作歌以述其事，庙星其念诸》：

南唐旧物近罕见，六百年来泥半片。
昔有洱海王谏议，一生摩挲老靡倦。
因爱尔祖文章奇，遗子纳贽惟此砚。
古墨淋漓生夜光，拱璧当前亦不羡。
好事黄金求对质，一笑但觉黄金贱。
尝囊此砚走四方，晚乃草奏武英殿。
当时丧乱天难支，穷国柄者势孔煽。
尔祖仕应得李官，湖州廉州倏中变。
逆孽祖祢中当侍，正士悉隐钧党传。
争传戴公怀砚宝，饵以多金希一献。
一砚易一美李官，尔祖闻之瞋若电。
尽知此砚不可夺，自此砚名震赤甸。
我昔抱砚转沟壑，兢兢守之犹世券。
今我既老惧颠陨，诸子耕樵藏不便。
尔克郡儒持门阀，授尔守之秉家宪。
慎勿轻为他墨污，慎勿轻为他人炫。
古人尝捧祖砚泣，尔应恨未见祖面。
焚香□颡告木主，砚光时隐复时现。
茂先青铁何足夸，此砚精刚真百炼。

谏议王公讳元翰，号聚洲，云南人，启祯之间直声最著。其子王开，字升汝，侨居白下，从先君子游能诗。

诗中历述澄泥砚来由和遭遇，即使在战乱之中，亦守之如命。因对庙星说：今我已老，唯恐守之不慎，其他兄弟耕田种地也不便珍藏，乃"授尔守之秉家宪""慎勿轻为他墨污"。珍重如此。

"碧落"原为南宋时和州高僧慧兰的法号。相传南宋建炎三年（1129）二月，金兀术兵犯和州，守城李俦以城降。慧兰禅师被金兵捕见酋长。长曰："闻我否？"

师曰:"我所闻者唯大宋天子之名!"酋长怒,令金兵以锤击之。锤至辄断,酋长惊诧。随命金兵对禅师"敬事之。十日后,禅师索薪自焚"。后来,金兵终于将被俘僧尼千余人全部释放。[1]

五百多年后,戴重负伤避难于甘露寺,阅佛藏,感其事,遂欲结庐祭祀禅师,生前虽未能如愿,却为先人事迹所感,作出了绝食殉节的最终选择。这种"怀有某种激情的宗教式的殉难",视死如归,"它达到的制高点是乐观积极并不神秘而与大自然相合一的愉快。这便是孔学、庄子与禅宗相互交通之处"。[2]正是这种"儒、释、道"相互交通、至高的审美思想左右着戴重的世界观和人生观,他由抗清义士成为佛门一僧,最终又慨然自尽。戴本孝深刻理解父亲的人生哲学及理想,所以对他后来完成先父未竟之愿——构筑碧落精庐,我们不能肤浅地看作只是尽孝道的行为。戴本孝《黄山图》册中《双溪》对题页有"臣本布衣"一印,所谓"臣",当系于故明之怀。他处身于"天崩地裂"的变乱时代,慨然遁迹山林,潜心绘事,从传统的诗歌、绘画艺术之中悉心体会儒、释、道三家交融的哲学思想,继而对这种至高的哲学思想进行研究,这种审美的超功利的艺术追求可视为戴本孝以及那个时代许多文人志士共同的道德观、价值观的客观体现。

卒年考证

清康熙三十二年(1693),戴本孝于贫病交加之中卒于鹰阿山。

关于戴本孝的卒年,美术史界也有不同的说法。

《中国美术辞典》(上海辞书出版社)认为是1691年,《辞海》亦同;或认为卒于1692年,如《徽州学丛刊》(安徽省徽学学会编);《中国书画家印鉴款识》(文物出版社)则认为戴本孝卒于1694年后;《和州志·戴本孝传》记为:"康熙三十二年卒,年七十四。"并记述了本孝逝世的具体时间为七月一日(8月2

---

[1] 见陈廷桂《历阳典录》卷十四"人物"二,引《和州志》。
[2] 李泽厚:《庄玄禅宗漫述》,见《李泽厚十年集》第三卷《中国古代思想史论》,安徽文艺出版社,1994。

日）。按其生年1621年推算，1693年卒，享年应是73岁。日本学者西上实认为这是《和州志》编纂者章学诚推算之误，但仍倾向其卒年记载。其实和州一带，皆以"虚岁"称算年龄，此或以虚岁计，或有他故，在此不必作推想。西上实认为："章学诚比戴本孝晚一世纪多，但在多达十四页的以《戴重传》开始，并于本孝、移孝传的记述里，都各有具体性，可以知道他是取材于戴氏周围的人所收存的资料。因此，在戴本孝的作品中，虽还有在此以后纪年的作品，但我认为戴本孝死于1693年的说法是难以否定的。"[1]

虽然本人也同意西上实关于戴本孝卒年的认定，但对其论据不足有必要作明确的补充。至于戴本孝卒于1693年为何还有此以后纪年的作品存世，应当作为对戴氏作品的专门课题来探讨研究，这里不再赘述。现只就戴本孝确系1693年逝世，提供可靠依据如下。

戴本孝著《余生诗稿》十卷之后附《不尽诗稿》一卷，收集他71岁至73岁诗作。从他73岁（1693）的几首诗中可以看出，戴本孝游历归来，身染重疾，生命垂危，并于恍惚中作《绝命辞》十章。并且他似乎已感觉到自己危在旦夕。是岁六月望日（7月17日），本孝"疾噎卧郡城渔丘寺"，绝粒兼旬，其孙请归迢迢谷，一息待尽。弥留之际，一生痴于诗画的老人仍强支病体，恍恍惚惚中于壁间画梅写竹并题诗。这也是《不尽诗稿》中最后的两首诗作。从上述的情况来看，《和州志》说戴本孝于是岁7月1日卒，确实是可信的。[2]

至此，不妨给戴本孝作"小传"如下。

戴本孝，字务旃，小名戊，又名殷礼，号鹰阿山樵，又号鹰阿子、天根道人、迢迢谷老樵、长真璃秀洞天樵夫、黄水湖渔父、太华石屋叟、碧落精庐主人、守砚庵主、迢谷山农、前休子等。明天启元年七月九日（1621年8月25日）生于和州（今安徽和县）西河村（河村，又称河村埠）。父亡后，隐居迢迢谷，筑庐鹰阿山，耽情绘事，临池之兴，至老不衰。"余生"足迹遍大半天下，著《前生诗稿》《余生诗稿》《历阳遗音》等。清康熙三十二年七月初一（1693年8月2日）病卒于迢迢谷中，葬于鹰阿山，享年73岁……

---

[1]［日］西上实：《戴本孝研究》，收录于《论黄山诸画派文集》，上海人民美术出版社，1987。
[2]《和州志》载，本孝逝前数日，精神恍惚，尝对移孝说，我从历下归，梦见泰山神君邀我，恐怕要走了。

此外，戴本孝的好友王弘撰有一段描述他的文字，也有助于加深我们对戴本孝的了解。庚午年（1670）秋，王弘撰在南京与阔别二十多年的戴本孝相逢，激动之际将其比作古代的屈原和陶渊明：

> 务旃以有为之才，奉其先人遗训，砥砺名节，遭时不造，裂冠弃人事，游散山水荒邈之区，足迹遍三陲焉。乃日月几何，而颠毛种种，田园就芜，妻子有饥寒之色，务旃独浩浩落落，忘怀得失，操觚不辍。[1]

我们仿佛看到三百多年前的老画师，像徘徊于汨罗江畔吟诵《离骚》的屈子，独步迥谷，啸傲山林；或像那挂杖南山的陶渊明，拂袖长歌，正向我们走来。

---

[1] 王弘撰：《守砚庵文稿序》，见《砥斋集》卷一下。

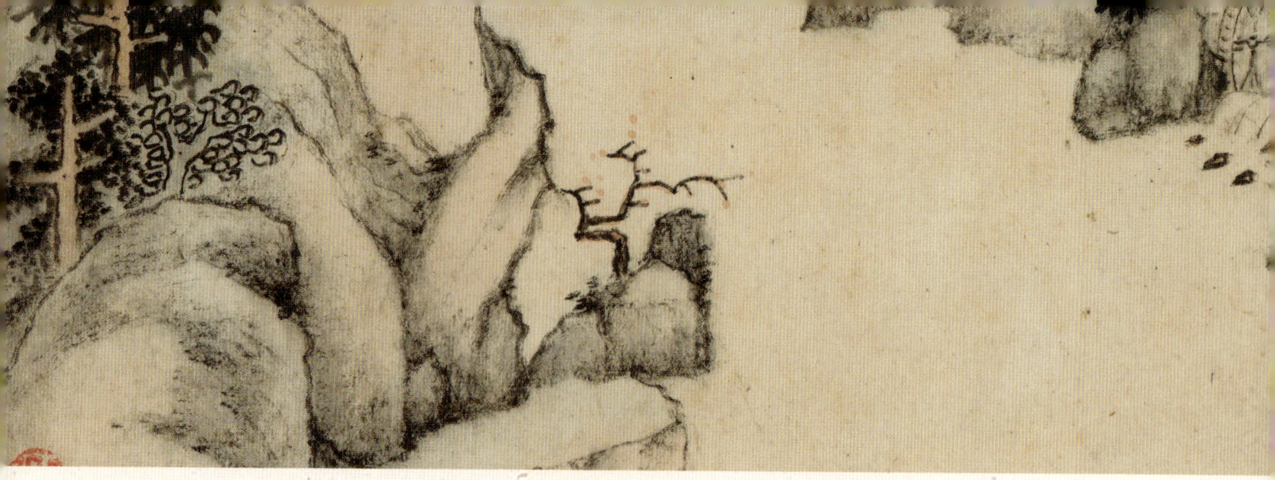

第二章

游历与交往

戴本孝抛却十代世居的西河村,遁隐数十里外的迢迢谷,即意在隐世守贫。对此际"遗民"来说,"耕读传家"无疑是最根本的选择,却何故他又有后半生足迹所及大半天下的游历生涯呢?这得从其身世经历等方面探索其思想根源。戴本孝少年时代即饱读经史子集,诗书绘画已有一定造诣,且具济世抱负;但由于他生不逢时,遭遇战乱,12岁起即随父避难江南,辗转迁徙,备尝艰辛。青年本应遍游名山大川,广涉世事,开阔视野,增深阅历,却逢南京失陷,父亲戴重于湖州聚兵起义,本孝受父重托,携全家老幼匿迹东山林中,其父三战湖州兵败,于后林村为箭镞洞胸,流血数斗,本孝兄弟奉父护航千里,遁归故里,此后浪迹和州、含山一带僧寺。这些都不是戴本孝有意识的游历活动。

本孝26岁时,父亲绝食殉节。从此,老幼生计,全赖其支撑,谋生之现实,累其身心,哪有精力和机会去游历?如他在诗集《自序》中叹道:

……今无忝复学道于四方,足迹已遍天下;予则逐口鸡鹜,依人就食,顾影自怜,追念曩怀,何堪自问。呜呼,死矣![1]

谋生资源的匮乏,恐怕亦是整个"遗民"阶层的现实状况。谷中田地恐怕很难维持一家生计,戴本孝不得不时常出山,去州城讨生活,鬻画以作耘耕。

犹忆福王监国南京,曾下令有出资军饷者,即予参试,父亲想要本孝应试,本孝愀然辞绝道:谁出这样的主意来治国?照此下去,即使想保住偏安东南的小朝廷也很困难,我参加考试又有何用。青年时期的戴本孝早已看透了明王朝奸权当道、腐败无能的本质,虽怀有圣贤豪杰之志,却报国无望。严峻的社会现实迫使他作"穷则独善其身,达则兼善天下"之想。国家穷途末路,身为亡国

---

[1] 戴本孝:《余生诗稿·自序》。

遗民，他怎么也想不到会有"余生"的游历壮举。父亲在世时，也早已为他安排了报国无门、遁隐迢迢谷的归宿。

然若孙其逢所云"虽入山，非闭户；虽避地，非绝尘"（《夏峰先生集》卷九），作为"劫后余生"，此身不死，其志不移。王夫之尝以"消磨岁月耗力于农箪豆之中"而为"鄙"（《俟解》）。在迢迢谷相对与世隔绝的山野中，戴本孝一"隐"就是十来年。经过一番痛苦的思想磨砺，这位深有文化情怀又深知自然之美的艺术家，在家事安定之后，必然要去探索与寻求亡国之恨所造成的心理上失落的平衡。山川之恋，旧日之思，先父朋辈们殉节流血的余痛，都汇成浩茫的哀愁，凝聚成深厚的笔墨，画家正是以这饱含激情的笔墨，通过对大自然的描绘，从中感受到无限的慰藉；更重要的是，失落与孤寂使他欲在遗民中觅求知音。因而，他最终冲破了命运给他安排的樊笼，开始了他后半生具有特殊意味的游历生涯。

小三吾诗会：走出迢迢谷

从诸多史料中可以看出，戴本孝交游生活的开始，与冒襄是分不开的。

冒襄（1611—1693），字辟疆，号巢民、朴庵，东皋（今江苏如皋）人。起宗子。10岁能诗，笃好文学、书画，崇祯十五年（1642）副榜，授台州推官，不赴。与侯方域、方以智、陈贞慧称明季"四公子"。明亡后，退居故里水绘园。擅诗，工书画，师事董其昌，卢香《冒巢民先生传》称："少游董文敏门。"[1] 其14岁时即以诗才为先生称许："此辟疆十四岁时作，才情笔力已是名家上乘，安知非前身老诗人再来？"[2] 董其昌作此序时年已八旬，对这位少年弟子可谓深爱有加。冒襄追随董其昌约十一年，其行草书屈折疏朗，纵恣洒脱，比之乃师端雅飘逸别见几分山林野逸之气。《清史列传》称："襄年八十，犹作擘窠大书，体势益媚，人争宝之。"

---

[1] 卢香：《冒巢民先生传》，见《同人集》第14页。
[2] 董其昌序冒襄《香俪园偶存》。

关于冒氏家族的社会影响，吴伟业（梅村）在《冒辟疆五十寿序》[1]中有较为详细的叙述，大意是：如皋有为人孝友正直的君子冒辟疆，"能文章，善结纳，知名天下垂三十年"。明末，天下多事，江左还平安，一时高门弟子自诩有才志者皆聚会。江南阳羡的陈定生（贞慧）、归德的侯朝宗（方域）等，同为明末遗民，他们议论国政，保持名节，以此投契深交，并合力对抗权贵公卿，从不屈服。申酉之乱，南明覆灭，陈定生险些坐牢，侯朝宗遁归故里鄩山。独冒襄得江南诸多耳目保护幸免于难，奉父归隐如皋水绘园，誓志不出。人事变迁，定生死了，朝宗也病亡。江南初附清廷，一时名士俊彦皆惴惴不安，唯恐家族不保。辟疆处患难之际，先人后己，挥金数千，解脱亲朋故知厄难，且不居功。其遭曰时于不仕，潜心诗文……历数江南华宗贵胄，能保全名节阖家平安如冒氏者，几乎未之见也……

吴梅村虽然出仕清廷，但在序中还是如实而公允地评价了冒襄认为他在南明马、阮当权时是正直的斗士，在明清易代后又是保全名节与优裕生活的幸存者，患难之际又能先人后己，因而在遗民中有着很高的声誉。尤其他对故人子弟照顾有加，更形成其强大的号召力。冒襄所发起的"小三吾世盟高会"，便是团结联络世交子弟的一个诗会，旨在体现"生死之谊"，寄托"盛衰之感"。那么，关于戴本孝与冒氏家族的交谊，以及戴本孝蛰居山林突然出游的起由，等等，戴本孝在他的《小三吾唱和诗序》中有详细叙述：

> 余成童侍先君子，即知东皋有朴巢。申酉之际，随杖南都，先君子以少陵献赋之年武英入对，得与巢民先生接席，俾小子拜床下焉。相与饮酒赋诗，诗成辄歌，酒益酣，歌益悲，抵掌天下事，恒不能寐。两人忧独深，众则颓然乐之也。无何，阳九再遘（笔者按：意灾难之年遭厄运。文天祥《正气歌》："嗟余遘阳九"），匍匐莒、雩间，时先君子以书诀先生，遂饮羽还山，痛沉马鬣。奄欻又十五年，每见先生腹深车过。初，先君子尝欲结碧落庐，未及成。先生独知其意，卒成之。拓水绘庵之壖与小三吾对峙，水绘庵前有逸园，皆先生奉其王父奉直公与尊甫宪付公世隐地。中有曰小三吾之亭，巉石辅溪，寒流剪独，

---

[1] 吴伟业：《吴梅村全集》卷三十六，文集十四，上海古籍出版社，1990，773页。

盖取元道州之意而小之，小之者思之也。先生之诗可以登清庙。复善擘窠之书，而卒无道州之遇，岂非天哉。以故，倡和诸作皆从其名。海内高先生之谊，咸颂以诗，且为之图。呜呼，历阳去东皋仅五六百里，舟车各半。先君子鞅掌多故，生未尝至其地，死乃庐而享之，魂兮归来，舍此将安适乎！甲午秋，先生自长干携余仲弟移孝来拜庐下，因命守其中，移孝耽远游，不果来。余则奉治命佣书闾门，复不能时至。岁丁酉，先生以谷梁、青若二子客长干，余截江诣之，四方诸故人子咸拜几杖，有小三吾世盟高会，一时觞咏甚盛且乐也。遂期，与阳羡陈其年来东皋，逾年不果来。己亥年六月始自西河村晓发石跋河，暮抵三山门，雪，留三日，达燕子矶，经黄天荡，雪，复留三日。牵舟载雨，复五日，至东皋，陈子已先至两浃月余矣。于是赋述怀之诗以献焉。先生追忆往事，感而和之。沉郁顿挫，汗泪交集。噫！余不忍读矣。陈子再和之，谷梁复三和之。盛衰之感，生次之谊，聚散规讽之情，咸于是乎寓焉。陈子之初至也，先生旅觞，东皋之人士赋诗于小三吾，往来倡和，既成帙，余继至，展谒碧落庐，先生复旅觞，东皋之人士运舫张灯于枕烟之馆，箫鼓筝琶叠进，诸子刻烛观吟，各极其致。明日汇之以成帙。先生谓余曰："余两诗，诸子于小三吾缘陈子者，陈子序之，缘子者子序之。"命之矣，不敢辞也。缅昔宋季睦州诗派自皋羽而著，他若月泉吟社及河汾诸老，亦一时兴会所及，然则足以传。小三吾距江海之胜，诸子皆磊砢瑰伟，将不欲传得乎。传诸子者，巢民先生也，传巢民先生者，小三吾也。小三吾传，碧落庐不朽矣。[1]

在这篇诗序里，戴本孝历叙冒戴两家的世谊。早在申酉之际他便跟随父亲得与巢民先生相见。当年的戴本孝正仿佛冒襄师事董其昌之年。戴本孝耳闻目睹长辈称觞吟啸，慷慨论天下事，如此经历对后来戴本孝的人生价值取向深有关联。戴重生前即有结碧落精庐的心愿，冒襄于甲午（1654）之秋为实现亡友夙愿在水绘园中筑庐与小三吾亭相对，戴本孝感慨先父于国乱多事之秋粗服乱

---

[1] 冒襄：《同人集》卷之一，《冒辟疆全集》，凤凰出版社，2014，776页。

发一生，生前未曾登门拜谒，死后却享受知己的殊遇，能于君门结庐奉祀。先父地下有知，魂兮归来！

冒襄特意召移孝前往守庐，适他远游黄山未果。本孝亦因课书外地不能前来祭拜。直到丁酉之年（1657）冒襄偕谷梁、青若二子在南京应试，四方故人子弟纷至沓来，戴本孝终于有机会过江拜见先生。

遂有第一次小三吾世盟高会。关于这次诗会，《同人集》卷之六有《秦淮唱和》一章，本孝诗曰《辟翁年伯为先严建碧落庐于水绘庵，愧未瞻谒，丁酉渡奉省于长干》，宛陵梅磊（杓司）亦有诗《八月九日，巢民先生病卧秦淮，偕陈其年、戴务旃、吴子班冲泥过访谈饮》，戴本孝又和诗四首，末有注云："时谷梁、青若、王孙、田伯诸子方宿闱，故忆及之。"同见沈泌诗《丁酉八月，同戴务旃、陈其年、黄俞邰、周式玉、方田伯、位伯、吴子班、刘王孙、石月川诸君子修昆季之礼于冒老伯金陵寓馆漫赋》。越数日，本孝又作《中秋后四日，陈其年、方田伯、吴子班、刘王孙雨宿巢民老伯奉淮寓馆，即席限韵分赋》二首。

陈维崧[1]在《小三吾唱和诗序》中写道："吾与吾先人及贵池、吴县、华亭、桐城、历阳、嘉善、归德、莱阳、豫章、东粤诸君子游，风节铮铮，一时有太学党人之目。"[2]冒襄在他年所作《水绘园枕烟亭看桂》诗跋中也记叙这次诗会之事和参与者："当年亡友，历阳戴敬夫二子务旃、无忝，阳羡陈定生子其年，竟陵谭友夏（元春）子若侄、只收。灌湘，龙眠方密之子田伯，秋浦吴次尾子子班次第先至，招集邑之后进才而贫者，与中表兄弟甥婿，同子弟读书学诗其中。同里几二十余人，姓名详戊戌、乙亥其年、务旃《小三吾唱和诗序》。"[3]

综合以上及其他相关文献，不妨略作叙事如下。

一、此次诗会皆是冒襄故友，多为复社同人之后，戴本孝"序文"所谓："四方故人子咸拜几杖。"其中所知名姓者：戴本孝（务旃）、陈维崧（其年）、刘汉系（王孙）、方田伯（中德）、方位伯（中通）、梅磊（杓司）、吴孟坚（子班）、刘繼（舆文）、沈泌（方邺）、周岐子周瑄（式玉）、沈寿民子沈琅、梅郎中子梅

---

[1] 陈维崧（1625—1682），字其年，号迦陵，江苏宜兴人。贞慧子。天资颖异，少出游，年过三十，荐举博学鸿词科，试列一等，授翰林院检讨，修明史。工诗文，雄丽沉郁。有《湖海楼全集》《迦陵词》《迦陵文集》等，《清史稿》有传。
[2] 陈维崧：《小三吾唱和诗序》，《同人集》卷一，冒辟疆全集》下，凤凰出版社，2014，776页。
[3] 冒襄：《同人集》卷之八，《冒辟疆全集》下，凤凰出版社，2014，1345页。

庚等人。《巢民诗集》卷三冒襄诗《丁酉八月九日，余病卧秦淮，梅杓司、陈其年、戴务旃、吴子班、沈方邺、周式玉、陈大匡、刘王孙、方田伯、位伯冲泥过访，谈饮榻前，竟日即席同禾、丹两儿限韵》五首，句云："不谓浮云外，能令故友齐""亡友归天上，捎云玉树齐"。正是当日之情景。

二、戴本孝与陈维崧、方中德兄弟、沈泌、黄俞邰、吴子班、刘汉系等人修昆季之礼。戴本孝和陈维崧友谊甚笃，因二人与冒家关系亦甚密切，故将二人的交往与他们和冒家的往来一并叙之。

三、此次冒襄在南京寓馆，先后多次相聚，既是探望冒襄养疴，亦为小三吾世盟高会作铺垫。其间，龚鼎孳（孝升）亦往冒襄寓馆（龚有《中秋前二日，过辟疆老盟翁寓楼下留饮，读八月九日社集诗。是日于皇招过饥凤轩不得久留，因用前韵纪事一首且与其年订再过之约也。辟老方病不能书，略与余同》），但尚不知本孝与之是否相见。

四、在第一回世盟高会上，戴本孝与陈维崧订东皋之约。事过一年，未能实现。至"乙亥六月"（应是六日之误，《同人集》卷之六戴本孝诗《乙亥元夕后二日至雉皋访巢民年伯即事三十韵兼示谷梁、青若》有"年六告本主，纳屐呼头"之句），戴本孝才从老家出发，五日后抵达东皋。

陈维崧先他两余月已到。于是，便有了这次的"小三吾世盟高会"。陈维崧到之日，冒襄设宴，东皋人士作陪。而这一回，戴本孝是主角。是夜，张灯乘舟游弋于枕烟馆下，诸子乘兴刻烛赋诗，仍然结集成册，由本孝作序。

这两次"盟会"可能不如南京那次人多，但对于陈其年和戴本孝来说，却是不同寻常的人生经历。我们不应该简单或表面地将"小三吾世盟高会"与所谓文人雅集相提并论。从1654年到1659年，先后数次的"盟会"，都发生在这一不同寻常的敏感时期。清廷为了巩固其统治，各种严控措施从未懈怠。这边，郑成功、张煌言为首的反清义军在长江下游一带活动，"复明"呼声高起。所以，统治者自下至上密布各种耳目，对这种敏感的聚集不可能视而不见。箫鼓筝琵声中，巢民老伯是颇费一番苦心的。在貌似江南文人风花雪月的背后，冒襄有意识尽一份老辈世谊之情，笼络故交后人，使他们有机会彼此交通，承续世谊，并在这短暂的欢娱中得到心灵的抚慰。对于这些年轻的读书人来说，彼时于功名仕进显然有一种痛苦的焦灼与苦闷，恐怖依然笼罩心头。追忆先辈，缅怀旧谊，诗酒之间，虽不免怅然，比之噤若寒蝉，暗寂飘零，或可一浇胸中块垒。

而彼此唱和扬诩，相互砥砺赞勉，也使得他们的诗情和思想得以传颂，所以不能不说这是冒襄极富心智的一种策略。具体而言，这是知识分子独立人格的体现，冒襄一面与四方的义士私下联络，等待时机；一面召唤、安抚故人子弟，故而与当时文人的逃逸和沉湎酒色的风雅不可同日而语！

再者，"小三吾世盟高会"的另一层意思，是冒襄有意招纳故人嗣后与"邑之后进才而贫者"以及冒家"中表甥婿，同子弟读书学诗其中"。

冒襄在其后来《跋先师董文敏公〈仿关仝关山雪霁图〉》中也提道："三十年前，务旃、无忝两兄弟与阳羡陈其年俱相依水绘，偕两儿读书，经年屡岁。"[1]

冒襄虽为贵公子，因其仗义疏财，晚年终致家道中落，甚至变卖家产，卖字度日，《清史稿》卷五百一《冒襄传》称："家故有园池亭馆之胜，归益喜客，招致无虚日，家自此中落，怡然不悔也。"

虽然"诗酒唱和"为应景之作，其中亦不乏真情流露。冒襄在《戴大务旃两年过访赋赠述怀二首》诗中述戴氏之遭际，可谓字字辛酸，其一云："五经夺席共弹冠，冠冕危时局已残。饮羽刚肠盘日月，易名古德竭心肝。号天二子终身痛，辟地遗民老泪干。七八十年相对语，两家冰雪不曾寒。"[2]

冒戴两家的交往，自非"诗会"短暂相聚，而是经年往来，日益深厚。

清顺治十六年己亥（1659）小三吾世盟高会之后，戴本孝与东皋的联系暂无具体的文献可征，《同人集》中不见冒戴二人唱和诗作，而《前生诗稿》已佚，戴本孝的行踪只能从其作品中略寻一二。如1663年传为冒襄刻六面印。直到"余生"后的北游中，1666—1670年，戴本孝与冒丹书（青若）、禾书（谷梁）兄弟他乡相逢。《余生诗稿》卷二有《青若游燕其从者无老少皆乞余诗，因各戏赠六首》，时间在1667年康熙六年七月，次年春三月，戴本孝又检《山水册》八页赠与丹书。冒青若小本孝18岁，二人初会于秦淮，唱和于东皋，今又同游于燕市。《山水册》，皆取桃源、渔隐、山居、岁寒三友等题材，作为兄长，是否有殷勤而委婉规劝青若京师不可久留之意呢？其言辞真切，情归寂淡，意味深远，这在戴本孝的画跋中表现尤为真切，"尝叹青若来，自令之公卿大夫以及远近名彦，莫不折节乐与之游……苟非知者，则亦第谓其若今之逐

---

[1] 冒襄跋文，亦收录于《同人集》卷之三。见故宫博物院藏董其昌是画卷后。
[2] 冒襄：《同人集》卷之十二。《冒辟疆全集》凤凰出版社，2014，1607页。

富贵慕声势者等耳。嘻,岂青若之所以勉承亲志也哉……"青若来京师,别人或议其"逐富贵、慕声势",独本孝能理解青若,深知二人都是为了联络世谊,希冀于遗民中寻求知音。本孝以知己身份,也发自肺腑地规劝,希望青若早回东皋,避开这是非之地。戴本孝在赠给青若同行随从者诗中更道出内心厌倦京师"名利场"之心情:"宣武门前万丈尘,古今污杀往来人。加餐尚借驱驰力,莫逐诗名问客贫""似恨思归梦不成,耽眠学病懒逢迎。应门倾耳恒微笑,亦厌长安车马声"。在这些诗中,戴本孝同样深切地表达了自己"北漂"的困顿和烦恼,尤其厌倦复杂的人际交往,这些世俗的烦扰无疑触动了一个欲坚守遗民之志者内心的平静。

戴本孝华山之行回京,康熙九年(1670)早春,终于告别京师,匆匆南返。旅途染疾,养疴普应寺。冒丹书亦离京过淮浦,到寺中探望,戴本孝答诗二首。此前,当在康熙八年(1669)冬天,冒禾书将随刘体仁东游,戴本孝有诗为之饯行,曰《燕市解羊裘送冒二谷梁从刘公勇东游放歌》:

> 老夫忍寒不忍羞,乞钱贱买三尺黄羊裘。苍毛浅作枯草色,素缝碎缬冰纹柔。表以兰河斜理之毳,布扣以塔儿倭铅之交驱。故人笑我忽然事边幅,聊复尔尔非免俗。贫贱苟肆志受冻,死亦足天马银鼠。舍力孙服之不衷,召灾辱东皋冒二呼我兄。天涯落拓犹同生,明日依刘历亭去,朔风贯背难为情,燕市残冬买哪得,齐郊贵客偏偕行。左提袭领右挈袖,曳之上马风悲鸣。劝尔春垆欲醉不须解,忆我结计尔之孤征。吁嗟乎,孰问贱者之裘胡不轻。[1]

友人将远行,戴本孝借钱买了件便宜的黄羊裘相赠,"孰问贱者之裘胡不轻"。作为兄长,戴本孝始终不忘冒家的恩情,故对冒家兄弟二人有着无微不至的关照,大至人事志节,小到日常行旅,可谓周致细微。十年后,冒青若感赋《怀历阳戴务旃》一诗,对他俩京师聚首时的诚挚情谊犹耿难忘怀:

---

[1] 戴本孝:《余生诗稿》卷三。

京华犹忆共流连，大戴分襟竟十年。少壮几时须鬓改，别离终日梦魂牵。曾来未接南州榻，欲去难移剡上船。勤展画图如识面，三间老屋更凄然。[1]

光阴荏苒。康熙二十九年（1690），已近古稀之年的戴本孝仍不辞路途遥远，前往东皋祝贺冒襄老人的八十寿诞，恰逢冒禾书的长孙弥月，可谓喜上加喜。这一次的水绘园聚会的诗作，《余生诗稿》和《同人集》都有收录。此次相聚可谓冒、戴两家世谊的又一次高峰之会。《余生诗稿》卷十有《冒巢民年伯八十长歌述怀》长诗，本孝历数冒家之厚爱之情，感慨生平，缅怀先哲，绝非一般应

---

[1] 注云：余襄客京都，曾以画册见赠。

董其昌　仿关仝关山雪霁图　13cm×142.1cm　故宫博物院藏

景之作。"东皋丈人谊独真，茕茕贱子难具陈。丈人二子兄事我，我见丈人思老亲……忆别顿将三十年，年年踧踖横江边。粗完婚嫁历河岳，诗画赀难偿酒钱。丈人念我不置口，责我忘情情愈厚……"在此期间，本孝又为巢民老人作《避召崖图》，而另一首诗之长题则叙述尤详："巢民丈人八十得曾孙，即其长孙文博所首出也。于其弥月，遂命以八十名之。忆余初至东皋，谷梁以人日举文博方弥月，阳羡陈髯暨同人皆贺以诗，迨今三十三年矣，而余复至获与良辰，喜为之赋以纪之。"阔别东皋三十三年，可知1659年的那次小三吾世盟高会后戴本孝就再未去过水绘园了，难怪他在祝寿诗中感叹"丈人念我不置口，责我忘情情愈厚"。三十三年前来时，禾书得长子文博，今日再来，又逢文博生子，又想起当年和陈维崧一起在东皋贺诗情景，不觉感叹岁月沧桑，聚少离多。所以，这一次戴本孝在如皋住了三个多月（《东皋得会堂赠歌者徐郎花乳二首》诗附小字注云"客东皋百日")。戴本孝小冒襄10岁,亦已七旬老人,用他老家的话来说,"来一趟不容易"。

这次祝寿之行,戴本孝还特意囊携董其昌的《仿关仝关山雪霁图》,或许,此图已归他所有,在巢民老人八十华诞之时,与之共同欣赏,无疑是一件快慰之事。冒襄在他耄耋之年获见夫子大人的"新作",欢愉之情自不待言表,于是欣然于卷后作长跋:

> 关仝画师洪谷子,至废寝食,思欲过之。其画竦擢杳漠,皆能一笔涌出。上突巍峰,下瞰穷谷,峭拔不可名状,又多作关山挂幅。余臆记《五代名画补遗》所载如此,当时称为关家山水。吾师董文敏公曾藏仝《秋林暮霭图》,虽绢素剥落,师极赞其风骨犹能掩映宋代名手数辈。吾师画师北苑,间出摩诘、晋卿、大小米、房山、元人四家。其与余画并见之他藏者,皆烟云变没,笔师造化,所谓"气韵生知,超神入逸"。今人无不极好之,未必尽知之也。庚午晚春,马齿正八十,历阳年世友戴务旃亦年七十,涉江千里,为余举觞。其画之苍古挺秀,则荆、关后身也。行笈中出吾师所临《关山积雪图》小卷,如米敷文着色袖珍《潇湘图》为翟伯寿豪夺,盟于天而与之者。其画之上突下瞰,峭拔杳漠,正如余昔臆记所称。计题画为乙亥五月间临,去丙子八月吾师仙游不过年余,乃绝笔也。思昔余年十四,吾师即叙其诗以传,比之王子安。得侍教十有一年,即今皆六七十年事。余与戴河村先生为同学同年友,亦将五十年。时务旃在侍,三十年前务旃、无悉兄弟与阳羡陈其年俱相依水绘,偕两儿读书,经年屡岁。今其年久逝,水绘化为孤墟蔓草。我两人尚以书画觅食,品题鉴定,犹能绪述师友见闻,表章异代,特书卷尾留视。两家子孙及海内好古读书后起者,知我辈道义风雅,未尝以贫贱衰朽一日不长留天地间也。雉皋巢民老人冒襄灯下跋。[1]

---

[1]《同人集》卷之三《跋先师董文敏公〈仿关仝关山雪霁图〉》,故宫博物院藏,董其昌是图卷后冒襄跋。

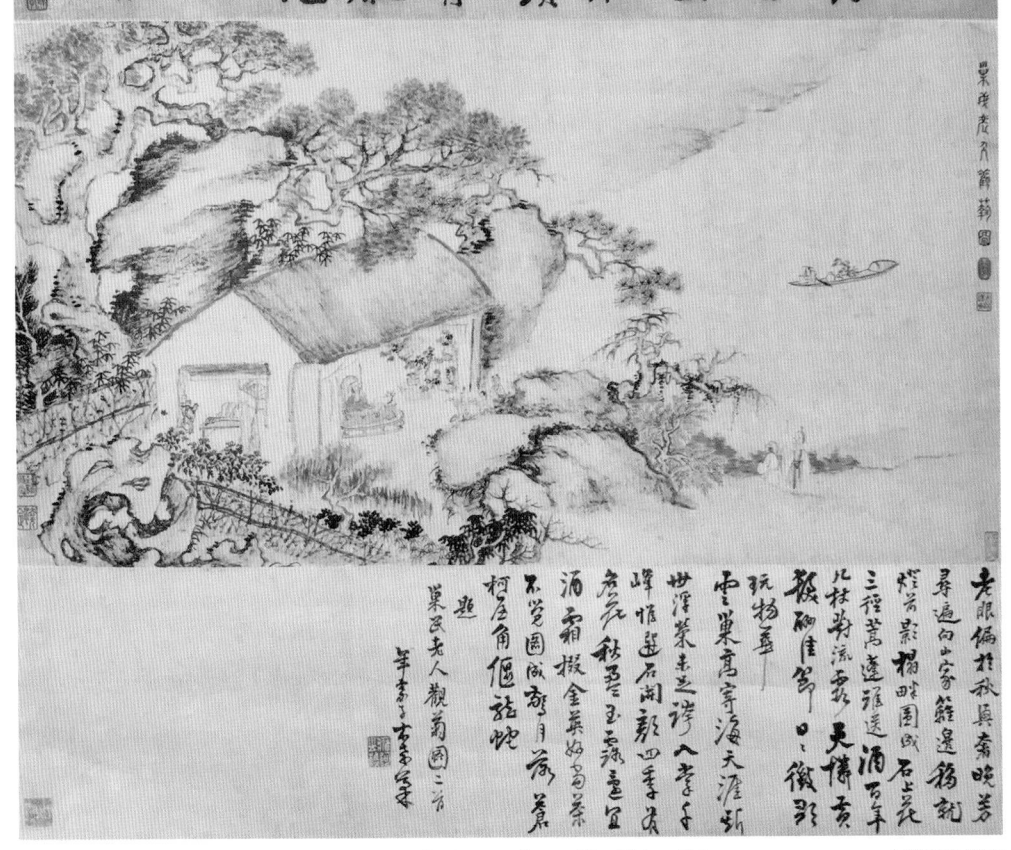

茂林修竹王右軍山陰之蘭亭流水長堤石季倫河陽之梓澤山人對興即是桃花之源隱士相逢不異菖蒲之磵黃精鮮解赤石神脂玉案金盤徵石髓於峨龍之崖山樽馢酌朱玉液攬蓬萊之峰沙橫貘尾巖鑒龍頭鍛野老之貢珠挂巫人之明鏡山膏牛折溜玉到之香筍洞口橫瀾湧巖遵之芳乳人高謝遠地卑氣清抱半折沼玉到之香筍洞口橫瀾湧巖起煙霞而登高出瓊林而更遠鳳皇神丕玉葉而當軒鸚鵡春來穠風花而滿谷

王勃山亭序爲
巢翁老年伯大人書 鷹阿雉子古箏

巢民老人觀菊圖 1691年 立軸 紙本 設色 91.2cm×49.2cm 安徽博物院藏

抚画卷而思故人，冒襄在跋文中称颂先师笔墨，怀念老友戴重，回忆三十年前戴本孝和移孝兄弟与陈维崧"相依水绘，偕两儿读书"情景，亦称许本孝之画"苍古挺秀"，如今冒襄已八十，本孝亦古稀，同展文敏公画卷，颇有岁月沧桑之感，抚今追昔之叹。更寄望"两家子孙及海内好古读书后起者，知我辈道义风雅，未尝以贫贱衰朽一日不长留天地间也"。

次年康熙三十年辛未（1691），戴本孝再往如皋，《同人集》卷之十一冒襄诗"中秋前一日，喜务旃长公晦息来省觐兼访老夫，苦雨竟日夜不止，伏枕作中秋无月诗。午夜窗明，月光涌出，又作中秋看月诗。老人反侧，梦魂颠倒，忧喜不觉，卧发一笑"。戴本孝和冒襄《纪梦诗》并诗赠"嫌婉女侄"，诗后有识云："青若三弟令子耕砚初举男，巢民老年伯以曾祖名之曰'八秋'，以是九月二十二日试晬盘。余适客还朴斋中，因率以拙笔诗画为贺。忆去春谷梁二弟孙弥月，令子文博已先请名曰：'八春'，余既以诗纪之，一门春秋之庆皆在老年伯年开九秩之际，四世一堂，余皆幸睹其盛，良可喜也。时余大儿钺星来迎余还山，复与文博、耕砚、朴人三昆季共讲渊源所自，夫岂偶然哉！横江距东皋五百里，两家世好，金石不渝，宁有艾耶！时辛未菊月，鹰阿山樵贱齿七十有一年家子戴本孝识。"[1]

戴本孝此行如皋，冒襄又添曾孙，丹书会子所生。九月二十二日试晬，戴本孝在如皋度过中秋，除了作诗祝贺之外，还为巢民老人作《观菊图》并题，《同人集》卷之十一收录画上题诗曰《巢民先生命作菊石对图并纪小诗二首》，此画今藏安徽博物院。同为冒襄画观菊图的还有李左民，[2] 虽然这次朴斋相聚不比当年小三吾世盟高会，但对于冒、戴两位老人来说已十分难得，《同人集》亦有"辛未倡唱"专辑。戴本孝有感"两家世好，金石不渝"，更自称"年家子"，可见其视冒家为亲人。传世戴本孝画作中尚可见一幅《拟北苑秋山图》，款识"画于东皋之朴巢"，亦是此间所作。戴本孝在如皋待了一段时间，长子钺星前来接父亲返回迢迢谷。

冒襄曾作诗感慨戴家兄弟对他的诚挚情谊，"衰迟贫贱孰相存，特地过从感

---

[1]《同人集》卷之十一，见《冒辟疆全集》，凤凰出版社，2014，1542页。
[2]《同人集》卷之十一冒襄诗《李生左民为余作得全堂中菊石相对图且索诗见赠因赋怀十六韵》。

第二章 游历与交往

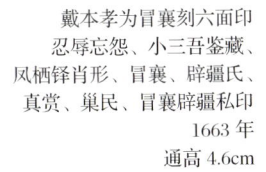

戴本孝为冒襄刻六面印
忍辱忘怨、小三吾鉴藏、
凤栖铎肖形、冒襄、辟疆氏、
真赏、巢民、冒襄辟疆私印
1663年
通高 4.6cm

弟昆。裂石片言销薄俗，凌冰千里聚寒门"。[1] 两家世谊之情，君子之交，主要建立在共同的品格志节之上。两年后，同在康熙三十二年（1693），两位老人相继辞世。

可以说，戴本孝从冒戴两家世交的因缘，深感知遇之恩，终于迈出了后半生的交游生活的脚步，"访名山，见伟人"。当遗民情怀在现实中落实时，对于诗人和艺术家来说，戴本孝毕竟有理想的展望和追求，他需要三山五岳烟霞之气补充内心的空虚和失落，从而开始他"师真山"的艺术之旅。

应该肯定，主要是小三吾世盟高会，引动戴本孝出走穷谷、遨游山川、广交名士的激情，因此开拓了他后半生的游历生涯。

黄山之行：真山原是古人师

黄山是清初山水画坛的重镇。明亡后，许多遗民画家登临黄山，置身云海之际，多有石涛所谓"百劫尘根都洗尽"的感喟。画家为真山别开生面，自然之神奇也造就出一批杰出的"黄山画家"，若渐江、石涛、梅清、程邃和戴本孝。

戴本孝东皋之行归来，其后两年行踪不详。康熙元年（1662），永历王于云南死，明王朝彻底覆灭，弟移孝浪游以归，家事有托，戴本孝这才可以喘口气，脱身远行。皖南黄山，素以奇名，且离和州不算太远，戴本孝自然首先会想到要去黄山。是岁冬，南行途中的戴本孝在歙县乌聊与即将作庐山之行的渐江画师相会。五日后，渐江起程，戴本孝为之饯行，赠诗一首，表达对渐江画师的崇敬之情：

> 林光山气最清幽，添个茅屋更觉投。读罢蒙庄《齐物论》，端居一室得天游。[2]

---

[1]《巢民诗集》卷五，见《冒辟疆全集》，《戴务旃无悉兄弟深冬过慰志感》，凤凰出版社，2014，226页。
[2]《渐江及其师友活动年表》，见汪世清、汪聪编：《渐江资料集》，安徽人民出版社，1984。

第二章 游历与交往

浙江
黄海松石图
1660年
水墨纸本
198.7cm×81cm

是年，渐江 52 岁，本孝 42 岁。

渐江作为"新安画派"灵魂人物，尤以画黄山著称，查士标《渐江〈黄山图册〉跋》云："渐公画入武夷而一变，归黄海而益奇。"此次黄山之行更坚定了戴本孝"师真山"之审美理念。由于时间较短，相关画作也很难见到。十三年后（1675），55 岁的戴本孝再次作黄山之旅，历时近半年，由长江泛舟，经贵池、青阳、过歙县，登黄山绝顶。遂有《黄山图册》《黄山四景图》《文殊院》等诸佳作出现，黄山之神奇，铸就戴本孝笔墨清刚冷逸、静穆渊雅之气质。他与渐江二人皆师法黄山，却都能自立面目。

可以说黄山之行与渐江会晤，是戴本孝艺术生涯的一个重要转折点，使他得以深刻理解以渐江为代表的"新安画家"的艺术思想，从感情上与大批遗民画家产生默契、交通。黄山之行，亦可以说是他后半生游历名山大川生涯的前奏。此后三年，因其重要著作之一《前生诗稿》不得见，其行迹知之甚微。据现存可稽的文献略知，康熙三年（1664）三月，戴本孝在项锡胤（犀水）所藏的董其昌《仿关仝关山雪霁图》卷上作题跋，称"甲辰三月，鹰阿山樵戴本孝识于就李舟次"。就李，古邑名，即槜李，今属浙江嘉兴。可知此年戴本孝有浙西之行，是否与李良年或曹溶等人有关，不得而知。而其存世之《余生诗稿》，则是对他 46 岁后主要游踪的忠实记录。

余生之旅：五岳归来形已换

康熙五年（1666）元旦，弟移孝游蜀未还，本孝作诗述怀，称将作燕赵之游。及移孝归家娶妻，想必喜事安妥，开春，本孝与同邑项锡胤（犀水）结伴启程北游。从和州至全椒，游吴氏园林，越张八岭，过泗上，至江苏宿迁。在山东的琅琊拜谒了王羲之故宅。复登泰岱。过居庸，访武宗行宫遗址。同邑吴盛藻（观庄）时任上谷，本孝据其官署为据点，游览了周边一带山川胜迹。秋日，抵达燕京。本孝此行，一路吟诗作画，风尘仆仆，行程近 1500 公里，并结识了钱础日、刘体仁、王士禛、沈荃、程可则、阎尔梅等人。

戴本孝在京居留二年。一日，"夜与友人谈华山之胜，晨起即襆被往游"[1]，途经太原，访傅山（青主）不遇，于药肆中晤傅眉。在华山脚下，访王弘撰（山史），遂饱览华山胜境，流连数月，作《华山图册》十二幅并《华山图》。旋返京。

1669年初春，戴本孝作兰州之行，程可则有诗《送本孝之兰州》云："去年送君华山去，一杖冥冥入烟雾。自写真图箧底归，今来又指兰州路。叹君马首何太频，天都白石情相亲。即今大雪满天地，犹作骑驴行路人。"[2]诗中叙述了戴本孝去年刚作华山之旅，今春又冒着寒风大雪作兰州之行。西上实《戴本孝研究》一文中以为他可能是打算攀登在平凉的黄帝拜访广成子的崆峒山。遗憾的是《余生诗稿》中没有关于此行的文字。戴本孝自称"三登太华"，然而《穰梨馆过眼续录》著录其所画积麦山并题曰："……余尝入关，三登太华，皆极其巅，遥望秦川一带，山势杳茫，不可识辨，恨不生八翼，始能翔游万里千霄为快耳。"并未明称是否游览了麦积山。他于戊申第一次游太华；二登太华是其由京"去兰州"途中；三登太华，是否即指自天水麦积山而入关，又故地重游呢？不过可以肯定，华岳胜境和黄山一样，已令他陶醉，故才不辞辛苦，三登其巅。

当年的秋天，戴本孝返回江淮。是冬又启程游历下，观大明湖、历山诸名胜。

越六年（1675），戴本孝放舟启程再作黄海之行。先到贵池，舟泊枞阳，度过除夕。戴本孝和移孝兄弟在贵池所留事迹甚多。移孝尝在刘城[3]家作馆师，刘城的著作《峄桐集》即为其所编。刘城与戴重为复社同人，又尝共结"不敢忘社"，戴重殉节后，刘城撰《推官戴公传》称其高节。次岁开春，游哪刹矶，过歙县。三月，二上黄山，作黄山诗十二首。广东省博物馆藏《黄山图册》十二页，亦为这一时期的作品。

1676年戴本孝东游邘上和广陵。诗赠孙默、范国禄、邓汉威、方中德等人。李良年从颍州过邘，将归嘉禾，与本孝相见，并转达刘体仁的问候。

五月，回到迢迢谷。冬日，碧落精庐建成。此后数年，或山居，或入郡城、

---

[1] 王士禛：《渔洋诗话》卷下。
[2] 程周量：《海日堂集》。
[3] 刘城（1593—1650），字伯宗，晚号存宗。少与同里吴应箕齐名相善，同为复社眉目。《遗民诗》卷五：刘城，字伯宗，池州贵池人。贡生，史公可法荐授刺史，不就。肆力诗歌，履道自娱。会江东再建，上策匡时，柄臣不听，长揖归田，息影峡山，不入城市，人称征士。著有《峄桐集》。

含山一带，佣书鬻画，为生计劳顿。直至1683年，过江去南京作短时之旅，旋又返山。次年二月，戴本孝授经于泗阳白洋河，佟世燕（平远）招其往江宁县参与修志，本孝勉应前往，亦为稻粱之谋。此后，再客金陵，诗赠梅定九等人。后来常往返如皋、金陵、和州之间。直至72岁，仍游兴不减，至南京长干寺，复北上任城登太白楼，并往历下故地重游，应李兴祖、喻成龙、朱缃之约，一为修历下亭之事，更因这些官员都是本孝的书画爱好者或"赞助人"，故其不辞年迈路遥，携次儿屏星前往，当然，除了稻粱之谋，更为与知音会晤，文化之本义自然需要理解与交通。戴本孝在济南的这段日子，与很多故人相见，并同游锦屏和华不注峰，创作了许多精心之作，《四时云山无尽图卷》《雪峤寒梅图卷》《孤松老鹤图》等皆为这一时期所作。

直到次年开春，戴本孝仍在济南。这也是他最后一次远游，六月望，回到和州城中，身染重疾。七月初一，辞世于迢迢谷，漂泊的一生，就此画上句号。

杜岕在为戴本孝诗集所写的"序文"中称其"足迹大半天下，历登五岳，图其形胜……"戴本孝诗中也有"五岳归来形已换"[1]之句，这里的五岳，虽非确指，但从《余生诗稿》可见，戴本孝确有东岳泰山、西岳华山之行，至于南岳衡山、北岳恒山，则不知他何年何月登临。《余生诗稿·戏作阴崖钓叟图辄题其上》中有"昔从嵩华归"，看来他很可能去过嵩山，或在他北上的途中去过。那么所言"五岳"如果不是对诸名山的泛指，戴本孝可能确实遍登五岳。戴本孝在《赠龚半亩》一诗中写到"我游名山四十年"，是年，戴本孝66岁，也就是说他26岁就开始游历生涯了。26岁那年，是其父戴重殉难忌年，从此年至45岁"前生"近20个春秋，戴本孝有可能游历故乡附近的一些山水胜迹，但似乎不可能只身出去远涉南岳诸名山。他在《余生诗稿》"自序"中说得清清楚楚："……痛思二十年来，身世所涉，死生究无一当，或负薪穷谷，或佣书村塾，卖文为活，溷迹市屠，生之日，死之年，怅怅乎不知其何从也。"戴本孝因国破父亡，家庭重任在肩，而只能"庸庸碌碌"苟度生计，因此惆怅不已。正如前面所言，直至永历王云南被杀，移孝弟归里，家事有托，戴本孝才能释重负而外游。42岁时他首上黄山，此后三年的行踪不明，是否游览了南岳诸山，尚待考证。

戴本孝在寄俞正庵的《云山四时长卷》题诗中还提及庐山，诗中写道：

---

[1] 戴本孝：《画中杂感》，见《余生诗稿》卷八。

"更忆太华匡庐瀑，摄取奇峰付茅屋……"[1]可见戴本孝有可能去过庐山。丁卯（1687），他还写有两首绝句：《题武夷第五曲六曲图》。从诗中可以看出，他对武夷山也是非常熟悉的，或许只是根据朋友的叙述想象而作。

纵观戴本孝一生，三临太华，二上黄山，北游齐鲁燕赵，西走周秦古道，登泰岱，寻匡庐，叩潼关……历尽崎岖，备尝艰苦，履至危至险之境，搜至奇至美之景，堪称"一生经万死，五岳只孤行"。其足迹所至，高士贤达多结纳之。先生人品焯焯，为诗作画，绝异凡俗，深为当时名贤所推重，多与之诗歌酬唱。如冒襄、王士祯、傅山、傅眉、石涛、龚贤、孔尚任、梅清、冒青若、刘公勇、阎尔梅、程可则、王弘撰、张南村、李屺瞻、孙豹人、李良年、吴盛藻、项锡胤、杜岕、王楫等。兹举其要者，介绍如后。

戴本孝交游概述

1. 与项锡胤

戴本孝和项锡胤的交往始于何年尚无准确的史实考证，但他们之间关系是十分密切的，项锡胤身为清朝官员，戴本孝与他之间的交往，恐怕首先缘于同乡之谊，戴本孝北游燕赵与之同行，遂于上谷与另一位同乡吴盛藻（观庄）相聚。其次，项锡胤是一位笃爱书画的收藏家，戴本孝有机会得观其珍藏名迹，如董其昌的《仿关仝关山雪霁图》，戴本孝70岁那年再去如皋水绘园，便囊携此作与冒襄一同欣赏，并请冒襄题跋。戴本孝在是卷跋文中称："犀水公好古嗜奇，于枕函中出示同观，云为文敏孙所颐，可谓能共家珍矣。"卷后尚有沈荃题跋，云："犀水携之行笈，朝夕展观……"由此可见，项锡胤与董氏后人交情甚厚，因得此之赠，故十分珍爱。冒襄得睹先师遗墨，追抚往昔，慨然题跋云："庚午晚春，马齿正八十，历阳年世友戴务旃亦年七十，涉江千里，为余举觞……三十年前务旃、无忝兄弟与阳羡陈其年俱相依水绘，偕两儿读书，经年屡岁。今其年久逝，水绘化为孤墟蔓草。我两人尚以书画觅食，品题鉴定，犹能绪述师友见闻，表章异代，特书卷尾留视。两家子孙及海内好古读书后起者，知我

---

[1]戴本孝：《余生诗稿》卷十。

辈道义风雅，未尝以贫贱衰朽一日不长留天地间也。"跋文虽未明确董其昌此卷是否已归戴本孝所有，但从行文的口气中似乎还是可以感觉到，项锡胤有可能已将画卷转赠戴本孝或易其画作。

项锡胤是戴本孝绘画的知己，或"收藏者"。《余生诗稿》中有不少诗作提及这位叫"犀水"的友人，如康熙五年（1666）有《雪霁偕犀水、率庵、云子冲泥渡涂山，得泥字》《和犀水董氏园林韵》《宣府即事赋怀，呈犀水、观庄》《和犀水莲花寺韵》《燕市除夕感怀，呈犀水，兼忆舍弟无忝》诸诗（《余生诗稿》卷一）。是年之春，戴本孝偕项锡胤一同从老家启程，来到河北，在上谷与吴盛藻相见，并以吴的官署作为据点，一同游览周边景点。《余生诗稿》卷二又有戴本孝客京次年所作《移次金鱼池馆，和犀水韵》《题千岩对语图呈犀水》《戊申三月十八日，偕犀水、率庵游西山，过皇姑寺抵玉家庵。余独跋龙堂，登翠微山顶瞰宝珠阁》等诗，记录二人在燕京的活动。《余生诗稿》卷三，有《将入太华山，率庵赠以诗，犀水和之，依韵奉答》《西寮静坐，和犀水》，后一首作于康熙九年（1670），是戴本孝再次北上途中在普应寺所作。戴本孝和项锡胤的唱和诗作主要集中在1666年到1670年这几年间。

项锡胤（亦作允）其人，光绪《直隶和州志》卷十九《人物志·宦绩》称：

> 项锡允，本姓冯，名得名，和州人。幼嗜学，天资颖敏。年十一被乙亥流贼遮去，为昭武将军项友功救养，家于辽之宁远卫。十八岁补弟子员，拔入成均。顺治七年，除江西抚州府通判，历升四川潼川府眉州保宁府知府。慈祥恺恻，所至民爱之。后升陕西河东兵备道，调江南淮徐道参政。缺裁，补云南驿盐道。归和州，筑倦鸟亭，画为图，邀诸名士赋诗。又每与同里成杏怀给谏倡和云。

从简历中可以得知为什么《徐州府志》[1]称其为奉天人。

戴本孝画给项锡胤的作品中以《倦鸟亭图》最有名。项锡胤尝于历阳老家城中，筑倦鸟亭，复请戴本孝作画。光绪《和州志》卷五称："倦鸟亭，和州城

---

[1]《徐州府志》清同治十三年刊本，项锡胤在顺治十七年（1660）任徐州分巡河务兵备道，故《徐州府志》有其记载。

南门内项锡胤别墅。"此时,项锡胤可能尚未解官归里,所以,这幅《倦鸟亭图》得遍诸名家题识。《历阳典录》卷七《古迹》记载:"倦鸟亭,项参政锡胤书室,王渔洋有题戴务旃画《倦鸟亭图》诗。"同时为该画题跋的还有沈荃、程可则等人。王士禛《带经堂集》有《同沈绎堂、程周量题项参政〈倦鸟亭图〉,是戴务旃画》,可见这位项参政的风雅情怀,也足见他对戴本孝绘画的喜爱。

当然,戴本孝也十分珍视这位知己,在《题千岩对语图呈犀水》诗中,便委婉地表达了内心的某种喜悦和对自己画作的矜意,"此年吟啸得追随,愧我原同木石痴。心向云山闲处淡,笔趋天地自然奇。对看夷险空陈迹,共托高深有远思。哪是寻常图画意,千峰不语两人知。"[1]

2. 与吴盛藻

吴盛藻(1628—?)亦是戴本孝的同乡。他是和州南乡人,家在长江边的天门山下,故其著作名曰《天门诗文集》。《历阳典录》卷二十四引《四库全书总目提要》,著录吴盛藻所著两种,《天门诗集》六卷和《天门文集》六卷,附"小传"云:

> 吴盛藻,字观庄,和州人。由拔贡官至广东按察司副使。其诗文皆惟意所如,罄所欲言而止。[2]

光绪《直隶和州志》有其传曰:

> 吴盛藻,字采臣。初以盛姓应试。少孤,事母孝。家贫,好读书。以拔贡生考授中书,从洪承畴南征,黢历边徼,备尝辛苦。三藩平,擢广西兵备道。终陕西河东道副使。盛藻为诗长于古乐府,其《从军》诸什,激宕顿挫,奇气迅发,如生马长蛇,不可羁维。著有《天门诗文集》。[3]

吴盛藻是戴本孝兄弟的共同好友,戴移孝在《天门集旧叙》中起首便叙述

---

[1] 戴本孝:《余生诗稿》卷二。
[2] 《历阳典录》卷二十四,1168页。
[3] 光绪《直隶和州志》卷十九《人物志·宦绩》,624页。

吴盛藻 《天门诗集》书影

二人相识相知之始末：

> 予重髫时，即从先君去故乡，余则与故乡交游若寥廓也。长而归，复不能郁郁居里门，亦以故乡知我者稀耳。既而，余与吴君观庄定交于杵臼之间，作赋于火炉之次，相得欢甚，遂同下帷读书者二年。时予方弱冠，观庄长予两岁，予则以兄事观庄，观庄不啻弟畜余也……[1]

接下来，有一段极其感人的叙述，移孝因不得友人的音信，忧其安危，只身六千里远涉滨州（今广西南宁）寻见故人，及相见，悲欣交集，竟霎时哽咽无语：

> 丁酉冬，观庄复自燕京奉檄岭表，山川修阻，逾年音问不通，道路伪传都以观庄生死为不可知。余恻塞不能已，乃徒步六千里访观庄

---
[1] 吴盛藻：《天门诗文集》，清康熙刻本，福建师范大学图书馆藏。

于宾州，始相见，各瞠目熟视，少选，涕与（泪）俱淫淫泣数行下。握手再拜，然后知予两人为故人也……[1]

《历阳典录补》卷六引《碧落后人稿》，其中戴移孝长诗《别观庄一兄》便是"记叙"这次的经历：

> 隔绝万余里，相思六七年。岂知握手有今日，洒泪蛮江瘴海边。忆我出门时，君家儿女牵我衣，阿母垂涕如缏縻。谓汝求官奉甘旨，岂知翻与老母生别离。大嫂无所言，背面掩妆泣。上有姑与嬸，下无僮与仆。朝出舂黄粱，日暮自行汲，连理衣成褴褛丝，团圞镜有蟏蛸织。忽报烽烟下岭西，龙城象郡喧鼓鼙。亲戚劝我毋复来，故人生死不可知。故人如已死，我往收其尸；故人若尚在，道路安足辞。三月渡章江，四月下广州。空囊无一钱，逆旅不肯留。五月六月三江高，牂牁水下如攒刀。洗出千层剑锋立，客子到此心胆消。环刀皮甲尽獞猺，日相杀戮如草茅。奚奴泣谢欲归去，温言软语相慰劳。幸得残生各无恙，白盐赤米同餐饭。自言惭作华子鱼，漂泊风尘愧颜面。与君昔为鸳与鸯，今作参辰天一方。男儿出处各有志，徘徊往事心悲伤。刘蕡墓下秋风起，子厚祠前衰草死。牛羊迹上酹酒卮，自古才人多窜此。忽传京口新战争，江南江北屯长鲸。独子漂流何足惜，念我尚有嫂与兄。拿船走马揖君去，坎壈崎岖风雪路。感君冰涕下如注，老母娇儿不得顾。痛饮悲歌送我行，他年未卜生相聚。一言告君君莫违，侈谈功业此何时。先人敝庐黄水湄，红焦丹荔望子归。脱粟布被我有之，何用故人富贵为。[2]

长歌作述，催人泪下。

戴本孝长观庄七岁，他们之间的交往不知始于何时。康熙五年（1666）戴本孝与项锡胤等同行北游，吴盛藻正在上谷署中任职[3]，一行人道经上谷，并以

---

[1] 吴盛藻：《天门诗文集》，清康熙刻本，福建师范大学图书馆藏。
[2] 《历阳典录补》引自《碧落后人稿》卷六，232—234页。
[3] 上谷：今河北省张家口市宣化区。旧置上谷郡，保定、易州、宣化及顺天、河间之一部皆其境，郡城在沮阳，怀来县大古城村一带。

此作为据点，游览了附近一带的风光古迹。他乡遇故知，是戴本孝赴京之前度过的一段欢娱时光。《余生诗稿》卷一至卷二收入了许多作于此时的诗作，如《过观庄上谷署中即事醉歌》《宣府即事赋怀，呈犀水、观庄》《和观庄莲池寺韵》《游东山示观庄》《答观庄元旦寄怀》《上谷醉中》等相关诗作十余首。在第一首《过观庄上谷署中即事醉歌》中，戴本孝叙述了二人相见的喜悦心情："四海我汝能几人？天涯忍弗开怀抱。饮汝酒，听我歌，虽老豪气勿磋砣。"

吴盛藻《天门诗文集》卷三有《醉饮同项犀水、马云子、戴务旃韵》一首，句云："若无好酒无清歌，人生安得不蹉跎。且喜今日风沙少，且喜今日良朋多""少年知己各星辰，忍教相聚不相亲。须眉纵老肝肠在，笔砚难荒诗有神"。从诗中可知，他们之间的情谊和移孝一样自"小乡亲"时便开始了。在上谷，吴盛藻不仅热情款待远道而来的乡亲和友人，还与大家一同游览、唱和，可见他们有非同一般的交谊。吴盛藻不仅是一位诗人，亦善书法。留云草堂藏吴盛藻大幅书轴，笔意遒劲，骨清气朗，意在黄山谷、宋徽宗之间，可见他的书法造诣颇深。故于醉歌之际，一位书家，一位画家，一位鉴藏家，自然有许多共同的话题。

上谷别后，便不见二人交往的踪迹。

3. 与李屺瞻、孙枝蔚

康熙五年（1666），戴本孝北游，秋抵燕京，前后约三年。此时的清王朝政局已定，四方名士有愿逐富贵、慕声势、跻身官场者，咸集京都，戴本孝却为何也在这时候赶来京城且逗留日久呢？从他当时所作的诗中可以略窥其心理活动和蛛丝马迹："云物一时天际浮，万山风起咽边楼。城藏碧树人家影，水射黄沙羌笛幽。叹尽故人千日酒，销残长夏四时秋。登临遮莫生悲壮，匹马还当到处游。"[1]戴本孝在诗中一泻高歌悲壮的激昂情绪，愿只身匹马，云游天下。燕京是历代王朝的故都之一，他不辞辛苦只身北行，与那些逐富贵、攀官场的名流有着本质的不同。不妨再读他游香山登来青轩时即兴诗作："……不欲凭栏望，宁无屐齿伤……四顾不胜情，悲哉一老生……笔溅新诗泪，轩留御墨精。陵园春尽去，何处见长城！"[2]诗人的眼里，故国江山易主，山川神灵亦无依托，只

---

[1] 戴本孝：《偕诸子登北山寺》，《余生诗稿》卷一。
[2] 戴本孝：《余生诗稿》卷一。

有满目苍凉，一腔哀思。因此，戴本孝北漂燕市三年，过的仍是"结庐在人境，而无车马喧"的清苦生活。从戴本孝赠冒青若《山水》册题跋中可以知其严肃的处世态度："冒青若……年近三十始来京师，承亲志也。时予已旅食京师两年，因主人能适予性，不扫室危坐，则蒙袂独行；出入可以自恣，一闻户外革踏声则畏匿不敢见；即间有过从，仅素心一两而已。尝叹青若来，自公卿大夫及远近名彦莫不折节与之游。予每过其次，舍不经食辄欲避影而逃也。"戴本孝寄居房东家中，或是客栈，或是已为京官的旧友家的闲屋，但主人是一位颇能理解戴本孝心境、性情之人，因而戴本孝能出入自便。由于他性情孤高，一听门外官靴的履声，则隐匿畏见。非素心知己者，绝不违心应酬。他与冒青若两代世交，青若来京，一时名彦，纷纷招寻，煞是风光。在其邸处碰上这些公卿士大夫济济一堂，戴本孝总是避影而逃。其赠青若及家人老小的诸诗中也有所表明：

其一：
宣武门前万丈尘，古今污杀往来人。加饱尚借驱驰力，莫逐诗名问客贫。

其二：
似恨思归梦不成，耽眠学病懒逢迎。应门倾耳恒微笑，亦厌长安车马声。[1]

看来，戴本孝虽身客帝都，心中却不免苦恼和困惑，其行迹虽有不得已而为之，其心境亦堪称一尘不染。如果说画如其人，那么，其画冷寂峻奇之境，与他品行高洁不可能没有关系。试读他在京师的题画诗句："心向云山闲处淡，笔趋天地自然奇""哪是寻常图画意，千峰不语两人知"[2]，便一目了然了。

初至京城，戴本孝喜遇李念慈。《余生诗稿》卷一有诗：

孙豹人尝称李屺瞻于余，于燕遇之，时将李廉州，则固先文节所

---

[1] 戴本孝：《青若游燕，其从者无老少，皆乞余诗，因各戏赠》，《余生诗稿》卷二。
[2] 戴本孝：《题千岩对语图呈犀水》，《余生诗稿》卷二。

筮仕郡也。因画以祖之,并感题其上:

> 我自昔年逢啸侣,独于斯世叹龙门。骑马忽从燕市见,裁诗或许野人论。突兀客怀吟欲老,峻嶒岳气写来尊。应向珠官存逸事,幸题听辟记河村。

孙豹人曾向自己称赏过李念慈,今于燕市相遇,其即将赴廉州担任司理之职。先父曾于弘光朝由实授湖州通判被挟怨改任廉州,今屺瞻恰赴之任,因"画以祖之",并即兴为诗题于其上。

李屺瞻(1628—?),名念慈,号劬庵,陕西泾阳人。著有《谷口山房诗集》。

孙豹人(1620—1673),名枝蔚,陕西三原人。明季尝起兵抗李自成,败后离陕南下,后寓居于扬州。康熙己未(1679)召以博学鸿词,以年老授官正字回籍。著有《溉堂集》。《清诗别裁》评:"溉堂诗,辞气近粗,然自有真意。"并称其人品至高。

诗中之"啸侣"即指孙枝蔚,他尝对本孝称李念慈之杰出。可知,戴本孝在北游前便与豹人相识。今戴本孝与李念慈相遇京师,自然会提起。复由"珠官"而想起先父,感慨万千。北京初晤之后,二人在扬州又有见面,李念慈《谷口山房诗集》有一首《卢坦先招自东门,登舟访戴务旃、方田伯、郭外即邀同泛至红桥快集观涨即事》诗,[1] 诗中"歌吹扬州,红船漾碧流"之句便是描写这一带的繁华景象。可见在扬州时,戴本孝和李念慈、方中德等人有所往来。

本孝与孙枝蔚同庚,康熙十五年(1676),孙枝蔚滞留豫章,本孝"深以为怀",赋诗寄赠:

> 生年尝叹与君同,白首相看各转蓬。宁为饥驱偏失路,却因愁绝每书空。音高鸾凤虽云远,道在龙蛇哪讳穷。斯世归来何处避,竹西原不是墙东。

孙枝蔚《溉堂诗余》(二卷,分调不编年)中有两首《沁园春》词,一首题

---

[1] 李念慈:《谷口山房集》,收录于《四库全书存目丛书》集部别集类,第232册。

《戴务旃携具过寺寓》，另题《调务旃重九之前辞予归家》。[1]

其一《戴务旃携具过寺寓》云：

> 身久不归，节近重阳，徘徊独行。正墙头雨过，豆花将落；殿前风起，松鼠齐惊。乞食题诗，遣愁沽酒。满镜谁怜白发生，差堪慰，有奇文在箧，闲写闲评。
>
> 蒙君念我飘零，信海内公然有弟兄，更米分仁祖饥肠顿饱，螯携毕卓，左手同腥，海已为田，橘还化枳，往事回头涕泪横，吾衰矣，愿无双国士，努力躬耕。

词中描写重阳将近，老友沽酒携具来访。继而感喟沧海桑田，生不逢时，彼此飘零，幸能相互慰藉彼此砥砺，堪为遗民生存状态和心境的真实写照。

孙豹人在扬州时诗名显著，陈维崧（其年）序《溉堂集》称其"诗益工，歌益甚"。孙豹人曾去过戴本孝的家乡和州，《溉堂前集》卷之八有《登历阳城楼有感》和《历阳怀古四首》诸作，因无系年，故不知何时为何往之。

4. 与刘体仁

刘体仁（1617—1676）[2]，字公勇。亦作㦷。江南颍川（今安徽阜阳）人。顺治乙未（1655）进士，官至吏部郎中，能诗擅鼓琴。著有《蒲庵集》《七颂堂诗文集》。《池北偶谈》称：公勇友人某，素喜琴，殁数年，公勇一日携诸姬郊行，过其墓，停车酹酒，使诸姬于墓下各操一曲而去，其标致如此。[3]公勇于京师时，尝与王渔洋、汪琬主持风雅，称誉一时。渔洋评其人："慷慨任侠，意气自许。"[4]戴本孝至京都，与公勇酬赠甚多，其一《赠公勇》长诗：

---

[1] 孙枝蔚：《溉堂集·溉堂诗余》卷之二，清人别集丛刊，上海古籍出版社，1979，994页、995页。亦收录于《历阳典录补》艺文十。
[2] 关于刘体仁的生卒年向来说法不一，此据王秋生《七颂堂集》（黄山书社，2008）前言之说，"《颍川刘氏族谱》初编于明崇祯戊寅十一年，由颍川刘氏始爵公刘奉先九世孙刘体谦创修，十一世孙刘日藻续修。……民国本《颍川刘氏族谱》系据前两部族谱再修而成，为颍川刘氏的第三部族谱，保留了前面两部的资料。其关于刘体仁生卒年的记载应该是可信的。"
[3] 王士祯：《池北偶谈》卷十三《谈艺三》，中华书局，1982。
[4] 王士祯：《池北偶谈》卷六《谈艺三》，中华书局，1982。

  清颍距横江，千里一襟带。襄册缅先贤，学者见嵩泰。回首十年前，诗歌挹芳蔼。尺鲤遥相招，偃仰风雨会。骑驴上燕市，满面积苍竭。相见执我手，相慰旧颠沛。朱弦有至音，鼓吹合万籁。诗法兼画理，江河肆淘汰。堂阶何爽朗，膏馥任沾丐。所钦在芝兰，而不远蒿艾。当代颂持衡，方揽天下最。素心若澄渊，何处不汪濊。霜霄照蓬桑，云霞集轩盖。高骞风雅林，千秋足图绘。突兀苍秀姿，如对灵坛桧。埙篪间笙镛，列彩何绰缛。闻有鸟爪客，掷矽固佼侩。野人赧趋跄，踌躅向门外。抠衣不嫌后，晴窗更幽霭。洗砚当相从，差可隶旌斾。[1]

  戴本孝赠诗之年为1666年，但二人此前即有交往，刘体仁《七颂堂文集》卷一《颂橘堂文集叙》云："丁酉冬，将挂帆吴越，存故子。道出历阳，留十日，过而相语者，无一士焉。私念江北数百里中，敬夫先生既遂志去，其务游，青鞋逐佳山水无定处；密之又一笠栖龙眠松楸侧不出。余虽欲登天门，继朱鸟、玄云之歌，甲乙丙，人其谁？"丁酉为1657年，戴本孝可能正在南京，参加小三吾世盟高会未归。所以这一年二人可能并未见面。然诗中有"回首十年前，诗歌挹芳蔼"之句，可见二人在1656年或1657年之际便已相识，或有书信往来，故诗中有"尺鲤遥相招，偃仰风雨会"云云。

  颍水与横江相距千里，却因他们的友情襟带相牵。戴本孝在诗中情不自禁，"相见执我手，相慰旧颠沛"。《余生诗稿》卷二尚有《刘公勇索画并题》一诗，"秋老颜逾净，山高自其森"，[2]亦是超然物外之境。可惜画已不知下落。

  康熙九年（1670），戴本孝再次北上至济南，刘公勇假归出都，将游历下，本孝又有长诗以赠：

  天下名山指可数，天下名贤目难睹。平生知己老未得，茕茕五岳心独苦。颍川先生抱奇气，落笔不作人间字。与我迹疏神益亲，此道与古得深意。去年送我游太华，把君诗与苍龙挈。……回头又到宣武门，满眼黄尘白日夜。造君米市叩邸门，挂我接篱开东轩，借书日钞日不

---

[1] 戴本孝：《余生诗稿》卷二。
[2] 戴本孝：《余生诗稿》卷二《刘公勇索画并题》。

晦，中宵数起还数翻。有时樽罍问笙龠，有时香茗静帘幌……[1]

可见，戴本孝在燕期间，经常是刘的座上客，或一度寄居其宅，得观其藏书或字画。

康熙十五年（1676）戴本孝客居扬州时，李良年自颍川过访，并捎来刘公勇的问候。[2] 由此可见二人之交谊。故戴本孝在京之时得其照顾有加，是在情理之中。本孝将游华山，刘体仁亦作诗饯行：

> 夜谈太华奇，朝起理轻策。似子独往意，自然生羽翮。我无济胜具，心悬神仙宅。椓壁闻蚁缘，索度或猱掷。即至玉女盆，莲花岂堪摘。颇穷造化由，能识巨灵擘。一身出天地，笑看培塿积。归来毛髓异，定跨茅龙脊。[3]

可能正是在刘体仁宅邸，戴本孝与大家谈起华山之胜，次日襆被启程前往。

此外，刘体仁在京与当时名贤交往甚多，王士禛《分甘余话》："昔在郎署时，与刘公勇、江蓉文、董玉虬、梁日缉、程周量辈，无旬日不过从倡和。"[4]

《七颂堂识小录》中记录刘体仁与友人鉴赏古代名迹甚多，如巨然《山水卷》，倪云林《十万图册》，范宽《山水》大幅，黄子久、王若水合作《山水》大幅，郭熙《古木寒泉图》，等等。后有刘体仁之子"校后记"称：

> 先君子性恬澹，惟喜搜罗典籍，他无所嗜。丁未官京师五年，是时名卿大夫，公余扬扢风雅，则有龚芝麓、汪钝翁、王阮亭诸先生。好古鉴赏家，则有梁真定、孙退谷两先生，文酒相娱乐，名曰雅会。群推先子博识，相与商榷古今，考辨真赝。次第间录成帙。诸公虑传布，遭征索，嘱勿以录示人，因储箧衍六十年矣。诸公既往，收藏亦化为

---

[1] 戴本孝：《余生诗稿》卷三。
[2] 戴本孝：《余生诗稿》卷五《李武曾黔游还复自颍川过邘，将归嘉禾，过访邸次，兼得刘公勇近问》。
[3] 刘体仁：《七颂堂集》诗集卷一，黄山书社，2008，30页。
[4] 王士禛：《分甘余话》，中华书局，1989。

云烟。每一展卷,觉当时文物风流,即今可见,熊熊奕奕,讵谓斯录可终泯哉?[1]

孙退谷和梁清标皆以富藏称豪,虽然不能确知戴本孝是否也参与过他们的雅集活动,但刘体仁与这些名士的广泛交往,对于一度寄居刘邸的戴本孝来说,无疑对"增加社交机会以及拓展艺术眼力都有帮助"[2]。

本孝赴华山,公勇有《送戴务旃游华山》诗一首为之饯行。

康熙十五年丙辰(1676),戴本孝的朋友李武曾过颍川,公勇怀念十三年前在燕之时常相聚纵谈的故人,请其转达问候,戴本孝深为所感,有诗述怀。

5. 与王士禛

王士禛(1634—1711),字子真,一字贻上,号阮亭,别号渔洋山人。山东新城(今桓台县)人。顺治十二年(1655)进士,由扬州司理累官刑部尚书。康熙四十三年(1704)罢官归里,撰述不辍。卒后,时人避清世宗(胤禛)讳,改作士正。乾隆中赐名士祯。王士禛与朱彝尊并称"朱王",擅古文、兼工词,亦为鉴定高手,颇能尊贤识士。其干济风节,多有可传,皆为诗名所掩。著有《带经堂集》《渔洋诗文集》《渔洋山人精华录》《精华录训纂》等数十种。

戴本孝与王士禛的交往大约始于康熙初年。康熙六年(1667),戴本孝壮游燕京,有五古长诗《赠阮亭》一首:

> 从来千古山,东岱为岳长。从来千古水,济流独居上。桑梓溯圣源,金石无凡响。翘首望琅琊,名贤迈今曩。远足照竹素,近足厉标榜。手把渔洋诗,十年对朝爽。一篇再三读,寸心具仪象。天马凌云衢,近过绝榛莽。当叹生同时,吾道得归往。忆从旄盖下,邗江渡轻桨。侧身多畏慴,逡巡向函丈。苦吟嚄残墨,狼藉滥推奖。此年行就食,燕云涧尘鞅。仪曹仰清肃,绝域就横仿。造席未前申,折柬愧先枉。入门揽鹔衣,携手曳仙氅。书琴娱东轩,琳琅振西幌。诗歌爱穷士,

---
[1] 刘体仁:《七颂堂集识小录》,黄山书社,2008,234页。
[2] 古雨苹:《戴本孝生平与绘画研究》(硕士论文),台湾大学图书馆,2009。

肝膈尊吾党。孤怀幸不孤，两间竟无两。闲客芒屐来，门庭叹高广。[1]

从这首长诗中可见：其一，戴本孝与王士禛的交谊是在邗上扬州时开始的；其二，"书琴娱东轩"一句，描述的是戴本孝客京之时与王士禛、刘体仁、阎尔梅等人聚会时相互酬唱的情景，娱会之情，可慰游子乡愁。

王士禛《带经堂集》卷一八《乙巳稿》有《兜率岩铁汉和尚所居观戴务旃东峰》诗一首，是写在戴本孝游燕二年前（1665年5月），王士禛游览金陵的牛首山，在兜率岩铁汉和尚舍处看到了戴本孝所作《兜率岩至高峰东峰》一画时，即兴所题。诗（并序）云：

和尚独居崖上数十年，以二猿相随，不与人接。东峰插天半，兜率极云端。坐爱楚江晚，不知风气寒。高僧去已久，神异留人间。苍髯两猿子，夜月啸空山。花芯照苔壁，藤萝经瓦官。自拂犹挂窗，斯人几时还？戴生历阳秀，览眺穷缘攀。目注三山流，毫素生层峦。朱夏凛冰雪，青天起波澜。譬如御风行，泠（泠）然天宇宽。披图一再叹，落照回禅关。[2]

从诗中略可想见，当年在牛首山时他与戴本孝已相见。明亡后，戴本孝举家迁居迢迢谷，然而为谋生计，戴本孝会常常出山往县城或过江到南京一带鬻画，牛首山兜率寺以及后来的长干寺都是他栖身之所。寄居僧寺，可能是他喜与僧道交往，习惯简朴清静的生活，对于一名布衣画家来说也可节省开支。所以，当年王士禛与方文游览牛首山时才有机会与戴本孝邂逅，因得睹他在寺中作画。

王士禛以优美精练的语言描述了东峰胜景，实则亦是戴本孝画中所描绘的意境，一画一诗，堪称珠联璧合。王士禛作为一位颇具眼力的"鉴赏家"，他与石涛、梅清以及新安画派诸贤都有过从，他在游地见到戴本孝的佳作，欣然题以长诗，称"戴生历阳秀"，可见他对这位出自穷谷的布衣画家是刮目相看的。

---

[1] 戴本孝：《余生诗稿》卷二。
[2] 王士禛：《带经堂集》卷十八，128页。

此后，在京都，王士禛又和他人一起在戴本孝为项锡胤所画的《倦鸟亭图》上题跋，曰：《同沈绎堂、程周量题项参政〈倦鸟亭图〉，是戴务旃画》，诗附小字注释："曩同方尔止（方文）游牛首山，见务旃所画东峰半臂最妙。"[1] 可见王士禛对戴本孝之画印象至深。戴本孝又题诗作画赠予王士禛。[2]

王士禛在《池北偶谈》卷十一《谈艺一》中，有"二戴"条，记录此事并抄录戴本孝赠诗其中两首。

本孝贻予画，自题诗云：

丛薄何蓊蘙，乔木无余阴。斧斤向天地，悲风摧我心。不知时荣者，何以答高深？

草木自峥嵘，攀援与依附。凌霄桑寄生，滋蔓尚可惧。惜哉不防微，良材化枯树。

此二诗均收入《余生诗稿》。戴本孝《赠冒青若山水册》中的八首"题画诗"，其中就包括上面的两首。后来，王士禛《池北偶谈》录戴本孝题画诗二首并叙云："戴务旃，和州人，诗画皆超绝。尝在京师，夜与友人谈华山之胜，晨起，即襆被往游，其高旷如此。"此后，凡及戴本孝相关之文本，多转述此则，如《历阳典录》卷二十收录王士禛所说，末句则称："其兴会不羁如此。"《国朝别裁集》："戴务旃性情高旷，闻人谈华山，晨起即往游。王新城赠诗所云……"皆以《池北偶谈》为本。可能因为渔洋的名望及《池北偶谈》的影响，戴本孝游华山故事得以远播，成为艺林佳话。

戴本孝离京去华山，王士禛为之饯行，并有《送务旃游西岳》一诗：

扪虱雄谈事等闲，余情盘礴写孱颜。
洛阳货备无人识，五月骑驴入华山。

诗中把戴本孝比作一度隐居华山后为苻秦宰相的王猛，以其"少贫，以货

---

[1]《带经堂集》卷二十，138 页。
[2]《余生诗稿》卷二《题画赠阮亭》。《池北偶谈》未录诗其二："渴笔犹堪扫砚尘，写成幽独许淮邻。倦来梦入新诗冷，飞落寒泉满钓缗。"

畚为生,尝货畚于洛阳"一典,暗喻本孝颇有雄才大略,乃欲效王猛栖心华山之中。

一个是名显海内的文坛领袖,一个是浪迹他乡的布衣画师,二人的感情建立在深刻理解的基础上,除了"诗歌爱穷士"的基点之外,更主要的则是"肝膈为吾党",彼此心心相印。是故戴本孝已打破了亡明遗民与清廷显贵的隔阂樊篱,甚至视王士祯为同党般的亲密无间了。所以,直到康熙十九年(1680),年逾花甲的戴本孝在家乡的迢迢谷山中,还惦念着这位故人,并作画题诗遥寄。但自燕京分别后,二人似乎没有直接的交往了。

6. 与程可则

程可则(1623—1673),字周量,广东南海人。顺治九年(1652)壬辰会试前列,而以磨勘被黜。顺治十七年(1660)应阁试授内阁中书,后累迁至兵部郎中,任桂林知府。著有《海日堂集》七卷、补遗一卷。程可则于顺治十四年(1657)北上进京,十七年重新出仕内阁中书,亦开始他在京时期的诗歌创作,王士祯称:"昔在郎署时,与刘公勇、汪苕文、董玉虬、梁曰缉、程周量辈,无旬日不过从倡和。"[1] 尤与王士祯、王士禄(西樵)过从尤密。康熙十一年(1672),吴之振辑《八家诗选》,程可则遂与王士祯、施闰章、陈廷敬、王士禄、汪琬、沈荃、曹尔堪并称"海内八家",《清史稿》称"岭南七子",程可则与陈恭尹、梁佩兰等并列雁行。戴本孝离燕赴华山,程可则有《送戴务旃游西岳》诗四首为之送别:

> 春草既销歇,夏云多变迁。缁尘涅素衣,白日凋朱颜。达士抗遐尚,杳然非人间。独往凌清虚,杖履何时还。
>
> 我闻华山高,壁立青芙蓉。白帝居其巅,侧叠罗诸峰。君行侣猿猱,上下攀云松。神仙遇有时,相将乘赤龙。
>
> 君本忠孝人,浊世称大贤。束身为圭璋,所志非倔佺。振衣仙掌崖,洗耳玉女泉。皎然脱物役,可以臻长年。
>
> 我家罗浮下,夙昔阻登陟。前年岱宗顶,烟霞暂怡悦。常恐尘土姿,

---

[1] 王士祯:《分甘余话》卷三《计东献诗》条,72页。

逸与名山绝。安能从君游，醉踏苍龙月。[1]

本孝则有五言古诗一首对他的友好深表谢忱：

两年慕音旨，相闻不相见。此兴弥无穷，今古一缱绻。北斗挂南海，宁日迈时彦。当日莲须阁（谓黎美周先生），大雅扇芳甸。江海贯潮汐，世好凤称善。天风驾海涛，异产照赤县。裁缝云雾手，彩笔致清宴。东皋有逸老（巢民先生），每每对遥羡。迹远心自近，万里意立遍。避俗在师古，心同无异面。君诗尝窃诵，会心辄掩卷。闻向邸舍间，日著方城传。乞书尝满户，急遽但黄绢。懒病亦时作，药物尚宜恋。近始小凭轼，依然谢游谦。我欲刷刺毛，思一窥秘撰。行行故且止，冀君复加膳。良怀逼寒宵，霜月映冰砚。所思穷入表，风云感时变。求友去形骸，当如金百炼。[2]

"两年慕音旨，相闻不相见"，正说明戴本孝三年的京都游历，虽早闻程可则诗名，却并没有融入他们频繁的诗酒唱和之列，可见戴本孝交友是极小心谨慎的，诗中提及冒襄（巢民），或二人在晤谈中提到这位东皋逸老，戴本孝借机转达巢民先生的问候。虽然程可则诗中亦表明他对戴本孝的身世有所了解，"君本忠孝人，浊世称大贤"之句亦是对戴本孝坚持遗民之志的称许，但戴本孝的诗仍不乏应酬客套之词，可以想见，戴本孝与其交往尚不如与吴盛藻、项锡胤同乡及其他坚持布衣之志的遗民中人密切。程可则颇有怀才不遇之感，才使他们成为诗友。

康熙八年（1669）乙酉，戴本孝离京去兰州，程可则又作诗饯行：

去年送君华山去，一杖冥冥入烟雾。自写真图箧底归，今来又指兰州路。叹君马首何太频，天都白石情相亲。即今大雪满天地，犹作

---

[1] 程可则：《海日堂集》诗之一，道光乙酉重刊，广西师范大学出版社影印，2012，15页。
[2] 戴本孝：《余生诗稿》卷二。

骑驴行路人。[1]

另据王士禛《带经堂集·渔洋诗》卷二十知，1667年，程与王士禛、沈荃一起于燕在戴本孝为项锡胤（犀水）所画的《倦鸟亭图》上题跋，当时戴本孝亦客居燕市。

7. 与李良年

李良年（1635—1694），字武曾，初名法远，又名洮涒，秀水（今浙江嘉兴）人。著有《秋锦山房集》。

戴本孝与李良年的交往，不知始于何时，但可以肯定戴本孝北游京师时他们已经认识，或更早。康熙七年（1668）春，戴本孝将作华山之行，友人纷纷作诗赠别，其中便有李良年。同赠诗者如王士禛、程可则、刘体仁也都与李良年相友好。《历阳典录》卷三十三收录王士禛、程可则、诸九鼎、屈大均、纪映钟诸诗，却未见李良年所作。在《秋锦山房集》卷二有一首《送□□游华山》（空白二字疑人为刮去，当是"务旃"），[2] 诗曰：

> 五岳平生意，西寻太华山。松风天外落，仙掌日边攀。婚嫁无乡梦，云霞驻玉颜。三峰虽绝好，游遍亦须还。

而此前，李良年于康熙六年（1667）游扬州，继北上，过居庸，至上谷，并作客吴盛藻官署中，《秋锦山房集》中有《吴郡丞采臣署斋出家姬歌舞留宴因成四韵》诗，便是记叙在观庄署邸的相聚情景。《余生诗稿》中虽未见戴本孝记叙和李良年一同游览的经历，但阎尔梅（古古）《白耷山人诗集》卷五有诗《宣府偕戴务旃、李武曾、戴无忝山游即事》。可知，李良年亦从南方相继聚于上谷。

李良年与戴本孝的交往除了他们有不少共同的朋友，因得以相识，恐怕

---

[1] 程可则：《海日堂集》诗之二。
[2] 李良年：《秋锦山房集》，收录于《四库存目丛书》集部别集类，第251册。《秋锦山房集》初刻于康熙三十五年（1696）孟冬，乾隆二十四年（1760）续刻，即今所存《秋锦山房集》二十二卷、《外集》三卷，清华大学图书馆藏。李菊芳辑《李氏家集四种》即包括《秋锦山房集》二十二卷、《外集》三卷。康熙间刻、乾隆间续刻。《四库全书存目丛书》影印本即据此。

还与他们同是复社后人有关。李良年的父亲李寅（寅生），为复社名流，明亡不仕，遂为遗民。著有《视彼亭诗》《鱼喁草》。和父亲一样，李良年亦以游幕为生，尝与他人札中云："为游子，为寓公，继而浮湛博书间，作幕客。"[1] 尝与同邑朱彝尊、沈皡日、李符等人在金陵龚翔麟幕府，余暇诗词唱和，开创浙西词派。

戴本孝"余生"出走迢迢谷，试图在遗民中寻求知己，李良年自然成为他的好友。和戴本孝一样，李良年亦是"驴友"，"我本好游历，婚嫁嗤向平。梦中五岳久相待，骑驴便作青齐行"（《孙枰菴饯予岱宗之游且云将返黄山旧庐辙题酒肆壁间以为别》）。[2]

《秋锦山房集》卷四有《九友诗》，序云："天未寡谐，追念畴昔，倚烛作诗。烛尽数之，得九章，未竟吾友也。"其中陈维崧（其年）、王弘撰（山史）等皆戴本孝好友。其六写戴本孝云："铁石在眉宇，此老重然诺。小技涉丹青，韵语亦萧泊。闻君有令弟，未婚历五岳。此事古人无，岂独向平作。"此诗下注小字仅见"历阳"二字，较之"阳羡陈其年维崧"诸诗附注，可知"戴务斿本孝"数字同样漫漶缺失，清初三代，文字狱日剧，想必是后人惧遭牵连所为。

康熙十五年（1676），李良年黔游归，复自颍州过邗上，将还嘉禾，过访本孝，本孝作诗以赠，并转达刘体仁问候：

> 十年方再见，万里喜孤还。惟有诗瓢壮，何尝烟棹闲。雨携邗上手，风致颍滨颜。此后寻嘉会，魂销几处山。[3]

《秋锦山房外集》尚有李良年与戴本孝一札，开头便道："丙辰之春，维扬寓肆执手。歧路余情，至今填臆。弟近客濠上五年，别先生则八年矣。"丙辰为1676年，即戴本孝赠诗之年。

《与戴务斿》札后附戴本孝"答简"：

> 九州虽大，然吾辈落落，不啻晨星，恒为仰叹。忆与老长兄追攀

---

[1]《答小友》，见《秋锦山房外集》。
[2] 李良年：《秋锦山房集》卷二。
[3] 戴本孝：《余生诗稿》卷五。

上谷，冯眺金台，弟独骑驴将登太华。时蒙以五言赠别。俯仰之间，顿为陈迹。邗江邸次，复示以九友之篇。至今不觉又将十年矣。弟近鳏处穷谷，向平婚嫁已毕，但衰痼益增，孤陋弥甚。间一卖画，旅食僧寮，稍以自给。潦倒之状，何能具述也。昨岁缪为江宁使君委以志事。南中诸同人若瑶星、觉岸、暗公，坚不肯使弟藏拙。以百年之坠绪，蒐罗凡三十余万言，三阅月而就。乃辱远闻垂及，他日见之，宁不捧腹也。仓剧中应白洋河之招，篝灯草草，不次不悉。驰溯之私，可胜寤寐。著作想富，未识能一沾其剩馥否？心祝不尽。

戴本孝在信中，历叙往事，"追攀上谷"，华山饯行赠诗，邗江把晤"示以九友之篇"，转眼将近十年。遂毫不掩饰地向老友告之自己的近况，虽"鳏处穷谷""衰痼益增"，但儿女"婚嫁已毕"，间或出行，"旅食僧寮"，卖画自给，虽云"潦倒之状"，倒也释然。

"昨岁为江宁使君委以志事"，说的是康熙二十三年（1684），戴本孝在江宁参与修志之事（参见《余生诗稿》卷七诗《二月授经白洋河，勉应佟平公之招书怀》，亦是叙述应江宁知县佟丗燕之招参与修纂《江宁县志》之事）。故知此信写于次年康熙二十四年（1685）。

8. 与沈荃

沈荃（1624—1684），字贞蕤，号绎堂，华亭人。顺治九年（1652）探花及第，累官礼部侍郎。《碑传集》卷十八收录王熙（1628—1703）为其撰墓志称其："历官中外，功效茂著。其诗文雅瞻，书法精工，为海内所重，尤受知于皇上。宠遇优渥，一时罕匹。"

1667年，沈荃与王士禛在戴本孝画上题诗，是年，戴分别有诗赠与沈荃和王士禛、程可则。兹录《赠绎堂》五古一首如下：

> 云间怀父执，于今三十年。千秋四海人，孰如陈夏贤（原注：谓卧子、彝仲两先生也。）将老见君子，乃在梁与燕。夫人若江都，斯世畴比肩。晚从白奔老，此老尝颠连（原注：古古）。狂傲固无匹，感触深寸田。自我来此地，闭目惟鼾眠。一卷钓台诗，足辟氛尘天。既始知

素友，求羊良周旋（原注：时眉方、子山偕晨夕）。我欲厕其间，敢云相后先。喜获侍砚侧，凤阁天门边。伯施与登善（引者案：指虞、褚二贤），笔势何天然。主人有大树（原注：谓犀水），缟纻愈缠绵。昨夜踞大床，洒翰翔云烟。天马及枯树，突兀恣腾骞。坐臣在其下，几案生澄鲜。戏鸿追宝晋，具美乃兼全。平原公擘窠，吾手能断镌。生平渐临池，卤莽傅□□。披豁不狂吟，何以致卷卷。[1]

戴本孝作诗赠沈荃时，已是他"北漂"大半年之后。也是在这时或较前，沈荃和王士祯、程可则在他为项锡胤所画《倦鸟亭图》上题跋。因此，可以推测戴本孝和沈荃的认识，可能缘于项锡胤和王士祯或刘体仁等人的引荐。

戴本孝在诗中提及沈荃的华亭前辈陈子龙（卧子）、夏彝仲（完淳），他们皆是抗清斗士，又提到了阎尔梅和项锡胤，阎是复社遗老，项为沈荃的同事，如果说只以为这是"套近乎"，为了"拉近与沈荃的关系"，显然是有点过于简单化。[2]实际上，戴本孝已委婉地通过对陈夏二贤的缅怀表明自己的心志。至于提到项锡胤、阎尔梅，可能正是由于他们的引荐戴本孝才有可能结识沈荃，在诗中一一道出，也算是人之常情吧。而此时的沈荃只是正五品的翰林侍讲，距后来官至礼部侍郎还有十多年。

"我欲厕其间，敢云相后先。喜获侍砚侧，凤阁天门边。"这几句诗，很容易让人想到戴本孝是否有意或曾经短暂侧身沈幕。从时间上推断，似乎并没有整段时间可以入沈幕做事。从去秋进京，至今秋始与沈荃相识，次年开春，又将作华山之行。如诗中所云："自我来此地，闭目惟鼾眠。"这是戴本孝客京时的生活状态，"一卷钓台诗，足辟氛尘天"，这是戴本孝离京时的心境。联想他《赠冒青若山水册》的跋文，就不难看出他这段"北漂"岁月的孤寂心情与困顿处境，"时予旅食燕市两年，因主人能适予性，不扫室危坐，则蒙袂独行，出入可以自姿。一闻户外革鞜声，则畏匿不敢见，即间有过从，仅素心一两人而已"。联系下文"昨夜踞大床，洒翰翔云烟"诸句，所谓"侍砚"，看来不过是戴本孝有机会和大家一起观看沈荃作书的情景，"主人有大树，缟纻愈缠绵"，主人说的是

---

[1] 戴本孝：《余生诗稿》卷二。
[2] 见古雨苹《戴本孝生平与绘画研究》，台湾大学艺术学研究所硕士论文，第二章第二节。

项锡胤，这次沈荃挥毫，可能即为项锡胤所作。

沈荃和龚鼎孳、吴梅村等人不同，他的"功名"始于顺治年间，亦非明朝旧臣，故无"不事二君"的道德约束，况且陵谷变迁之痛随着时间推移已淡化，这种淡化并非遗忘，而是所有的"苟活者"不得不面对现实，所谓遗民也渐为"逸民"。遗民之志渐渐不再是当初那种强烈的道德或气节的象征，而是代表着知识分子淡泊超然的品性。戴本孝和沈荃的交往，从我们今天的思维和判断来看，似乎并没有超越所谓的道德底线。作为一名艺术家，戴本孝只身北上，客居京城，是践行"读万卷书，行万里路"的理想，开阔视野，更希望在遗民中寻觅知音，抑或为了生计，是不可能完全排斥、拒绝和当朝官员的交往，但作为殉节故明的"斗士"后人，戴本孝仍然是一介布衣，谨守先人之志，这也是像沈荃这样的朝廷官员们所珍视他的原因吧。

戴本孝在京时期，曾赠画予项锡胤、刘体仁、王弘撰、冒丹书，似乎并没有赠画予沈荃，而《余生诗稿》里除此之外也再未见他与沈荃相关的诗作。直到日后修《明史》时，他让弟弟移孝捎去画作试图联络旧时之情，[1] 而移孝是否见到这位已居礼部侍郎的皇帝宠臣就不得而知了。

9. 与阎尔梅

阎尔梅（1603—1679），字用卿，号古古，又号白耷山人，顺治四年（1647）剃发后称蹈东和尚，《皇明遗民传》卷二称："国亡后即为道士。"顺治十二年（1655）因避祸易姓翁氏，字藏若，江苏沛县人。崇祯三年（1630）举人，明亡后曾积极从事抗清斗争，奔走各地，为复社魁硕。顺治九年（1652）兵縶之，移济南狱，有左右之者，得回籍听勘，乃携子出亡。十余年间，遍游南北。康熙四年（1665）入京师，诣召其自首。龚鼎孳（芝麓）时为刑部尚书，为之疏通，复得宽免。有《白耷山人诗集》《三开置草堂集》等。

戴本孝与阎尔梅的交往，大约始于康熙五年（1666）戴本孝北游期间，阎尔梅因龚鼎孳之疏通得免，可能从京城专程赶到上谷与大家相会。《白耷山人诗

---

[1] 戴本孝:《余生诗稿》卷六《题画寄绎堂》，句云："半竿三泖抛闲艇，一砚千秋寄大庭。怜我鹿皮仍短褐，知君凤阁亦岩扃。"言外之意，不待明说。

集》卷五有《宣府偕戴务旃、李武曾、戴无忝游即事》[1]一诗,此时戴本孝不知是否已与阎尔梅相识,阎尔梅此行或应戴本孝同行中的其他人之约,但对于戴本孝兄弟来说,阎尔梅是父亲的复社同人,今得以相见,自然显得十分亲切。阎尔梅诗中称:"山水西南尽,归来更北游。长城今日见,上谷主人留。"与戴本孝《望宣府东南一带山》[2]诗感慨相同。上谷主人,当然是吴盛藻了。戴本孝与这位古古老前辈是明遗民中的同路人,同病相怜者。阎尔梅诗中"山水西南尽",颇有感时之意,南明已亡,身为"遗民",目睹旧日河山,难免心生怆然。据说阎尔梅"在京师,老且狂,好使酒骂座,渔洋王士禛尝叩所作。尔梅诵数篇,傍有赞者,曰不减少陵。尔梅怒曰:'何物杜甫,辄以况我。'"[3]性情如此,看来他和戴本孝这位"晚辈"相处甚洽。

次年,在燕市,二人又相聚东轩,刻烛记时以"齐"字为诗,戴本孝赋诗持赠,诉说心境:

云山自古不能齐,永暖沙昏夕照低。愁满一天随白发,醉听千日许黄鹂。狂歌莫更骑驴去,佳句频惊刻烛题。共叹岿然今尚在,依依柳色草萋萋。[4]

京都的旅行,戴本孝在与众多遗民的交往唱和中获得了许多的欢快。夕照黄昏,愁绪满怀,昏昏灯火,草草杯盘,难得知己相聚,或狂歌纵饮,醉听窗外鸟鸣,沉湎在暂时的欢乐之中。酒对于失落的文人来说不啻为精神的兴奋剂。回首茫茫人世,充满艰险,酒酣耳热之际总会感慨。

1667年,戴本孝在京师,作画赠阎尔梅并题诗,句云:"莫上夕阳亭外望,已知天地久榛芜。"[5]堪为二人心境写照。

10. 与傅山、傅眉父子

---

[1] 阎尔梅《白耷山人诗集》收录于四库禁毁书丛刊编纂委员会《四库禁毁书丛刊》集部119,(1995)卷五,61页。
[2] 戴本孝:《余生诗稿》卷一。
[3] 《皇明遗民传》卷二。
[4] 戴本孝:《余生诗稿》卷二。
[5] 戴本孝:《余生诗稿》卷二。

戴本孝由燕去华山途中曾迂道太原专程造访隐居松庄的傅山，不巧傅山外出。他冒雨返回客舍，怅然作诗寄之：

> 迟登太华见先生，仰叹人宗是岳精。千里黑松虚入梦，一鞍白雨冷相迎。空庭日永惟闻鹤，老树风高不恋莺。却笑元卿犹好事，未应开径欲逃名。[6]

戴本孝在京之时，夜与友人谈华山之胜，次晨即携带行李启程前往，其急切登临华山的心情可知。途中他却宁可"迟登太华"去造访傅山，可见他对傅山的仰慕之情。

傅山（1607—1684），初名鼎臣，字青竹、青主、仁仲，别字公它。山西阳曲人，曾加入复社。明亡，坚守民族气节，曾被迫应举博学鸿词科，最终托病拒不入京城，终以老病放还。尝与顾炎武、阎尔梅等往还。能书擅画，精于医理，道德文章，咸称海内，尤以书法与书学影响艺林。著有《霜红龛集》等。清郭尚先谓："先生学问志节，为国初第一流人物。"

黑松庄上戴本孝虽然未能与傅山相遇，却得见傅眉公子，"时寿毛在药肆"（原诗附记），戴有诗《赠傅寿毛》：

> 老父尝教我曳车，闻君力养更何如？此风四海于今少，他日千秋即古初。想见轩农惟药石，别开天地有诗书。五千仞上应相忆，满眼浮云信手锄。[7]

傅眉（1628—1683），字寿髦，一作寿毛，一字竹岭，自号小蘖禅，青主长子。工诗书画，卓尔堪《遗民诗》称其："下笔能千言，贯穿经史，常负竹或铁皆数百斤，逾太行，市以养亲，亦以奇士。"[8] 黄容《明遗民录》卷五称其"博雅能为古赋。卖药四方……"[9]

---

[6]《余生诗稿》卷三《迂道太原造访黑松庄傅青主不遇，冒雨返邸次。怅然赋此却寄》。
[7] 戴本孝：《余生诗稿》卷三。
[8] 卓尔堪：《遗民诗》卷八，清康熙刻本。
[9] 黄容：《明遗民录》（日本东京东洋文库藏清钞本）。引自谢正光、范金民编《明遗民录汇辑》，南京大学出版社，1995。

所谓"曳车"之句,当是回忆当年在江南和傅山相晤之事。清顺治十六年(1659),53岁的傅山出狱后不久便于这年夏天浮淮渡江南游,至南京,过江北而上,至江苏海州(东海县、灌云县)。[1] 罗振玉在按语中称:"是时南中舟山、台湾之师,连年入海溯江,己亥夏,苍水方破金陵,先生南游,适在此数年。"[2] 可见傅山此行非是平常之游,乃与张煌言等"反清复明"之事有关。戴本孝是年七月亦在如皋参加第二次小三吾世盟高会,故"曳车"之事应该是在1659年,这一年戴本孝39岁。

直到十九年后的康熙十七年(1678)七月,戴本孝在老家守砚庵中画了一本十六开山水册页,这便是后来傅山对题之册,[3] 傅山对题则在明年或后一年,末页傅山自署:"七十三岁病夫。"戴本孝这二年并未有北行踪迹,据《余生诗稿》可知,1678—1679年间,江南大旱遭荒,家事累连,戴本孝难有闲暇出走远门,或托他人将画册转呈青主。古雨苹在其研究中指出"而这个时间点也耐寻味"。[4] 因为此年(1678)北京诏令开设博学鸿词科,给事李宗孔、刘沛先推荐傅山应征,傅山坚辞不往。地方官甚至派人将傅山招往应试。傅山到京后仍拒不入城,后在吏部侍郎冯溥周旋下,康熙帝允准免试,特授内阁中书。次日遽归。回到太原后隐居不出。尝曰:"后世或妄以刘因辈贤我,且死不瞑目矣。"[5]

戴本孝于此作画册以赠,颇有示慰并颂赞先生志不仕清的遗民气节。册中有高士跌坐松下岩穴之图,或喻傅山在松庄养母蛰居土窑洞之意,所谓"披绛䴆,居土穴中"。[6] 纪映钟赠以诗,有"朱衣一道人,土室度残春"句,而傅山在《阴崖》诗中有句云:"悬窟访道士,坐此每忘前。"堪为自况。

康熙二十六年(1687),戴本孝有《题高士还山图》致傅寿毛,诗云:

白云依旧护松关,意倦仍骑黑卫还。浪迹九州徒汗漫,何如一室寄名山。果于尘网不相关,小隐何尝少大还。苍狗自能藏白发,黄精

---

[1] 丁本:《霜红龛集卷七·年谱》。
[2] 丁本:《霜红龛集卷七·年谱》。
[3] 《傅山对题册》十六开,今藏上海博物馆。末页署:"戊午秋初历阳鹰阿山樵戴本孝画并题于守砚庵。"
[4] 古雨苹:《戴本孝生平与绘画研究》(硕士论文),台湾大学图书馆,2009。
[5] 丁本:《霜红龛集》附录一,全祖望《阳曲傅先生事略》。
[6] 卓尔堪:《遗民诗》卷一。

哪得老青山。翘车相庆别柴关,谁肯长安望便还。惟有黑松庄上老,岿然青不愧绵山。

谓太原傅青主先生黑松庄其隐居地也。[1]

诗中依然表明自己对傅山拒不入仕、归隐山庄悬壶济世之风节的崇仰之情。亦感慨自己浪迹天涯何如遁隐山林、穷居田谷。

戴本孝远游燕赵,一路饱览风光,又与这些正直的人建立友谊,无疑使他获得了诸多愉悦。和历代愤世嫉俗、傲骨崖岸、矢志守贫的知识分子一样,他们的友情是建立在共同崇奉的"士君子"气节之上的。

戴本孝、傅青主书画合册　1678年　册页　纸本　设色　20cm×23.3cm　上海博物馆藏

---

[1] 戴本孝:《题高士还山图》,见《余生诗稿》卷九。

老鶴萬里心榮門
神六主歛啄非摶
中合隊鳴世琴
偶自含挈吏此日
訓稻泉 山谷书

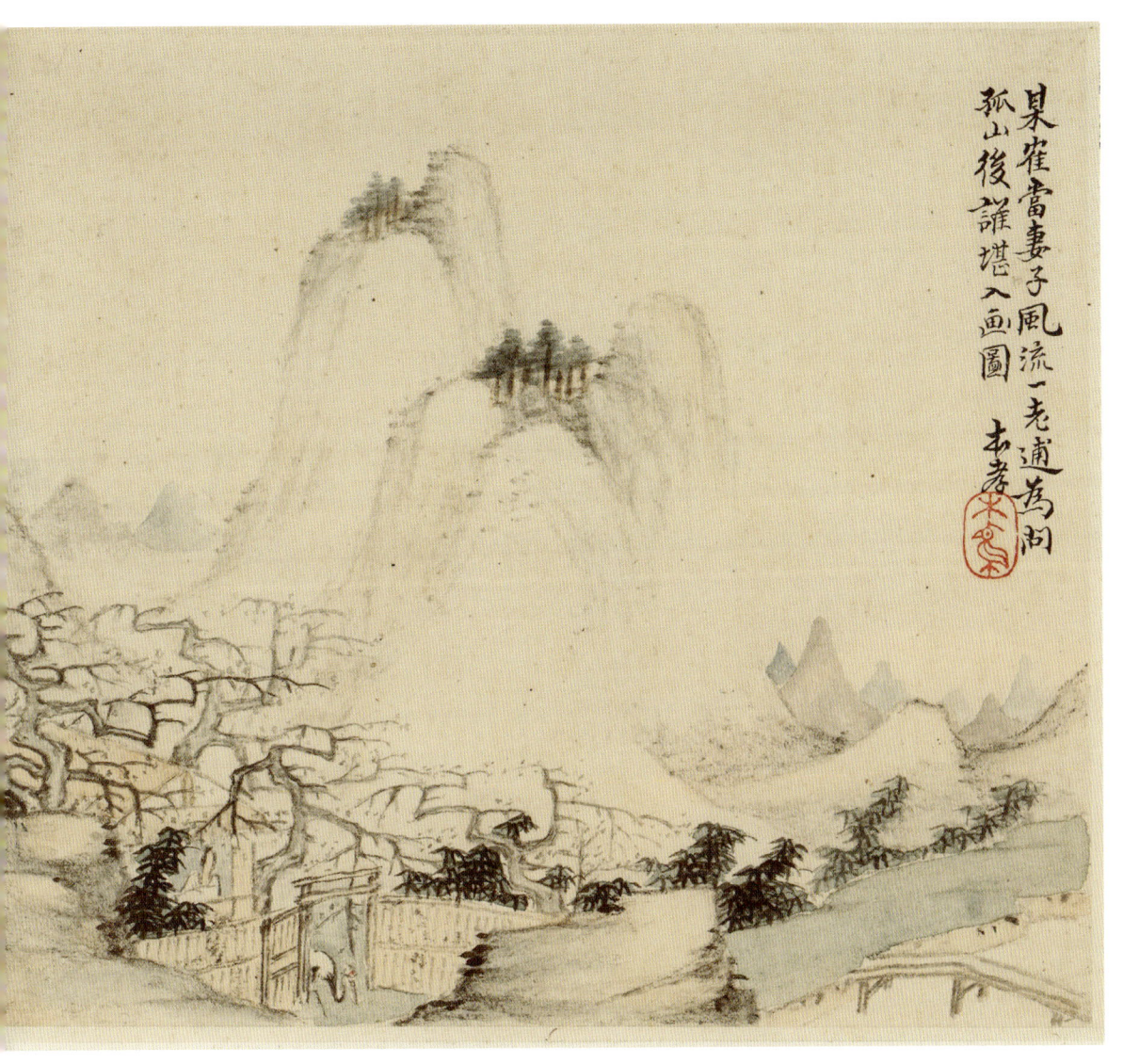

梅雀當妻子風流一老逋為問
孤山後誰堪入畫圖 本孝

戴本孝、傅青主书画合册（十二开之一） 1678年　册页　纸本　设色　20cm×23.3cm　上海博物馆藏

上賴酬煙雨縱横合
櫻花一千日中山势
弹指雖足定輸程
非荒寺門外濺雙
聲 其酒微醒三年之一

醉墨包欲
效王蒙未
夢見濡毫
張長史芝
追乃其上 本孝

戴本孝、傅青主書畫合冊（十二開之二） 1678年　冊頁　紙本　設色　20cm×23.3cm　上海博物館藏

宜樹久乏玉瑤遊
錦上山萬松聲雲
顛混沌未前瞻
交石破醒綠琴鼓
世絃 錦山

一老支筇
坌綿延子
仍松画撰
郭滔父人
怀文渺公
本孝

戴本孝、傅青主书画合册（十二开之三） 1678年 册页 纸本 设色 20cm×23.3cm 上海博物馆藏

仙契两不勝丁之
昭氏琴落葉到
局上真冷霜江心秋日
戴山看雪分韻得心
字 葉霜紅西山小金名

一局在兩間 今古自終始 秋山總無言 此人得靜理 黃蘗山摧山亭 對奔圖稍彷彿 其意 本孝

戴本孝、傅青主書畫合冊（十二開之四） 1678年 冊頁 紙本 設色 20cm×23.3cm 上海博物館藏

性癖躭佳句連
朝總無陽倶鬚鬚
山水縱橫議其仲昂
誰賍的卑特有眼著
唐芸、復歸根變化
自揣揚反聽惑者誰
壽喬雕龍藏 李寶山坐
孔墨坐

极盡松石之奇黃海獨擅
絕聞有軒農人至今羨
巖穴 本孝

戴本孝、傅青主书画合册（十二开之五） 1678年　册页　纸本　设色　20cm×23.3cm　上海博物馆藏

煙柳園春夢聊矣
字蟬娟茅樓停
河濱幽人聊伴觀運
永和同者時過莊史
言丹

戴本孝、傅青主书画合册（十二开之六） 1678年 册页 纸本 设色 20cm×23.3cm 上海博物馆藏

無聊頻念九行信札
節詞百子廉邊忽雙
翠殿半村秋光盡
自艷佯眠但知春夢
得信甲遲嫌破六窗
間
作夢巖偈以撥同日籠

戴本孝、傅青主书画合册（十二开之七） 1678年 册页 纸本 设色 20cm×23.3cm 上海博物馆藏

山深林夜茂風雨如其
威轉轉濃雲水林舞
山皆欲出人而知進怡崖
孤立方危 想像隆陽中
形影蒼呈吹奇又鏗鏘
賞君化拒歸為
蘆芽山風雨中迷途行
霽玉西菴追怪菴至作

戴本孝、傅青主书画合册（十二开之八） 1678年　册页　纸本　设色　20cm×23.3cm　上海博物馆藏

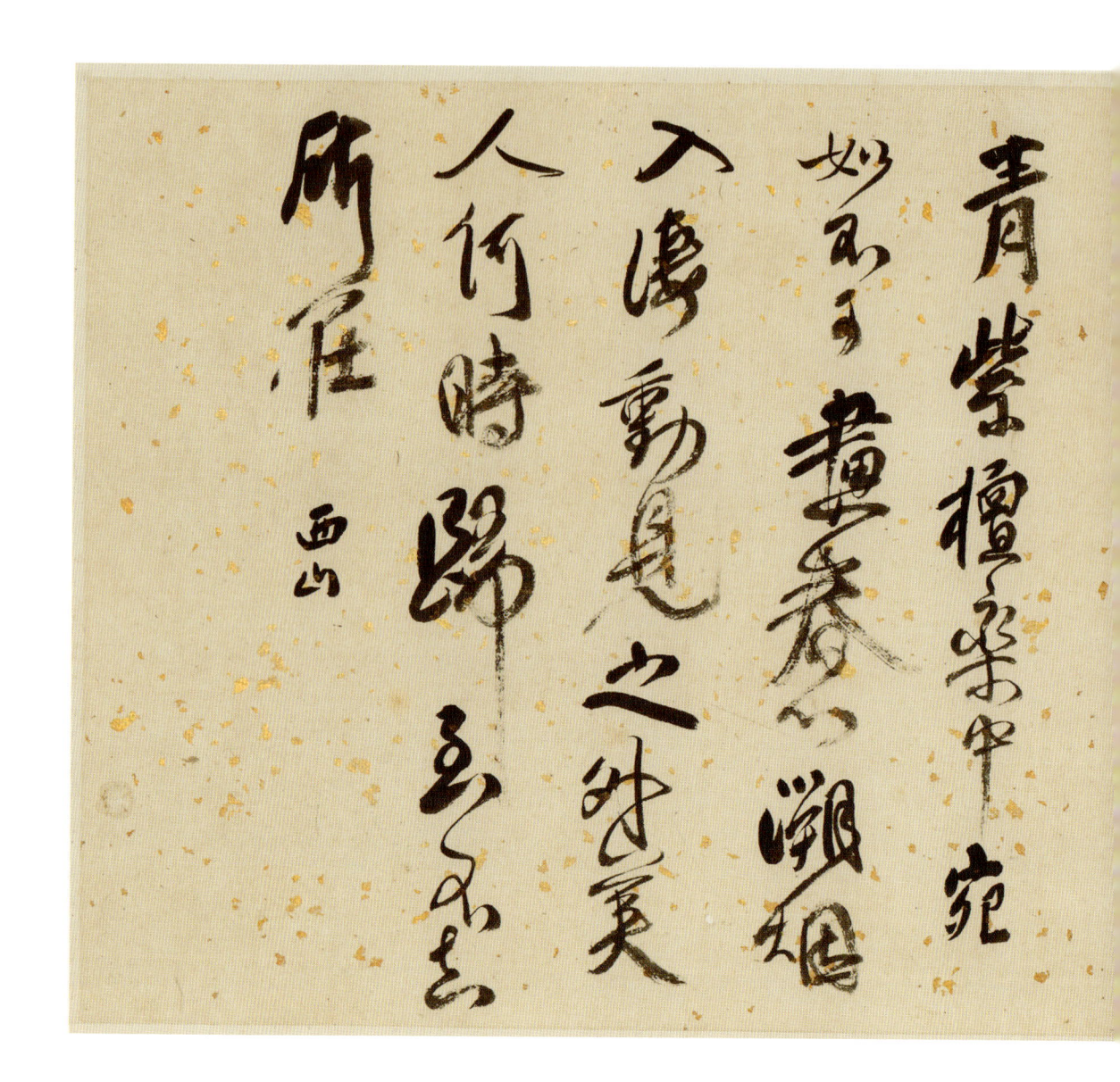

青紫檀栾甲宛
妙矣予畫此潮㶁
入海動見之外矣
人竹時歸玉不去
所住 西山

巨石若崇冠霜林
如列缫岇中人著书
千秋应有待
本孝

戴本孝、傅青主书画合册（十二开之九） 1678年 册页 纸本 设色 20cm×23.3cm 上海博物馆藏

半山宮官穆榛
重通蕪宮想瞻之
丈君磵阿孤立章
石莫剛云雨紛云為
雄風一起吾自同妳
鮫龍鍾
蒲生

戴本孝、傅青主书画合册（十二开之十） 1678年 册页 纸本 设色 20cm×23.3cm 上海博物馆藏

天地逸我老老趣
任自頷十何妳眾
間嘆難蠟筆三節
筋骨肉外難皆脊
囙慎五梯將且卒
徒漫融
中
独雲運

戴本孝、傅青主书画合册（十二开之十一） 1678年　册页　纸本　设色　20cm×23.3cm　上海博物馆藏

翻覆霜須鬢
於紅樹裏行
片時成小畫一
徑望多情
迴四句
意作憶書不汉
感雲人之笑我
七十三歲病
夫傅山

欲将形媚道,秋是夕阳。
佳处法无多,得澄怀。岂有
涯?戊午秋初,雁阳鹰
阿山樵戴本孝画
并题於守砚庵

戴本孝、傅青主书画合册（十二开之十二） 1678年 册页 纸本 设色 20cm×23.3cm 上海博物馆藏

11. 与王弘撰

王弘撰（1622—1702），字文修，又字无异，号太华山史，又署鹿马山人（鹿马山为明崇祯皇帝葬地，弘撰借以自号），晚号山翁。名其居曰砥斋，又名待庵。华阴（今陕西华阴）人。明亡不仕。康熙十七年（1678）被征博学鸿词科，及至京都，以老病不预试，得归故里。著有《砥斋集》十二卷。汪琬称其为文得司马迁遗意。孙静庵《明遗民录》卷二二称："初与李因笃同学甚密，及因笃就征，遂与之绝。顾炎武尝曰'好学不倦，笃于朋友，吾不如王山史'。"[1]

戴本孝在华山脚下专程访问王弘撰，受到山史父子的盛情款待，因分别作《赠王山史》《赠王伯佐》二诗以谢。王弘撰亦有诗答谢。

《余生诗稿》卷三《赠王山史》：

> 一心未上苍龙岭，千里先过独鹤亭。尝为远人陈草榻，闲抄近日注山经。林阴深可侵衣绿，峰色高堪逼眼青。试向华山门外望，白虹尝自起岩扃。

王弘撰后来在为戴本孝《守砚庵文稿》所作序文中记叙了此次相见的情景："犹记戊申之春，有人焉，撰杖履北走太原访傅公之佗，信宿而西入潼关，过于独鹤亭，赋诗一章，登太华之巅，作画一幅而去。飘然出尘埃之表，则鹰阿山樵戴子务旃也。"

接下来，又记叙二人在江南再次相见之事："庚午（1690）秋，予涉江上，蒋山之下，久之重见于长干梵宇，复为《华山图》一幅，七言长歌一章见贻，风义翩翩犹昔也。既而示所著守砚文稿曰：'予文不可无子序……'"[2]

《余生诗稿》卷十戴本孝作诗曰《华山王山史来金陵，以所著周易图说述见示，余作希夷避召崖图并题长歌赠之》：

> 忆上三峰五千仞，不觉一别二十年。梦君常踞苍龙岭，呼我同餐玉井莲。独鹤亭前招野鹤，群仙观里寻真仙。但闻希夷老子恍惚在，

---

[1] 谢正光、范金民：《明遗民录汇辑》，南京大学出版社，1995。
[2] 王弘撰：《砥斋集》，收录《续修四库全书》集部，别集类，上海古籍出版社，2002，第1404册。

鼾呼今古云雷边。

　　日日思君君不见，天子犹难识君面。希夷当年避召时，崖胁云根穿几片。天在山中天可知，先天后天爻象变。崖空千载侍君居，传家绝韦图与书。仰视俯察将何如，江河日下愁居诸。安得运会还太初，开天一画无生有。万象流形画在首，倾将沉瀣写洪濛。问谁铸就金天否，画君长栖白帝崖。何肯轻蹈黄金台，不见黄金台上衮衮客，满眼黄尘迷黑白。君来且自看钟山，尚有梅花足往还。我欲从君长啸去，空山可有无人处！

"避召崖"之图不只是状写王弘撰之家山，亦表达了戴本孝对山史遗民情操的赞许和相互砥砺之意。诗中关于"一画"的论述，当是王弘撰出示关于《周易》的著述，二人互相讨论，戴本孝也因此而表达自己于绘画哲理的思考，将画理与道的观念融会贯通。

　　王弘撰享高寿，卒于康熙四十一年（1702）。《西归日札》有《哭务旃记》一文，"昭阳作噩秋，鹰阿山樵戴务旃先生死，华山王弘撰为位而哭"。深情如此。

12. 与石涛

近日鹰阿成懒癖，往来时卧长干楼。（石涛）

　　金陵长干寺，又称建初寺、报恩寺（大报恩寺）和天禧寺。相传三国吴赤乌十年（247）孙权为高僧康僧会所建，是江南久负盛名的一座古刹。

　　和州一度曾为明代京畿直隶，与故都金陵相距仅百余里，戴本孝儿时就曾随父亲去这里拜会冒襄，后又全家避难于此，长达五载。其后，他曾多次往来和州、金陵之间。直至晚年，金陵已是他主要的活动地。而每至金陵，长干寺便是他理想的栖身之所，"摄尽千峰只一枝，从来不被白云欺。此中多少藏身处，欲指前津世转疑"。[1]在这里，可与寺内僧侣促膝长谈，亦可与往来文人萍水相逢，论诗作画结翰墨缘；古刹晨钟，琉璃晚照，一如置身世外。他在《长干杂感》

---

[1] 戴本孝：《题一枝》其一，见《余生诗稿》卷八。

组诗中深有感触地写下了当时的真实感受,兹抄后之三首:

> 松院芦篷布幔张,繁嚣杂肆看人忙。
> 当时树密难牵马,今日亭荒好牧羊。

> 香厨油库近茶坊,游侩争趋说事场。
> 听尽金陵多旧恨,更添新恨恨弘光。

> 闲僧多爱老夫狂,劝我冬暄解砚囊。
> 学画人来供夜话,黄茶白酒黑甜香。[1]

年逾花甲的戴本孝与比自己年少的苦瓜和尚在古老的长干寺结下了不解之缘。关于他们最初的交往始于何年,至今尚无确切史料可考。郑拙庐所著《石涛研究》曾转引《释道济画册》中石涛所作的诗与题跋:"江东秋日怀张瑶星、周向山、张僧持、汤燕生、戴务旃、杜苍略、柳公含、吴野人、周真栖诸布衣作。"诗中有句云:"近日鹰阿成懒癖,往来时卧长干楼。"是年(1683),《余生诗稿》中有《长干邸次,奉送吴山宾还池阳》一诗可以佐证戴氏之行踪。据此,在康熙二十二年(1683)之际,石涛与戴本孝同客长干寺,二人多有过从,此年戴本孝63岁,石涛44岁(以生于1640年之说),二人可谓忘年之交。

据《石涛年谱》确知,1680年至1687年他一直寄居长干寺一枝阁;查阅戴本孝《余生诗稿》,戴63岁之前,数年内未有长干行踪。看来,他与石涛的交往当在康熙二十二年前后。康熙二十三年(1684),戴本孝有《长干一枝阁酬苦瓜和尚》诗赠石涛:

> 钴鉧潭边月,康僧塔外云。一枝真独秀,万里得同群。笔抉鸿蒙破,崖空虎睡闻。揽衣还洒涕,江雨白纷纷。留得眉毛在,休言有别传。安巢不择地,到处好支天。每对清湘老,如亲(浊)酒贤。寒岩存一片,期尔听鸣泉。雨洗琉璃塔,雷惊舍利鸣。短墙扶老树,破榻倚孤铛。

---

[1]《余生诗稿》卷八,《长干杂感》。

画到山无色，吟残笔有声。相过撰杖屦，世外特纵横。出世既黄檗，全身得苦瓜。祖宗恩果大，兵火劫难遮。松种何时老，茶香即兴奢。霜枯吾再至，醉乞写黄花。

这首诗的题下有注云："苦瓜和尚，桂林全州人，善画能诗。"这对美术史上关于石涛籍贯之说，又多一佐证（史有称石涛为广西梧州人，见陈鼎《瞎尊者传》）。石、戴为同时代人，且为至交，况古来名士素有重籍贯郡望之风，戴氏之说足可凭信。据朱良志考证，一枝阁（或一枝室）并非寺院名，只是石涛的住处，"不过山坡上一座漏雨的小破房罢了"。[1] 如戴本孝诗中所云："短墙扶老树，破榻倚孤铛。"石涛写有一帧《访戴鹰阿图》[2] 并有题诗云：

迢迢老翁昨出谷，夜深还向长干宿。朝来策杖访高踪，入座开轩写林麓。细雨霏霏远烟湿，墨迹落纸虬松秃。君时住笔发大笑，我亦狂歌起相逐。但放颠，得捧腹，太华五岳争飞瀑。观着神往莫疑猜，暂时戴笠归去来。

夏日访迢迢谷戴鹰阿于长干里，纵观作画，雨中戴笠而归。

此诗昨于书中偶得之，今图中三

石涛　访戴鹰阿图（或《忆戴鹰阿山水》）
纸本　墨笔
1698年
华盛顿弗利尔美术馆藏

---

[1] 朱良志：《石涛研究》，北京大学出版社，2017，534页。
[2]《石涛画集》，上海人民美术出版社，1996。图为明德堂旧藏，今藏华盛顿弗利尔美术馆。此诗观香港佳士得2007年秋拍之《苦瓜老人三绝册》。

石涛　唐人诗意册之五（天门山）　23cm×16.4cm　北京故宫博物院藏

老，仿佛当时，因书其上。戊寅菊月清湘陈人大涤子济。

石涛此诗当作于1684年前后，是他与戴本孝在长干寺时常相聚的时光。十多年后戊寅为康熙三十七年（1698）的深秋（九月）石涛已在扬州，偶检旧作，"引动思念之情，率然作图"，[1] 时距戴本孝去世已五年。值得注意的是，此画与石涛的另一幅作品《狂壑晴峦图》（今藏南京博物院）相似。综以上诸"疑问"，西上实[2] 则以为此图有争议，认为此画作于1698年，时戴本孝已下世，画上题跋有误。显然西上实未明白石涛画中题跋之意；至于两图相近，在石涛传世画作中此例甚多，只据此判断"真伪之嫌"，似亦不妥。

《余生诗稿》卷九有《僧自宛陵将访石公于雷塘索寄》，诗云："携来满袖敬亭云，欲向空江何处分。石上寒涛天外冷，扁舟我亦梦随君。"这一年为康熙二十七年（1688）。雷塘，扬州河名，在平山堂北，旧时或为扬州代称。这位自宣州来的僧人将去看望石涛，索本孝作诗代为转达问候。"扁舟我亦梦随君"同样表达本孝对故人的深切思念。

戴老画师日夜兼程又来到长干寺，石涛闻讯，次日清晨即匆匆赶来。二人相见，畅谈之余，戴本孝乘兴铺纸纵笔，情酣笔落，云烟乍起，虬松兀立。蓦然住笔大笑，在旁的苦瓜和尚亦情不自禁狂歌相和……诗中将二人纵情欢娱的情景刻画得淋漓尽致。由此看来，他们同为性情中人，潇洒豁达。在艺术上则相互尊重，颇为融洽。石涛冒雨归来，即兴记下这令人难忘的动人情景。事隔多年，戴本孝已离开人世，石涛颇有感触地在画中写下了这首诗，寄托深挚的怀思。

清初画坛，以"四王"为主流，以"复古""尊古"为正统。石涛和戴本孝皆能力破樊篱，以造化为师，成为清初画坛又一道风景。二人在艺术思想上有着许多不谋而合的共识，这种理论见解上的一致，虽然离不开深厚的传统哲学思想以及特定的历史时代、环境、遭遇给他们的影响，但主要还因为他们的密切交往，从而得以相互交流，加深彼此的理解。

石涛虽然不是徽州人，却对黄山有着深厚的感情，他曾深有感慨地说："黄

---

[1] 朱良志：《石涛诗文集》，北京大学出版社，2017，123页。
[2] [日] 西上实：《戴本孝研究》，收录于《论黄山诸画派文集》，上海人民美术出版社，1987，133页。

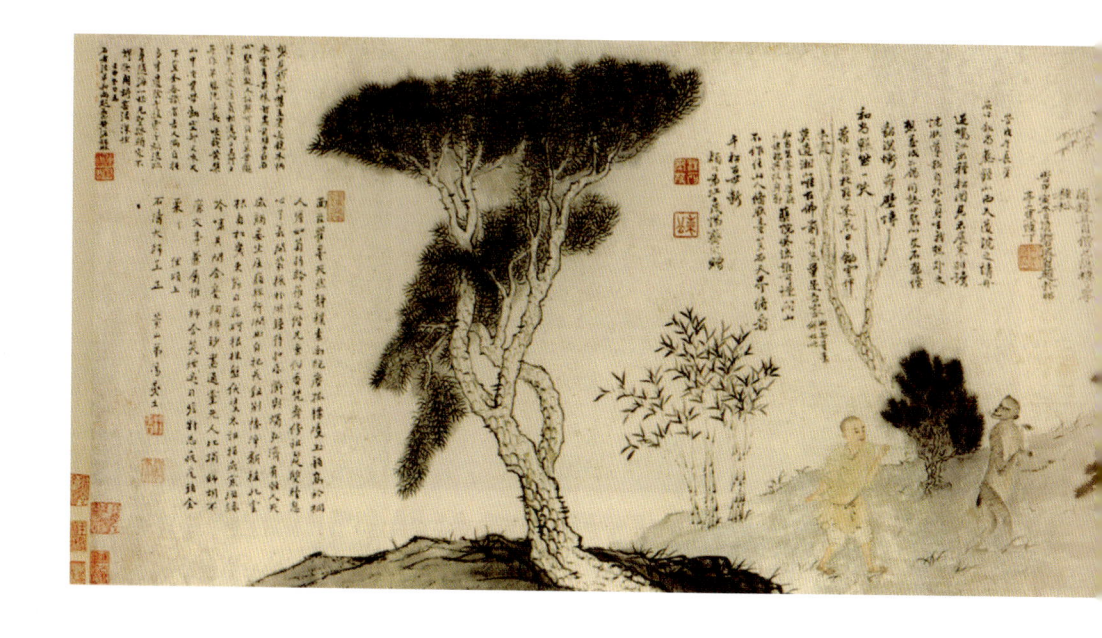

山是我师，我是黄山友。"[1]戴本孝可能是早于石涛画黄山的另一位艺术家。他们的传世作品有许多以黄山为题材。石涛尚有几件描绘和州或其附近景色的作品，如《天门山诗意图册》和《巢湖图》。是否可以认为，戴本孝与石涛的交往不仅仅限于南京，石涛曾经也足至和州，游览了天门山，并西行去巢湖，或许顺道看望过戴本孝？当然，这只是一个美好的想象。

  石涛没有去过华山，但他却画过华山。苏州博物馆藏石涛《华山图》大幅，[2]显然是见到戴本孝《华山图册》后所作。画上题诗云："青牛遗迹耸高台，石上天梯云自陪。极目猢狲愁不得，攀缘无路绝尘埃。"署识："峰顶有铁猢狲无数，尽猢狲之妙，不知何代所为，有如大人小儿，名猢狲愁。吾友戴鹰阿游华山，有云：谁叱青牛试一犁，白云沟壑破天梯。从无虎豹窥闾阖，只有猿猱让路蹊。昨有友人索画，想相写此，以元人法得之。清湘陈人大涤子济广陵之青莲草阁。"戴本孝《华山图册》其六页所画"青牛台"中聚仙台、仙犁沟、上天梯、猢狲愁、青牛台诸景点，皆是石涛此画所本。或因戴本孝对华山的痴情让石涛感动，石涛生平有多幅作品"想象"华山景致，如上述之《华山图》，"就是在戴本孝影响下创作的，此图之结构、笔法均受到本孝《华山图册》的影响"。[3]

---

[1]《黄山图》题诗，1667年作，《石涛画集》，上海人民美术出版社，1960。
[2]《中国古代书画图目》，文物出版社。
[3] 朱良志：《石涛研究》，北京大学出版社，2017。

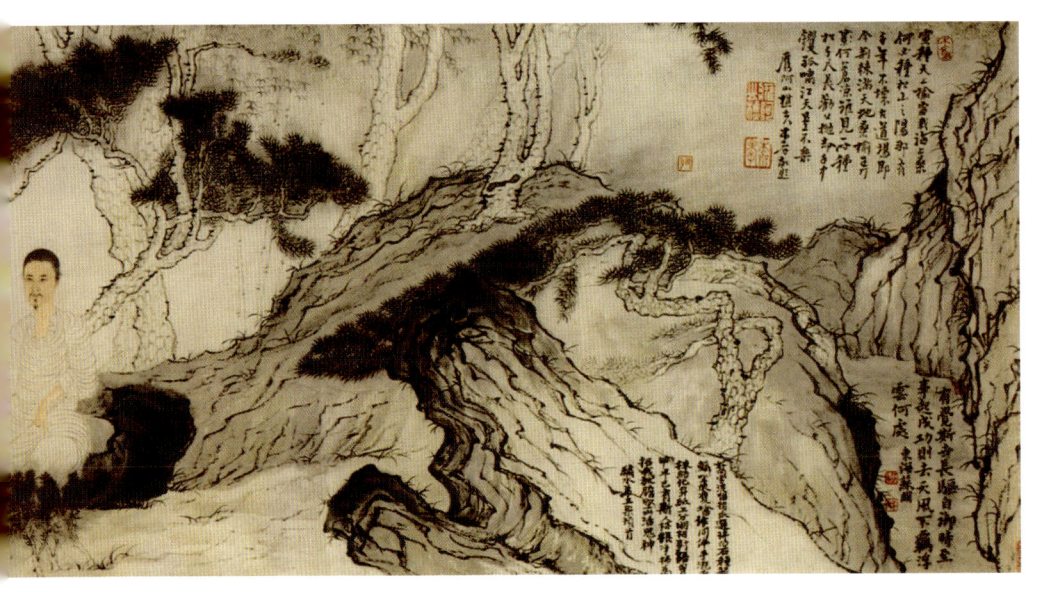

石涛　自写种松图卷　纸本设色　40.2 cm×170.4cm　1674 年　台北故宫博物院藏

实际上，戴本孝交往的画家并不多，在金陵一带，与之最相契的恐怕要数石涛和龚贤了。

石涛曾有《自写种松图卷》，绘于 1674 年，上有戴本孝和他人题跋，戴跋大约写于 1680 年前后，云："宁种天上榆，宁栽海上桑，何必种松山之阳？那有千年不坏古道场？即今荆棘满天地，桑榆弄影何苍凉。谁见一时种松千尺长？劝公抛却手中镢，孤啸江天岂不乐。鹰阿山樵戴本孝题。"

1684 年，石涛为忍庵居士像补景并题（《忍庵居士像》，纽约大都会艺术博物馆藏），戴本孝亦作题跋，云："佛起云根翠逼天，名山应自有名仙。何烦麈尾调真性，别见松心照古泉。慧业此生无不可，澄怀到处觉悠然。岩廊黄叶烟萝好，千载襟期雪夜船。一枝大师为忍庵先生尊照补图，并题长句，余适过长干见之，不禁击节，因奉和元韵附请粲正。古人神交正自若此，相思固不必相见，始尔尔也。甲子蕤宾上弦鹰阿山樵戴本孝。"

这首诗没有作为是年之作收录在《余生诗稿》中，两年后（1686）却题为《匡庐谢生索题》出现在《余生诗稿》卷八，并略有改动。

反映石涛艺术思想的重要著作《苦瓜和尚画语录》成书于他的中年，似是他在南京之际。是时，戴本孝已年过花甲，其绘画艺术趋成熟阶段。综上诸材料来看，在艺术思想和绘画风格方面，石涛在某种程度不能不说受到了戴本孝的影响。

13. 与龚贤、孔尚任

关于戴本孝与龚贤、孔尚任的交往，有必要从孔与龚的交往谈起。

龚贤（1618—1689），又名岂贤，字半千，号野遗、柴丈人、钟山野老、半亩居人、清凉山下人等。原籍江苏昆山，自幼流寓南京。与樊圻、高岑、邹喆、吴宏、叶欣、胡慥和谢荪称"金陵八家"。布衣，著有《香草堂集》。《读画录》称其"性孤僻，与人落落难合。其画扫除蹊径，独出幽屏""早年厌白门杂沓，移家广陵，已复厌之，仍返而结庐于清凉山下，葺半亩园，栽花种竹，悠然自得，足不履市井"。

孔尚任（1648—1718），字季重，号东塘，又号云亭山人，山东曲阜人。康熙年间授国子监博士，官户部员外郎。博学有文名，通音律。著有《桃花扇》《湖海集》等。

从孔尚任《湖海集》卷二《丁卯诗存》中可知，康熙二十六年（1687）夏秋之交，孔尚任与龚贤在扬州初次相见。当时，龚贤经常来到运河要冲、淮盐总汇、商业繁荣的扬州鬻画谋生。孔尚任诗《喜晤龚半千兼谢见遗书画》中云："萍水相逢非偶事，扁舟一夜聚维扬。"是岁秋，龚贤病归金陵半亩居，孔尚任又作《龚半千抱病回金陵，叠前韵赋送》一首送别并示慰问。[1] 萍水相逢，就视为非同一般的偶然相遇。龚贤病回南京，他又赋诗相送，亦见他们友情诚笃，休戚相关。因而，孔尚任于康熙二十八年（1689）秋来到金陵，成了半亩园的常客。此时，戴本孝也客居南京。和州毕竟是个小城，戴本孝很清楚，从艺术的"职业化"去思考，就必须走出家园，向邻近的南京和扬州这些商业文化繁荣的大城市去开拓。然而，在这鱼龙混杂、人文聚集的"大码头"欲寻立足之地谈何容易。因此，朋友间的友情对他这个异乡人来说就显得极其珍贵了。龚贤回到南京后，仍然陷于贫困之中和权势人物的纠缠，"无情地无止境地"向他强索书画，使之忿怨满腹，精神抑郁。八月中秋节前后，这位老画家在贫病交加中溘然谢世。孔尚任深感悲切，既为世交，又是他艺术事业的"捐助人"，[2] 因而毅然为龚贤料理了丧事，又抚养龚贤的遗孤。从他的《哭龚半千》四首诗中，

---

[1] 孔尚任：《湖海集》卷二。
[2] [美]查洛姆·希伯格尔德：《龚贤和他的赞助人》，《龚贤研究集》下，江苏美术出版社，1989。

可以看出他当时的沉痛心情。作为龚贤另一位知己的布衣画家戴本孝，听到朋友溘然长逝的消息，亦和泪作诗以悼，一字一句，情真意切。同作悼亡诗的还有戴本孝的好朋友杜岕（些山）。

虽然目前尚未发现确切史料可资证实戴与龚贤交往的最早时间及具体事件，但从戴的诗中可以看出他对龚贤同病相怜、恨不能同归于尽的真挚感情绝非短暂交往。由龚贤逝世，怅叹再也没有这样的良师益友了。这发自内心的悲鸣绝非是在偶然突发事件中的应酬之作：

> 是秋，余先龚柴丈五日而疾，及余起，忽闻柴丈遽逝矣。柴丈画法独以用墨擅长一时，罕有其伦也。些山（杜岕）以五言二首吊之，因和焉。
>
> 我与君同疾，君行我独留。多藏书亦散，贵卖画难求。破院凄梧月，荒台黯桂秋。烟云江外黑，残墨满林丘。策杖鸡鸣寺，伤心虎踞关。流云争逝水，落叶委空山。后学将安仿，前身岂复还。可怜龚圣与，吾道亦何艰。[1]

戴本孝感叹自己和龚贤一样贫病交加，而龚贤却溘然下世，不禁怆然。继而惋惜老画师尚有未尽之作。

也就在这年秋天，孔尚任过访戴本孝，请他作画。原来，龚贤生前曾应孔尚任之托拟为之作《石门山图》，写其家山，寄寓乡愁。遗憾的是，老画师落笔未完却搁笔人间。为了追思这失落的友谊，孔尚任不得不转请龚贤的生前好友戴本孝，请他来再画《石门山图》，弥补心灵的缺憾。戴本孝当然义不容辞地为亡友完成这生前的允诺。《湖海集》卷二《己巳存稿》中有一首《戴务旃为画〈石门山图〉，长歌以赠》之诗，便是描述当时戴本孝为亡友龚贤完成《石门山图》的详细情况，感人至深。诗云：

> 柴丈许我石门图，落笔未完抽身死。山灵写照厌俗工，从此无人敢拂纸。鹰阿老樵泪沾巾，亡友画债吾当抵。细问秋来山若何，秋来

---

[1] 戴本孝：《余生诗稿》卷十。

山藏红树里。十四峰头不断云,阳崖泻出万壑水。书屋结在涵峰巅,千万气象难拟比。老樵闻说似见山,闭目拈须想画理。摧客速去独掩关,一日不见山成矣。展观真是石门山,尺幅能容三十里。柴丈尚浓此尚淡,淡远林木犹神似。其中樵斧曰丁丁,主人不归屋半圮。老鹤孤猿怨目惊,定有遗文托驿使。持图将欲骄阿谁,老樵不言我心耻。

诗中首先推崇龚贤为山林写照,笔墨超凡,从此无人敢受所托再画《石门山图》,只有鹰阿山樵噙着眼泪,称愿为亡友抵还"画债"。接着是有关戴本孝如何向他询问该图立意,然后构思经营,次日即完成此图,叙述详尽。戴本孝在他的诗集《余生诗稿》卷十中也有四首关于孔尚任造访索《石门山图》的诗,曰"曲阜孔东塘过访,索画《石门山图》,将构孤云草堂于其中峰,洙水之源在焉,因赋四首以赠之",也是叙述孔氏向他说明该画的意境,自己如何去构思创作这幅作品的。由此,足见戴、龚二人不但交谊至深,同时,两人在绘画艺术方面的成就,也达到相与比肩的境地。

日本学者西上实在他的《戴本孝研究》一文中说:"……龚贤晚年把扬州作为主要活动地点,可能由于这个缘故,证实他与戴本孝之间交往的文献除孔氏的诗作之外就再找不出来了。"[1] 其实,龚贤始终眷念着南京的故居半亩园,他之所以多次到扬州,想必是为了维持生计,去那里卖书鬻画,做隐士也得要生存糊口啊!《余生诗稿》卷九有《赠龚半亩》长诗,可知,在他客次金陵的康熙二十五年(1686)的秋天,即有诗赠龚贤,那么,早在1688年他们就有过交往。这年的秋天,戴本孝登上清凉山,造访这位钟山野老。诗称:

古人真迹不易见,尘眼犹难辨真赝。真山原是古人师,古人尝对真山面。我游名山四十年,蓬头茧脚凌沧烟。山川气骨坐黯淡,谁能洗拂还青天。六朝习染在靡软,妩媚江山眉黛浅。一老高眠虎踞关,巨笔崒崒不卷转。隔江遥对心相期,褰裳入梦思从之。慨叹尚多向千载,何必古人皆同时。本来爻象写心境,六法各现河山影。秋爽忽上清凉台,对君如对秋山冷。既见两心总无隔,南山北山谁主客。冰寒于水青出蓝,

---

[1] [日] 西上实:《戴本孝研究》,《论黄山诸画派文集》,上海人民美术出版社,1987。

羡君门墙迥千尺。官子磊砢笔吐芒，支公巨师同瓣香。深山老树画遗我，异光夜照山茅堂。我愧枯毫扫焦墨，穷谷荒天恒敛色。亦将焚砚恣天游，且此狂歌露胸臆。

诗中，戴本孝明确地阐明自己极力主张师法造化的艺术思想。他的这种观点与龚贤反对当时画坛盲目摹古守旧的风气，是有着明显相似之处的。龚贤也认为："古人之书画，与造化同根，阴阳同候，非若今人泥粉本为先天，奉师说为上智也。然则今之学画者当奈何？曰：'心穷万物之原，目尽山川之势，取证于晋、唐、宋人，则得之矣。'"[1] 他们一致认为，不可盲目奉尚古人粉本，古人亦师造化，唯有真山真水才是创作的源泉。

作为"金陵八家"之首的龚贤，他的山水画无论是描绘层岭茂林，还是江南的湖光秀色，都深刻地体现出他追求自然真趣与意境的独创性。他认为画有"四要"而无"六法"，认为笔、墨、丘壑三者达到了归真自然的艺术效果，这便是画之"气韵"所在（"三者得而气韵在其中矣"），从而强调所谓气韵就是源于生活而高于生活的艺术之至美。这种见解明显地在"六法"基础上有了新的发展，较之戴本孝"六法各现河山影"及"超六法之外"的大胆认识可谓势若雁行。

从《赠龚半亩》诗中还可以看到，戴本孝对这位画师是推崇备至的，因而发出"隔江遥对心相期，褰裳入梦思从之"的由衷向往；既而相见，则两心无隔，可见两人晤叙默契，不分主客。龚贤还送他一幅"深山老树"之画，"对君如对秋山冷"，多少流露几分本孝对龚贤敬仰之情，从而慨叹"羡君门墙迥千尺"，觉得自己对生活的体验还不够深入，自愧"枯毫""焦墨"未能揭示造化神韵，欲将"焚砚恣天游"，要继续到名山大川深刻体验。

14. 与梅清

梅清（1623—1697），字渊公，号瞿山，宣城（今安徽宣州）人。戴本孝与梅清的交往，要先从《余生诗稿》卷十《答梅瞿山》一诗谈起：

---

[1] 周二学：《一角编》。

世好在四方，宛陵自昔盛。文献家可征，山川气相映。迈德景前烈，济美叹后劲。昔慕瞿山老，才名近鲜并。风乞仙尉高，派溯都官正。纵笔天延阁，犹若运魁柄。吟啸见天真，出处安时命。四时得嘉会，千峰悉响应。好花恒满眼，佳果恒满胜。看花吃果儿，行乐动幽兴。风流足千古，可图兼可咏。秋夕赤鲤飞，感君远垂订。新诗寄一囊，枯树写一帧。本也卧蒿蓬，欣睹若景庆。顾惭蚕衰拙，久已冥视听。何时驾渔舠，当为访鹤径。

此诗作于康熙二十七年（1688）秋，戴本孝68岁，梅清年少两岁。梅清50岁后开始他的交游生涯，历至金山、昆山、杭州等地，游览访旧，并结交了很多新的朋友，题诗作画，相互酬答。戴本孝此诗作于金陵，时梅清尚在游历中（两年后，68岁的梅清又一次上黄山），《天延阁赠言集》卷四收录戴本孝此诗，题曰：《瞿山寄示天延阁大集兼惠诗画，远订花果之会，小诗谢答纪怀》。可知戴本孝是收到梅清约他参加花果会邀请后以诗答谢，故题曰《答梅瞿山》。"秋夕赤鲤飞，感君远垂订。新诗寄一囊，枯树写一帧"。梅清不仅给戴本孝写信作花果会邀请并赠之以画。因此，可以想见二人或许早有交往。戴本孝对这位小自己两岁的"黄山画家"是极为推崇的，颇有感触地吟诵"昔慕瞿山老"；而梅清对于这位布衣画家，也是感念于怀，在他69岁所作《雪中怀白发老友三十三首》中，其第六首便是感怀戴本孝的：

有客鹰阿能学仙，银髯飘向雪中妍。
风流不逐枉年少，兰若呼为诗画船。[1]

诗人笔下，老画师的形象飘然出尘，呼之欲出，何其潇洒。梅清此时亦已是年近古稀的白发老人，念及生平故交，油然而发"滚滚多谢去""落落如晨星"之感慨。他在诗序中写到"我虽思有纵横"，但"人无次第，同为老友，半属吾师"。字里行间无不洋溢着对故人的真挚怀念之情和敬羡之意。

梅清曾作《寄戴务旃、无忝兄弟》诗："隔江怀二戴，大小并吾师。兄弟谁

---

[1] 梅清：《雪中怀白发老友三十三首》行书长卷，现藏南京博物院。

相若，机云或近之。未经重席地，空忆碎琴时。望里头俱白，秋风故意吹。"[1]可知，梅清和戴本孝兄弟都有着深厚的友情。戴本孝不仅认识梅清和梅庚，《余生诗稿》中还有《赠宛陵梅定九》《千峰策杖图为竹堂道人作》等诸诗。定九即梅文鼎，诗人、历学家。竹堂道人即倪正，号观湖，又号竹堂道人，隐居不仕，工诗、书法，精天文历数，是梅文鼎的老师。可见戴本孝与宣州的交谊。

15. 与黄云等人

除了南京、如皋等地，扬州也一度是戴本孝活动过的场所。清初之际，这里是江南的商业、文化重镇，以王士祯等人形成的广陵词坛，数十年独领风骚。严迪昌《清诗史》称："清初顺治、康熙之际，遗老逸民、布衣诗群在高层次文化圈内依然有着巨大的凝聚力，从各个层面上与朝野文学之士有其紧密关联，程度不等地左右着文化氛围和群体结构；而扬州恰好是文化重心的江东地区一个遗逸文人集合中心。"[2]当然，当年的这些布衣逸老在王士祯后来的《居易录》中略述或不提，所录诗交皆为或后位官宦缙绅之士。而对于戴本孝来说，当年恐亦无意侧身于"词坛"之列，他在意或选择交往的正是那些"遗民逸老"和"布衣"，若孙枝蔚、阎尔梅等人。这期间，与戴本孝往来的还有黄云、孙默、邓汉仪等人。

黄云（1621—1702），字仙裳，江苏泰州人。《明遗民录》称其"与邓汉仪孝威为维扬诗人犄角"。又云："云喜交游，重意气，时客四方，与豪俊结纳，不就试。"[3]《皇明遗民传》称其："负气慷慨，逢俗人辄谩骂，人目以为狂，不敢近。晚年愈益贫苦，屡辞聘召，益肆力于诗歌，东南言风雅者，必宗之。"[4]著有《康山稿》《悠然堂稿》《桐引楼诗》《倚楼词》等。

所谓"愈益贫苦"，我想一定非指生计日常艰辛，亦包括内心的困顿与苦闷。当年扬州东皋诗会绝非简单的文人雅集，黄云亦曾怀复明之志，暗中与郑成功水军相应，只是如今大势已定，大业无望，只能遁迹山林，吟啸长歌。

---

[1] 梅清：《天延阁后集》，收录于《四库全书存目丛书》集部别集类，第222册。
[2] 严迪昌：《清诗史》上，浙江古籍出版社，2002，434页。
[3] 黄容：《明遗民录》卷九，《皇明遗民传》卷四，引自谢正光、范金民编《明遗民录汇辑》，南京大学出版社，1995。
[4] 黄容：《明遗民录》卷九，《皇明遗民传》卷四，引自谢正光、范金民编《明遗民录汇辑》，南京大学出版社，1995。

康熙十五年（1676），戴本孝在扬州，雨中造访黄云不遇，后得黄云惠诗，又依韵奉答。[1] 答诗曰："晨星数佳友，历落苦西东。江海归诗派，行藏见古风。孤芳骞邓尉（孝威），高啸想孙公（豹人）。期古见颜子，汪洋雨一篷。"感时伤势，惦念故人。对于戴本孝这位常年游食四方的老画师来说，孤独的漂泊感是真实而深切的，所以，对友情的渴望和珍重也是真实而强烈的。

戴本孝与黄云的交往，目前只见到《余生诗稿》中的这首诗。查黄云的《桐引楼诗集》中却未见到他当年写给戴本孝的诗。戴本孝在诗中，提到过邓孝威和孙豹人。此前，戴本孝访问过邓的文选楼，而孙豹人因不在扬州而未得晤面，本孝作诗以怀（《孙豹人滞豫章深以为怀却寄》）。

孙默（1613—1678），号浮庵。卓尔堪《遗民诗》曰："孙默，无言，桴荄。江南休宁（今安徽休宁）人。《留松阁诗》。"编《十五家词》。王士祯《居易录》称："新安布衣默，居广陵，贫而好客。四方名士至者，必徒步访之。"

《余生诗稿》卷五有《邗上赠孙浮庵》一诗，此年为康熙十五年（1676），前诗为《丙辰元日纪怀》，因知戴本孝是年曾往扬州，五月归迢迢谷。正是这段时间，他在扬州结识诸诗人或与故友相聚，在扬州的第一首诗便是赠孙默的："老矣愁安在，归与贫奈何。"贫老布衣之遭际使他们成为好友，又云："此地惊涛甚，吾来亦浪过。"亦道出戴本孝对彼时扬州文坛的感切，对他来说，无意随波逐流，不过为了寻觅一二知己罢了。

范国禄（1623—1696），字汝受，号十山，通州（今江苏南通）人。父凤翼，入清不仕。范国禄屡试不第，足迹遍天下。著有《十山楼稿》《仞香集》《扫雪集》《听涛集》《江湖游集》《赋玉词》《古学一斑》，仅存七言古诗一册。王渔洋赠其诗云"翩翩浊世佳公子，只属扬州范十山"，遂名传海内。

戴本孝客扬州赠友人诗第二首者即范国禄。诗曰："昔醉五狼前，磋砣又十年。诗名攻老倦，家累赖贫全。慎戢兵戈气，休招笔舌权。短衣足长啸，画粥守遗编。"[2]

首句说的是二人曾在南通州携樽把晤，转眼已去十年。"慎戢兵戈气，休招笔舌权"即戴诗所注"时避谤客邗"。康熙十一年（1672），范国禄受命纂修《通

---

[1]《余生诗稿》卷五《雨过黄仙裳不值后惠诗见存依韵奉答》。
[2] 戴本孝：《余生诗稿》卷五。

州志》，因招罪于权臣，其《与王阮亭书》有云："不谓以文字之祸竟至破家，仅以二三故人糊口于外。"[1] 自兹流落四方，寄情于诗。

对于遗民来说，身经江山易主亡国之变的痛楚随着时间的流逝渐得缓解，在绝望中努力寻找失落后的平衡，然而随之而来的文字狱又使另一种恐怖铺天盖地般笼罩在人们的心头，从丁酉科场案（1657）、通海案（1661）到奏销案（1661），整个江南一带成为统治者严控的领域，大多知识分子都处身在惶惶不安的生存状态之中，稍不留神，便招灾祸。在他们的诗歌中很容易感受到这种苦闷和隐痛。他们之间的交往也显得无绪和无助，再也不可能像当年虎丘大会那样队伍庞大气氛热烈，只能是三三两两地走动、交集，借诗酒以浇胸中块垒。

方中德（1632—？），字田伯，号依岩，江南桐城（今安徽桐城）人，方以智长子。隐居不仕。年八十犹不释卷，擅诗，著有《古事比》《遂上居集》等。《余生诗稿》卷五有《广陵逢田伯话舟次》一诗：

> 吾辈行藏志，相怜大抵同。虚名原画饼，实意耻雕虫。
> 柳折隋堤月，心摇海岸风。两家兄弟好，努力看鸿蒙。

据李念慈《谷口山房诗集》之《卢坦先招白东门，登舟访戴务旃、方田伯、郭外即邀同汎至红桥快集观涨即事》一诗，可知"话舟次"即此次相聚。戴本孝在诗中不仅道出两家兄弟之间的友谊，更相互砥砺，不因浮名而失意，亡国痛深，志节犹坚，言辞真切而朴素。

纪映钟（1609—？），字伯子，一字伯紫，号戆叟，自称钟山遗老。江南上元（今南京）人。以金陵名士为复社宗主。工诗、擅画，著有《真冷堂诗稿》。晚年移居仪征。邗上又逢纪伯紫，戴本孝又忆及当年在京师送他游华山之诗。旧诗有"逢君惯作犹龙叹，一入名山惟便驯"之句，戴本孝今于诗中则云："苍龙同都性，依旧不堪驯。"[2] 可谓意味深长。

纪映钟与戴本孝的交往不止于此，他曾到过和州，留下许多诗作。《历阳典

---

[1]《南通范氏诗文世家·范国禄卷》第五卷，河北教育出版社，2004，291 页。
[2] 戴本孝：《余生诗稿》卷五《邗上逢纪伯紫》。

录》卷三十三录《真冷堂稿》诗亦多。如《访甓斋乌江草堂留赠》《王氏五烈诗简季子伊皇》《赠和州刺史杨仲延四首》《寄张甓斋表丈》《嘉平十七夜月忆历阳诸友》《历阳顾石函相访贻诗次韵答赠》《寄祝张甓斋文学》《历阳别杨使君》《穷冬凄绝同张理公寻萧瑟峥泓之处道逢黄宪叔立谈会日暮不果游》，等等。可知纪映钟在和州有不少亲朋故旧。尚有《张不二先生绝命辞河村先生和诗并书王汐菴从壁间双钩见赠歌以答之》，有云："含山绝命廿八字，太和之音旷古事。河村和诗凡四章，沈沈咯咯河山泪。"诗后注称"栖云观，州西南三十里，一名枣林观，河村先生读书处。和张不二绝命词在其壁上"云云。

邓汉仪（1617—1689），字孝威，号旧山，别号旧山梅农、钵叟。吴县（今江苏苏州）人。明末加入复社，曾参加虎丘大会，为社中青年才俊。顺治元年（1644）为避祸，举家迁居泰州。康熙十八年（1679），召诚博学鸿儒，不第，以年老授中书舍人。著有《淮阴集》《官梅集》《过岭集》《青帘词》等，在江东早负诗名，与当时诗坛名流多有交往。王士禛高称其行，将他和孙枝蔚等比作秦汉之际的"商山四皓"（见《送邓孝威授正字归海陵再示豹人》）。可惜亦生逢乱世，抑郁不得志，晚年应博学鸿词之授，成为一名"不得彻底"的"两截人"。

康熙九年（1670），邓孝威编次《天下名家诗观》成书。戴本孝在扬州文选楼造访孝威，正是他编选"名诗观"时。戴本孝诗中极称之，"天犹扶老眼，笔足点离群""千秋风会在，搔首对斜曛"[1]。在此期间，《余生诗稿》中尚有诸多赠友人的诗作，如《赠范十山》（注云：时避谤客邗）、《过文选楼访邓孝威》（注云：时方选"名诗观"），以及赠李良年（武曾），又赠姚伯辅，兰州谢汉襄、黄奇生、杨季先、顿伯辅、方中德等。[2]可知与故旧新朋的交往成为戴本孝此行的主要活动内容。

姚伯辅（金吾），生平不详。《余生诗稿》卷五《过姚伯辅圣草亭》："破庑一遗老，瞿然抱易林。卜钱随日饱，佳句不时吟。垂准若悬胆，开眸恒见心。

---

[1] 戴本孝：《余生诗稿》卷五。
[2]《余生诗稿》卷五《李武曾黔游还复自颍川过邗，将归嘉禾，过访邸次兼得刘公勇近问》《过姚伯辅圣草亭》《雨过黄仙裳不值，后惠诗见存，依韵奉答》《过兰州谢汉襄话》《黄奇生为余作破琴览镜图小照赋怀》《赠杨季先长歌兼示顿公伯辅寄怀悾正叔》《广陵逢田伯话舟次》《邗上逢伯紫》诸诗。

医巫闾外客,此地更谁寻。"可知他是一位以医卜而知名的遗老。黄云《桐引楼诗》(七律诗分韵三肴)有《姚伯辅金吾卖卜诗》一首,亦称姚筮卦之事。

杨季先,生平不详。恽寿平曾于1672年与王翚等人客次武进近园,受到主人杨兆鲁(1652年进士)款待(参见杨臣彬《明清中国画大师研究丛书·恽寿平》,吉林美术出版社,1996年版)。杨兆鲁与恽寿平为同里,戴本孝诗中"与君同源"或正指此。季先是否即兆鲁的字或号?待考。不过恽寿平是1672年在杨家作客,戴本孝赠其诗是1676年,所以他们二人究竟有无见面亦尚待考证。诗曰:

> 我尝爱歌,君家拊缶,歌古今芜秽满眼何其多。君拊缶,我欲舞,我歌君听君如何?人生固当勉行乐,志士从来多落拓,杯中到处长愁根。此地繁华徒燕雀,见君须眉匪等伦。假榻入座无凡宾,温饱药饵辄推解,故人称述何津津。花林逅禅但微笑,咸平布衣叹同调。有客南田老画师,与君同源称二妙。写来半簧和州花(牡丹志谓玉楼春为和州花产独盛),老眼夺光如璚霞。后土祠前黯无色,徐黄掷笔还咨嗟。愧我枯毫扫山骨,惊见奇芳空咄咄。出我三十六峰云,易君二十四桥月(正叔为季先作蝴蝶牡丹,余以《黟海云莲图》易之)。昨夜涛翻枕畔流,江海聚散生离忧。子规劝我亟归去,且复种豆南山幽。计君长我近千日,我鬓如雪君如漆。始知苦乐各殊颜,何日开眉长促膝。

戴本孝很珍惜和同道中人的交往,如前所述,虽然这种交流显得极其小众,但足可慰藉心头之苦闷,"志士从来多落拓,杯中到处长愁根"颇有"举杯消愁"之感喟。诗中提到他在杨季先处见到恽寿平(南田)所画蝴蝶牡丹,心赏之至,因以《黟海云莲图》易之。从"寄怀恽正叔"字面可知,戴本孝与南田老画师或曾相识,尚不知他们相识于何时何地。

扬州期间的交往,尚有数人生平不详,如兰州谢汉襄、黄奇生,等等。

岁时已近夏五,子规声声,似召唤老画师回迢迢谷了,戴本孝只得遥望东皋,返棹归去。

16. 与张恖

张恖(或摠),字僧持,号南村。江宁人。工诗,终生癖好山水(见先渭求

《张南村先生传》),曾撰《九华山志》,孔尚任《湖海集》卷七有五律诗《寻张南村不值,时在九华山修志》一首。[1]

康熙二十七年(1688),戴本孝客金陵,时张总历游天台、武夷归来,以其游记诗卷见示,本孝作长诗以答。《余生诗稿》卷九诗《张南村历游天台、武夷归,以山记诗卷见示二首》句云:"七十行年尚四方,孤踪江海水云装。"可见这时张总已是古稀之年。戴、张同为明末遗民,彼此对明王朝都怀着心照不宣的眷念之情。他们之间的友情,除了以文会友之外,主要是建立在共同的遗民身世、相互同情的基础上的。石涛在长干一枝阁曾作七言古诗,题记云:"江东秋日,怀张瑶星、周向山、张僧持、汤燕生、戴务旄、杜苍略、柳公含、吴野人、周真栖诸布衣作。"在现实生活中,尤其在一个非常年代,朋友间的往来无疑是温暖的互补与相互之砥砺。石涛"禅寄长干一枝阁"期间,故人的相聚,是彼此心灵的慰藉。而每一次聚会,也可以算是一次小型诗会,只是没有当年好客的冒襄老人做东道主与"保护人"罢了。因而,这样的"诗会"想来都是穷布衣,只能时聚时散,那些唱和诗作也未能汇集成帙。但于此我们可以一窥戴本孝一生:以游历名山而寄情天地造化,超然物外;以遗民为主要交友对象,以文会友,抒怀述志,寄托忧国忧民之思。这种为艺术而艺术的自我追求和解脱,从急功近利的角度看,显然有消极遁世、逃避剧烈的政治旋涡的倾向;但从长远的观点看,这何尝不是顽强的民族意识的另一种表现。正是这消极的因素,酝酿成积极的追求,诚所谓"国家不幸诗人幸"啊!

17. 与屈大均

屈大均(1629—1696),原名绍隆,字翁山,又字介子。番禺人。孙静庵《明遗民录》卷一三称:"乙丑父殁,大均削发为僧,事函昰于雷峰,名今种,字一灵,又字骚余,名所居曰'死庵'。"又:"自国亡后,诸遗佚多扞文网,大均忽释忽儒,又喜任侠,往来荆、楚、吴、越、燕、齐、秦晋之乡,遗墟废垒,靡不揽涕过之,而嚼然自拔于尘壒之表。"著有《九歌草堂集》《寅卯军中集》《道援堂集》,后汇之为《文外》十七卷、《讨外》十七卷、《附骚屑词》二卷,等等。

---

[1] 孙静庵《明遗民录》及邵廷寀《明遗民所知传》均称享年七十五岁。参见谢正光、范金民编:《明遗民录汇辑》,南京大学出版社,1995。

所著之书，俱入禁书目。

戴本孝与屈大均的交往，仅见他题戴本孝画诗一首和"华山诗"一首。《余生诗稿》中亦未见与之相关的文字。《历阳典录》卷三十三《艺文》十收录了这两首诗。抄录如下。

其一，《题戴务旃水田园》：

> 与君沮溺心，农事怀江阴。昨梦水田鹭，飞过青竹林。朝来作图画，春色东皋深。安得耦耕去，还为桑者吟。

其二，《寄戴务旃华山》：

> 三峰好结一花龛，濯足时临玉女潭。莫驾琴高鲤鱼去，车箱一穴出江南。

两诗均在《翁山集》中。从题画诗"朝来作图画，春色东皋深"之句来看，二人有可能结识于江东。戴本孝少以儒学启蒙，中年后则心向道学；屈大均或释或道，"生平好易"，尝言："心者画前之易，身者画后之易。"《易外》将宋明理学视野更推进一步。翁山更有豪侠之气，这一点倒和戴移孝很像。其"性葛傥不羁，自代州携妻出雁门，历云中上谷，走马射生，纵博饮酒，人嘲笑之，不顾也"。[1] 康熙朝，虽战火渐已平息，然而对于遗民来说，亡国之痛难念，异族残酷镇压汉人之血腥依然未绝，人们依然生活在恐惧之中。于是大多数知识分子决意仕途，奔五岳走四渎，于"遗墟废垒"中感慨山河之变，释放心中之困闷。

18. 与杜岕、王楫

杜岕（1617—1693），本名绍凯，一名岕，字苍略，号些山，湖北黄冈人。诸生，工诗。卓子任辑《明末四百家遗民诗》收其诗作。孙静庵《明遗民录》卷一九称："与兄茶村避乱同居金陵，二人行身略同，而趣各异。茶村峻廉隅，

---

[1]《明遗民录》卷一三，引自谢正光、范金民编《明遗民录汇辑》，南京大学出版社，1995。

二人同时来到这个世上,同学诗,同遭国难,同样不得志……共同的命运与志趣,使他们成为知己,风雨苍黄,相互牵挂……

19. 与刘城及贵池诸子

戴本孝去过或经过贵池多次,三次、四次或五次?一次在《余生诗稿》卷四有确切记载,康熙乙卯(1675)元日在枞阳舟中度新年,遂往贵池游哪刹矶,三月望日,"冒雨出歙治岁寒亭",但尚不确定新年后在贵池留了多久。黄山游归又途经贵池清溪,有诗《泊清溪感旧》,诗中写道:"夹溪双塔卓寒烟,不觉曾游十九年。"知其十九年前曾来过。康熙元年(1662)戴本孝曾游黄山,按理说从和州往皖南应走水路,顺长江而上比较方便,如果和第二次上黄山同样线路,应该这年也去过(或途经)贵池,但这年应是十三年前的事,可诗中所说是"十九年"前,可惜不见《前生诗稿》,无法确实。

戴本孝与贵池的关系当然不只是"必经之路",这要从戴家和贵池刘城的渊源说起。

刘城(1593—1650),字伯宗,晚号存宗,江南贵池(今安徽贵池)人。崇祯九年丙子(1636)以保举廷试,授知州,不就。少与同邑吴应箕(次尾)齐名相善,同为复社眉目。入清屡荐不起,晚年隐峡川山居以终。卓尔堪《遗民诗》称:"史公可法荐授刺史,不就。肆力诗歌,履道自娱。会江南再建,上策匡时,柄臣不听。长揖归田,息影峡山,不入城市,人称征士。"著《峄桐集》。

刘城与戴重初为复社同人,后又同结"不敢忘社"。顺治二年乙酉(1645)首夏,刘城有诗《与戴敬夫决策去金陵》,[1] 戴重离开南京返回石臼湖,刘城似亦同行,住在戴重的避难寓舍,《峄桐集》有诗《居戴敬夫石臼湖寓舍,赠其长公子本孝,用多字二首》并序:

> 长公字务旃,好古博识,世授戴经,精篆刻、书法、诗律、画苑、古著,常集杜百章成帙,诸多得之庭授云。
>
> 疏豁此堂古,桤榆人望多。连床堆籀颉,拂几见羲娥。学礼戴称圣,系衔村号河(印记自署河村戊子)。而翁时著膝,鸡鹜定如何。

---

[1]《峄桐集》诗卷之七。

《峄桐集》书影

> 众妙何门出，艺因不试多。图裁辋川豹，纸博右军鹅。若县光和刻，杜陵同谷歌。异闻诚累累，庭下几趋过。

这一年戴本孝25岁，虽举家在逃难中，戴本孝于诗文书画事仍不辍。

顺治三年（1646），戴重绝粒殉节，刘城作《哭戴敬夫六首》以悼，后又撰《推官戴公传》，皆是和泪之作。因为长辈世谊，刘城对本孝、移孝兄弟关爱有加。顺治五年（1648），刘城有诗《戴敬夫次子移孝亦僧矣，来过留数月，送之去，兼致长公本孝四首》，又作《除日得和州戴本孝书及所贻诗画即寄答，并问其弟移孝以僧服归者》，[1]诗中有"寒风催改朔，枯树写遗余。到眼河山色，怀人涕泪书"句，知画为枯木秋山，景致萧瑟，意境苍凉。是年戴本孝28岁。

前一首诗中写到移孝在刘家客数月，《和州志·戴移孝传》记载："贵池刘城……遣人招移孝馆其家，坐卧一楼上，楼藏书数万卷，移孝昼夜攻苦，削园木为警枕，三年夜无甘寝。"不知是否有另指，因为刘城诗中称此次只是"客数

---

[1] 两诗皆见《峄桐集》诗之七，并参见刘世珩编《刘伯宗先生年谱》。

月",顺治二年（1645）48岁的刘城避峡川山居至死,卒年五十三。所著《峄桐集》二十卷,戴移孝为所编。

《浮山志》卷之九有移孝《会圣联句》一诗并序：

合山本师再至浮山,移孝及同人从游。游竟坐雨,叩石继声,惟此九带诸岩环洞句曲,操桴荡胸,吞吐日月,足使杖底之五岳尘生,袖中之九华气短。偶尔龙吟,不辞虫蠹,古今石火,未尝有斧凿痕也。

共下虚舟墙合山,收藏浪里人（邵仲子）。路通天上眼（刘王孙）,石转地中轮（沈功厚）。钟鼓生风雨（移孝）,龙蛇自屈伸（合山）。借来庄子斧（移孝）,削去古今尘（合山）。

刘王孙即刘城次子刘汉系,号江祖,与戴氏兄弟称世交。

戴本孝不仅为刘城作画,亦尝为其治印,《峄桐集》文之八《印记》称："余生平获私印无虑数十家,辄散亡,及徙峡川益少,犹存篆刻者八家……谢发郑心,小篆阴文,戴本孝刻。本孝字务旃,戴敬夫子也。镌其旁曰:'《皋羽晞发集》,所南心史,伯宋先生读之,悲其志遇如此,命作是印,本不敢辞。'"[1]

陈宏绪《士业全集》称："伯宗图变来,自署一私印曰'谢发郑心',将自比皋羽之发,所南之心也。"以明心志。又徐世昌《晚晴簃诗汇·诗话》云："伯宗诗才骏发,晚益激楚郁律,五言尤胜,每次谢皋羽、郑所南之韵以示标尚。"刘城的遗民之志对年轻的戴本孝显然会有深刻的触动和影响。

戴本孝与贵池,除与刘（城）家交往,尚有吴非和郎遂等人。

吴非,原名应筵,字山宾,应箕从弟。尝一应童子试,不合有司绳尺,遂弃去。专肆力于古,自经史外,山经地志,齐谐稗乘,无不综览。工铁笔,闻佳山水,裹粮往游。挟镌刻之具,从悬崖划石留姓名镂诗而去。兼擅画,家近黄山古牛冈,自号古牛耕者。

康熙十四年（1675）,本孝游黄山返程过贵池,作《泊清溪感旧》诗。

---

[1]《明清篆刻流派印谱》称戴本孝"精于篆刻",史书"漏戴",对此,曾撰《戴本孝"精于篆刻"质疑》（与楚三合作,利于《书法导报》）提出异议,并称其为冒襄刻"六面印"疑为伪作。当日之论,谬为轻率,当作平反昭雪也。

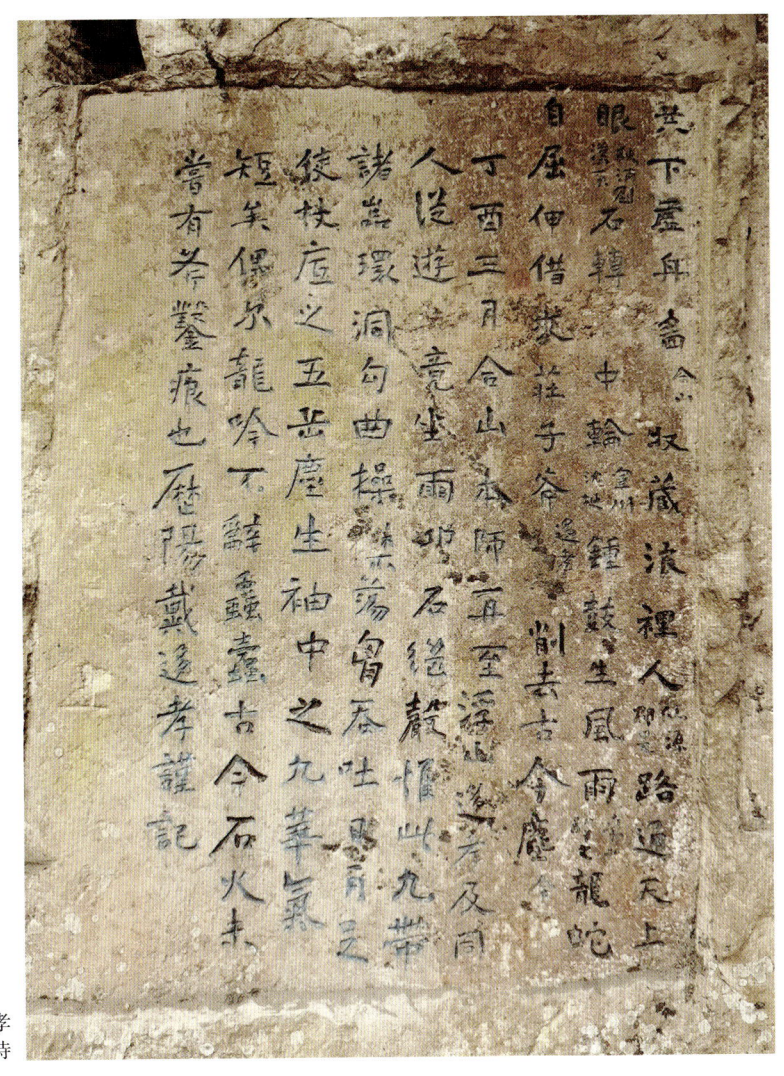

戴移孝
浮山石刻诗

其一，怀刘与父，诗中有"不觉曾游十九年"句。

其三，怀吴非，曰"白头梦对山宾子，生死吟残涕泪真。既无故侣堪投老，虽有新诗不示人"。自注：吴子山宾时居山中未得晤。

郎遂，字赵客，号杏村。由诸生入太学，以诗名于时。手辑《池阳韵纪》所居杏花村，山川明秀；徜徉其间，吟咏自得，年逾八十弗衰，人称耄而好学（《贵池县志·人物志·文苑·本传》）。赵客纂《杏花村志》十二卷，苦心按辑，不遗余力。从"参订姓氏"中知其与当时文苑名士交往广泛，戴本孝亦参与编辑，其中有许多人亦本孝友好，如邓汉仪（孝威）、龚贤（野遗）、黄虞稷（俞邰）、李念慈（屺瞻）、张总（僧持）、王概（安节）、王蓍（宓草）、吴孟坚（子班）、

等等。《杏花村志》收录本孝诗二首,其卷五有《送张南村之秋浦,兼怀郎子赵客,闻其辑〈杏花村志〉》一首,诗曰:

> 先生诗赋动江关,池上烟光老客颜。
> 觅遍新题苍玉峡,惊残旧梦紫金山。
> 杜樊川迹赖谁存,说有风流郎士元。
> 霜树柴门迟客棹,江东诗派老南村。

秋浦,在贵池城西南七十里,长八十余里,自石城至池口皆是。此诗未见于《余生诗稿》,当为本孝 45 岁以前客贵池所作。又一首《青阳扇》见《杏花村志》卷十二:"九华汉制古难求,此日青阳隔岁收。浓染楮皮山柿液,缕分竹肋水葱头。映将残照颜如醉,惜与芳兰气未投。更有方圆还五色,一般金碧细来勾。"志称:"青阳扇,海内争宝之。尝乳金画《池阳诸景图》,而《杏花村酒图》居其一。"此诗当亦"前生"所作。

又据《杏花村志》记载戴本孝尚有《铁佛寺》诗,铁佛寺即乾明寺,寺中铁佛为宋绍兴辛未年铸。诗云:"檀婆远引岫,铁佛坐窥城。古刹开兰若,施年铸绍兴。当时忘国恤,此地忌僧楹。丈六身难动,空传旧相名。"自注云:"檀婆,山名,当寺之前。"亦感思怀古之作。又《游昭明庙》诗曰:"秀山门五里,梁殿寄千秋。空有台城寺,何如文选楼。闵灵传古祀,嘉飨尚时修。更许残僧守,荒碑记客游。"志中又称湖山东北之阿华严庵,有"和州鹰阿子戴本孝篆额,今不存"。

可知戴本孝兄弟与贵池之渊源。

20. 其他

在《余生诗稿》和相关文献及戴本孝画作中,戴本孝涉及的友人还有很多,如陈季箴、吴舫翁、胡致果、盛栩窗、勋微上人,等等,其生平都不详知。同时书画中人,与戴本孝有过从的还有程邃(穆倩)、王概、汤燕生、郑簠(谷口)等人。

身为布衣,戴本孝不可能像王士禛、刘体仁等人一样交往那么广泛,但和他们一样,戴本孝的"朋友圈"也是一个极其复杂的群体。从父执辈的老牌遗民到清政权官员,甚至旗籍官员,都有或深或浅的交往。旗籍官员里,提及最多的是喻成龙,一位欣赏他绘画且官誉甚佳的官员,至于佟世燕、佟图南算不上交往,只能算打过交道。戴本孝曾为曹寅画《楝亭图》册页,但他不一定与曹氏有交往,甚至并不认识,作画之事只是应他人之托。

至于声名显赫的降清权贵们,如龚鼎孳(1615—1673)、吴伟业(1610—1671)、孙承泽(1592—1676)等人,戴本孝或许有机会与之相识。第一次南京"小三吾世盟高会"期间,龚鼎孳便也去看望过冒襄。吴梅村曾经"拥有"过戴本孝的一幅绘画,他也是复社成员。戴本孝的画并不是直接送给吴梅村的,而是和州守杨仲延所转寄,看来,这种外交礼节中政府官员以地方名家字画当作礼品的风俗由来已久了。虽然这有点文学化,但可以想象,这或许就是现实。

吴梅村在《风入松》一词中极称誉本孝之画,不妨抄录如下:

> 长松落落荫南冈,(乱山)横砌银塘。梅花消息经年梦,慢支颐、老屋绳床。棐几风吹被帙,纸窗雨洗疏篁。
>
> 丹青点染出微茫,妙手过倪黄。寒云流水闲凭吊,谁能认、当利横江。翰墨幽人小戴,文章太守欧阳。[1]

古雨苹在论文中还提到周亮工收藏的画中,有一幅应该是戴本孝与施霖合作的作品。[2] 施霖(?—约1672),字雨咸,江宁(今南京)人。周亮工《读画录》称:"马瑶草、杨龙友作画,但能小小结构耳,其大幅皆倩雨咸为之,雨咸名遂高出众家上。"周亮工并未在此提及施霖与戴本孝合作的这幅作品,也没有文献可以显示戴本孝和施霖相识。

周亮工与程邃为金石之交,《读画录》尝称:"道人诗字图章,头头第一,独于画深自敛晦,惟予能知其妙。"戴本孝和程邃曾同聚于雅集活动,二人皆以渴笔见长,但似乎没有更多的往来,亦颇令人寻思。

---

[1] 吴伟业:《题和州守杨仲延所寄鹰阿山人画,风入松》,《历阳典录》卷三十四,《艺文》十一,引自《梅村集》。
[2] 此画现藏于纽约大都会博物馆。

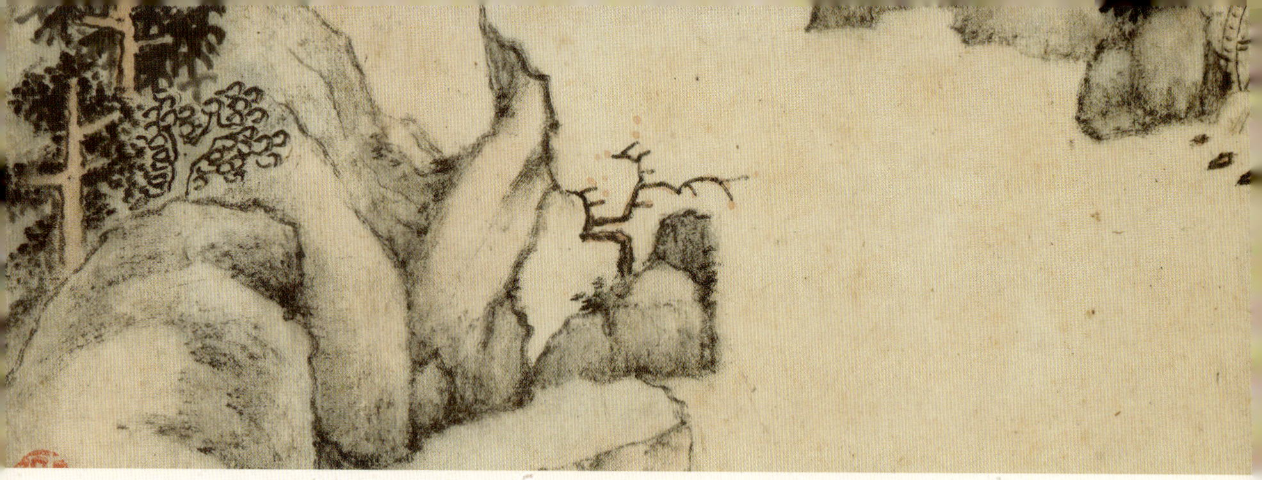

第二章

遗民与遗民心态

亡国之痛与沧桑之感

戴氏远祖是跟随明太祖朱元璋起兵和阳（和州）受封的千户，戴本孝的父亲是南明王朝覆灭之后仍聚义湖州抗清的义士。这些都为戴氏兄弟奠定了忠于明朝不屈服于清王朝统治的遗民意识。戴本孝的诸多"感兴诗"正是他遗民思想的真实写照：

> 一时婚嫁苦相摧，共道兵氛江上来。谷贱频年农困久，军兴此日国殇哀。储艘没见波臣虐，战马驱征长吏才。三十年中经再见，江南到处已荒台！[1]

诗中感慨凄凉，字字辛酸。本孝幼年随父避乱，由和州去南京，五徙其宅，备尝艰辛。清兵入主中原，经过苦心经营，渐入"康熙盛世"。可戴本孝三十年后再度旧地重游，触目处仍然是"江南到处已荒台"的凄凉景象。由此凄凉意境中，我们不难窥见他的铁石心肠与强烈的民族意识。

戴本孝的遗民意识与所有亡明遗民中的有识之士是共通的，但由于其特殊的经历，他的思想在所有遗民中又是特异的。他的遗民思想介乎入世出世之间的艰难苦涩的夹缝里，比起遗民中的其他人，则是痛苦更深一层了。从他的诗作中，我们能够清晰地看见他的一字字血泪的情状：

> 孤梦吹残日四方，空临秋汐拜斜阳。云深面冢元英□，海堧桑田碧落堂。剑绕寒光犹在树，琴湖幽赏经登床。独惭沟壑悲生事，矫首园林秋草芳。当年奏赋共呼天，父执谁堪再比肩。且历此身看海变，

---

[1] 戴本孝：《感兴》之四，见《余生诗稿》卷四。

不将老笔惜时怜。江如泪冷深千尺，石莅松盟定百年。短棹一来亲杖履，秦淮犹恨旧笼烟。《翁年伯为先严建碧落庐于水绘庵未瞻谒，丁酉渡江奉省，于长干逆旅赋此志感》

溪雪随来兴不孤，海桑阴拂小三吾。赤藤杖底毫偏健，碧落庐前泪已枯。细缕云根堪寄老，漫开樽枋任狂呼。横飞满地梅花月，此别东风未可虞。《巢民老伯召偕陈其年，同社诸子分韵七虞》[1]

……但见沙场白月寒皑皑，行宫废苑埋黄埃，四望荒烟何处容我哀？吁嗟呼，不老故山驱犊归去来。《过观庄上谷署中即事醉歌》[2]

□知世味有何如，大命将期安可迟。膏泽既枯生意尽，天灾人难哪能支！《绝命辞之二》[3]

这些诗作都是戴本孝感沧桑之变、叹身世之悲的内心表白。他过多地为自己家破父亡而深切悲哀，正是为了发泄对整个国家山河破碎、民不聊生的激愤心情。但是他的生活处境迫使他不能像父亲那样为复明救国而慷慨陈词，从容赴死；他的一诗一句，也不像弟弟移孝那样血气方刚，毫无顾忌地激越悲壮。他的诗在更多几分忧国忧民的凄凉色彩中，表现了爱憎分明、始终如一、决不动摇的遗民意志。他曾亲自营救父亲，从战乱中逃生，共同遭受颠沛流离的苦难；其父绝粒身亡的悲惨情景在他的脑际永远无法抹去。这些都直接影响了他的一生。与至交冒襄父子相比，戴家的人生抉择迥然不同。冒家世袭富贵，国亡之后，他们一面以"归隐"自保，自叹遗老飘零，为失去的往日繁华而惋惜；另一面并不阻止其二子谋取功名。顺治十七年（1660），即便在冒襄与戴本孝等好友参加遗民集会似的唱和之际，其长子谷梁和次子青若已经悄然来到南京"宿闱"，准备应试。据此事实，在冒氏（至少冒襄二子）的心目中，对于坚持做明王朝的遗民还是顺应时势做清王朝的顺民，这一意识显然已经模糊了。戴

---

[1] 以上二首皆引自冒襄《同人集·小三吾倡和诗》。
[2] 戴本孝：《余生诗稿》卷一。
[3] 戴本孝：《余生诗稿》卷十一。

本孝却始终未忘亡国之辱，始终有着深切而真实的忧患意识，可谓身心俱碎，至老不变，因而发出"碧落庐前泪已枯"这痛心疾首的悲鸣。正如《直隶和州志》中所言："本孝……以文章节义齐名，无惭先德，洵济美也。"他在题画诗中写道："古人我更爱袁安。"袁安生长于东汉时代，曾不畏强暴多次弹劾外戚专横。戴本孝于诗中表明自己对这位前贤的仰慕，个中意味颇耐人寻思。《明诗纪事》辛签卷十七刊有戴本孝的《安远侯隶卒》一诗，亦颇能反映他坚持遗民气节的忠孝思想：

> 南都破，安远侯柳迎降，有一隶卒，哭叩之曰："世受国恩，此行可缓，愿侯裁之。"侯怒，叱之者三，不及驾而行，卒牵其裾力止。侯怒甚，手批其颊，卒哭而随之。至中河桥，大声曰："侯不听我，我死矣。"投河而死。
>
> 大忠思一献，不售死何逃。身残心难诎，名传义益高。忍为新手版，辱浣旧戎韬。自此河边柳，薰条向碧涛。

和那纵身碧涛中的"隶卒"一样，戴本孝明知无力回天，只能终守贞节，独善其身。亡国之哀思寄托于无尽的怀念之中，此亦大多知识分子的无奈。如吴钟峦所云："商亡而首阳采薇之歌不亡则商亦不亡；汉亡而武侯出师之表不亡则汉亦不亡；宋亡而零丁、正气诸篇什不亡则宋亦不亡……"[1]将遗民之意义推进一个精妙的境界。遗民之信念基础，其自我之价值在亡国后的文化创造中获得了诠释。

劫后余生之困顿

"遗民意识"，归根结底就是强烈的民族意识，强烈的爱国思想，与这片世代生衍的土地和生活在这片土地上多灾多难的人民息息相关。戴本孝的遗民思想绝非国亡家破一刹那所形成的，它扎根于深厚的民族文化土壤之中，并与其

---

[1] 转引自赵园《明清之际士大夫研究》，北京大学出版社，1999。

生存环境和父辈的严格训导有关。戴本孝12岁即随父避难江南,举家生活艰难,每天只靠一两顿掺有糠菜的稀粥糊口度日,母亲苦不能堪,乃至哀叹绝望。本孝则取古代描述忠臣烈士献身遂志、惊天动地事迹的文章高声朗读,并鼓动弟弟合掌击拍相和,慷慨激昂,鼓气作饱,使母亲欣然忘却忧愁。[1]

父亲戴重受伤后,"血肉狼藉,昼夜呻呼,将合复溃,经年转徙不常;本孝则扶左右,揣摩微至,凡重有所求未尝不适其意"。[2]可见此时的戴本孝在"久病"的父亲身边,吃了不少苦头,可谓克尽孝道。父临终前对本孝说:"年来累汝甚矣,若居丧复毁,必致灭性,是再孤而弟绝而孙,不可为。"[3]父亲对儿子这段日子的孝心服侍是深感欣慰的。他劝本孝在他死后不要按照封建世俗为他守孝三年,无谓劳顿,衰竭自身,乃至"再孤而弟绝而孙"。人之将死,其言也善,父亲的临终遗嘱,不无委婉含蓄地暗示本孝,此后家中一切全靠他来维持了。

父辈对戴本孝的影响,对他后来一系列思想言行起着潜移默化的作用。从下面这件事中,可以看出本孝自幼即备受父辈"胸怀远志"的教导。

本孝随父转徙,途中将其所珍爱的晋唐名墨(帖)不慎落入湖渠,因而深为惋惜。父亲很郑重地说:"若不闻岳鹏举言,大丈夫安可有所好耶,笔墨陶性情,耽之亦玩物丧志矣。"[4]本孝释然。由此可以推断,本孝后半生的经历,又非本孝胸怀济世之初志。

父亲死后,戴本孝为实现先人未竟夙愿,卖文鬻画,省吃俭用,在迢迢谷构筑"碧落精庐",礼奉南宋慧兰禅师和先父遗像;并将父亲留下的那方沉泥砚供奉居室之中,名其室为"守砚庵",实则守其父遗志,寄托对亡国之怀思。[5]本孝居迢迢谷,每值年节,总要率全家老幼于碧落庐礼谒先人之灵。甚至因其先父举义抗清,身负重创,45岁绝食而亡。遂将自己45岁以前称"前生",其后为苟延残喘于人世之"余生"。

---

[1] 章学诚:《和州志·戴本孝传》。
[2] 章学诚:《和州志·戴本孝传》。
[3] 章学诚:《和州志·戴本孝传》。
[4] 章学诚:《和州志·戴本孝传》。
[5] 遗民的怀念之情常于旧物中寻找寄托。李景新撰《屈大均传》记其"取永历钱一枚,以黄丝系之,贮以黄锦囊,佩肘腋以示不忘"。

隐逸情怀

遗民作为劫后余生,其生存的情境大概多以与传统之"仕"相对应的"逸"作为理想基点的。孙奇逢撰《李逸士传》称:"传称逸士者,以其不系籍于士而欲遗之,遗所以成其逸也。遗其名正欲逸其心也""士必先遗声利而后能逸。遗声利矣,稍有愤激于贫贱之念,而心已为贫贱所役,是亦不得逸也"(《夏峰先生集》卷五)。

可见在当时人们的心目中,"逸"的境界远远高于"遗"。"遗"未见得全由时势所迫成,也有可能基于人的政治经历与士人传统的生存哲学。[1]清初博学鸿词科给很多遗民提供仕进的门径,而隐逸之传统则为大批士人在仕之外的生存状态的选择提供信念基础。对于遗民来说"选择"是自由的,也是痛苦的。

戴本孝有一印"臣本布衣"。他隐匿山谷,不求仕进,既怀念故明,更不满清人入主。有位作家曾经说过:古之隐士或佯狂卖傻均属逃亡,也是求得生存的方式,皆不得已而为之。对抗招杀,沉默则无疑是一种精神上的自杀,不肯被杀或自杀,逃亡实在是唯一的自救。戴本孝在诗中写道:"莫言颠踣苦,险道在为官。"[2]把跻身官场视作风波极其险恶的人生道路。不仅自己如此,他对其子孙后代也这么要求。他要长子卖药村肆,以为谋生之道;又令季儿力田务农,做个自食其力的普通劳动者。他在《劝儿力田》诗中写道:"传家祖德惟忠厚,何羡虚名白首成。"[3]壬子残冬,他仍要季儿深山课樵,翻山越岭去全椒县赤石埠卖柴换米。看来戴本孝对子孙后代的教育,在特定的历史环境下,断然与"学而优则仕"背道而驰,也是他遗民思想的典型反映。

多年隐居深山,养成了本孝清心寡欲的习性,乃至厌恶喧嚣、势利的城市生活。即使短期客居,也感到全身不适,亟亟欲归。有诗云:

> 强我入城市,不知何所求?驴饥嫌草恶,僮野见官羞。药力心相得,人情道不侔。归来空一啸,濯影小池秋。[4]

---

[1] 赵园:《明清之际士大夫研究》,北京大学出版社,1999。
[2] 戴本孝:《余生诗稿》卷一。
[3] 戴本孝:《余生诗稿》卷四。
[4] 戴本孝:《余生诗稿》卷四。

乡俚布衣，野性率真，羞与权贵为伍，连饥饿的小毛驴也嫌城市的草料差劣，不及山林草场快活自在。

戴本孝遁迹山林，长期与劳苦山民同患难共呼吸，因此他的遗民思想绝不是简单的维护亡明政权的失落和狭隘的民族主义。《和州志》载：

> 重令本孝就试，会福王监国南京，下令童子纳金军饷，乃听与试。本孝愀然辞于父曰："谁乘国诚乃至如此，以若所为，即欲偏安作东南小朝廷，且不可得，何以试为？"重高其志，许之。[1]

戴本孝饱读经史，对于历代封建王朝的覆灭与更迭自能以史为鉴。联系南明小朝廷权奸当道、政治腐败的严峻现实，他也看透了这个王朝必然走向没落的趋势。前车之鉴不远，前朝元人异族统治，残酷压迫汉民族的历史教训，因何又重演？故对满族入主中原忧心忡忡。所以，他的遗民思想是根源于"民为贵，社稷次之，君为轻"的儒家传统思想的基础之中。他与历史上因不食周粟而饿死首阳山，被儒家孔孟奉为至尊的两位商朝遗民伯夷、叔齐历史地位又不尽相同。身为平民的戴本孝自然会以一个最底层的布衣站在平民之中，面对民族压迫和民族暴虐统治，饱含着深刻的忧患意识，这在历史更迭的遗民中，就显得更为"生动"了。每遇天旱、水患、虫灾，戴本孝则以诗感怀，同情底层民众天灾人祸的双重苦难遭遇。如丙辰（1676）五月于迢迢谷中感作《大雨叹示儿子》诗：

> 十日雨作半日晴，水荒千里困漂泊，农家蚁命谁当哀？君不见，上江满城惟白骨，白浪声声带鬼哭，此后谁家是吾家？儿辈休嗟破茅屋。[2]

他家同是这场水灾的受难者，但是他仍鼓励儿辈不要只顾自家破败，要更多地同情受灾惨重的难民！再如：

---

[1] 章学诚：《和州志·戴重传》。
[2] 戴本孝：《余生诗稿》卷五。

时常入城或涉江至南京等地鬻画谋生。

如黄宗羲所说的"年运而往,突兀不平之气,已为饥火所销铄……落落寰宇,守其异时之面目者,复有几人"。[1]无谓的反抗不如正视现实。以"士君子"的文化立场揭示现实的残酷行状,永葆内心的一缕情怀,心存天下,何尝不是儒家"仁"的学说的具体体现。戴本孝没有像他的许多老前辈和朋友那样经历鸿词之召的纠结,但他很容易理解他们的选择与苦衷,所以在后来的游历生涯中,他并不排斥却有选择地结交一些已入清廷为官的人。如吴盛藻(观庄)、项锡胤(犀水)等人,因为乡谊的因素,故有深层的交往。而在南京、扬州、北京等地,虽偶与名公显贵在某种场合中结识,但依然隔膜一层,这种"偶遇"终究难以深入并长久,如沈荃(绎堂)。两人除了在京师一见似乎再无往来,事隔多年,康熙十九年(1680),移孝去北京为"修明史"一事奔波,希望能将父亲忠君效国气节与事迹写入明史。当时,许多复社后人,如吴应箕之子吴孟坚(子班)等人也约在其间赶往京都。[2]为了父亲立传之事,戴本孝作画一幅让弟弟带上送与沈荃,希望引动旧情可以得到帮助。此时的沈荃已任礼部侍郎。但最终为父立传之事未能如愿。康熙二十三年(1684),戴本孝已近暮年,依然渡江为生计劳顿,《余生诗稿》卷七有一首《二月授经于白洋河,勉应佟平远公之招书怀》诗作,说的是戴本孝参与修纂《江宁县志》之事。这位"佟平远公"便是佟世燕,据《奉天通志》记载知其为"奉天(今辽宁沈阳)汉军,正蓝旗人,二十二年(1683)任江南江宁县"。[3]或许因为主修者是一位满人,而世局板荡未宁,又逢文字狱,此时修志,自然会涉及敏感的人与事。所以戴本孝不得不心有芥蒂,难免忧虑,诗题直言"勉应"二字,勉强而应,自是不得已而为之。一是为稻粱之谋,二是这位"佟平远公"能独选身为布衣的他来纂修县志,或许多少还有点感激之情吧。

无论如何,戴本孝始终守住底线,并未做"两截人",就算是没有机会,但这终究成全了他"守砚"之志不渝的信念,这或许也是他的幸运。他只想做一

[1] 黄宗羲:《黄宗羲全集》,浙江古籍出版社,1985,62页。
[2] 冒襄:《同人集》卷九,冒襄《哭陈其年太守倡和诗》注云:"吴子班今夏忽过访,云自北都回,手捧为父求立史传……"
[3] 王树楠、吴廷燮等纂:《奉天通志》,东北文史丛书编辑委员会,1983,卷197(人物二十五 乡宦表四 清三 康熙),4379页。

个平常人，课儿学画之余命其卖药、务农，学会谋生的本领，追念世交如冒家子弟努力功名，戴本孝则告诫儿孙绝意仕进，只做一个平民百姓平安度日。戴本孝很安乐于这种平民生活，王楫在《余生诗稿》序中这样写道：

> 务旃前十年伏出迢谷，南涧西峰，松心云影，名可闻，人不可寻而见也。中十年则历登名岳……麻鞋蒯帽所在流连，人可寻见，名莫可寻而知也。迩十年来，归偃林壑，儿孙罗列，朋旧盘桓，吟啸不辍，砚田笔冢，动辄成迹。每入郡城，假榻渔丘寺邸。盖渔丘为唐张文昌故宅，昌黎称其诗学古淡，历阳诗派千秋嗣响者，为戴氏父子乎！

早年随父流徙漂泊，得见诸多复社名流、前辈贤达，中年壮游五岳，晚年儿孙绕膝，从一名有志于文艺的青年，到后来遁隐穷谷的逸士，戴本孝一生于平凡之中益见不平凡之志和所为。这也是那个时代知识分子的无奈选择。

在漫长的封建社会中，知识分子的命运可谓坎坷多舛。清兵入主中原给大批知识分子带来的痛苦与悲恨是种"时代的苦闷"。这种苦闷虽只断断续续地笼罩着每次改朝换代的前后几十年，却从不间断地郁积在中国文人和艺术家的心中。"这是一种先天下之忧而忧的苦闷，一种曲高和寡难觅知音的苦闷，一种出世与入世之内心争论的苦闷，一种位卑而不敢忘国的苦闷，一种不得不为斗米折腰的苦闷，更重要的是一种不能痛快淋漓吐露心中苦闷的苦闷。这种苦闷日夜缠绕在历代知识分子心中，或将他们折磨致死，或消磨他们的斗志。只有少数卓越的人在心中与苦闷争斗，将苦闷熔炼成诗歌小说、绘画书法等艺术的结晶，吐心中块垒，成艺术精品。"[1] 戴本孝以毕生的精力倾注于诗歌书画，把所有的"忧郁"和"苦闷"化作诗歌和绘画创作的动力，其一言一行又莫不以民族气节为重。时势将一个明智的有志之士逼入山林，他只能将满怀壮志寄寓笔墨之中，从而在诗歌绘画艺术上取得了不朽的成就。时势摧残着一代文化，也造就了一代之文艺。

---

[1] 谭天：《非哭非笑的悲剧——八大山人艺术评传》，湖南美术出版社，1990。

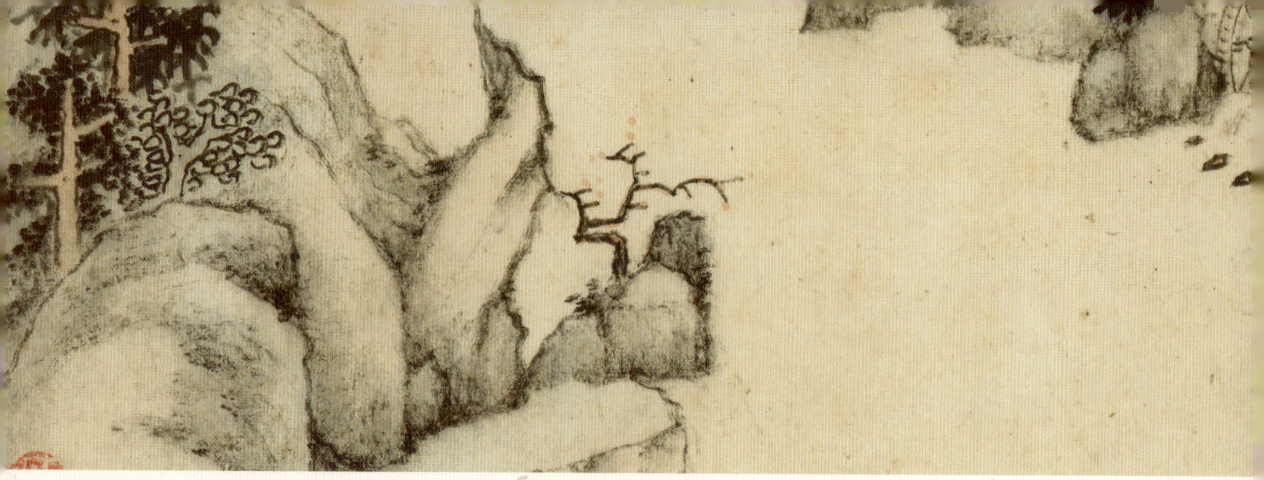

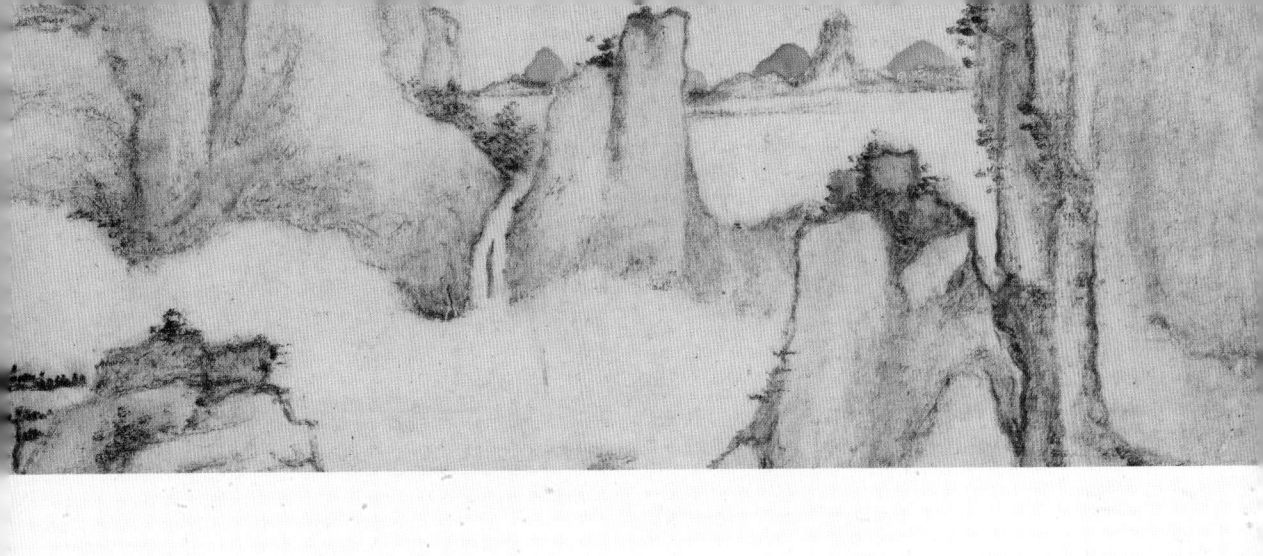

第四章

艺术思想与画风之衍变

画学思想初探

明清易祚，面对残酷的现实，天下读书之人如遭天崩地裂之变，骤然间一蹶不振，苦闷失落。或逃禅入道，或遁归山林，"或负薪穷谷，佣书村塾，卖文为活，溷迹市屠"……凄苦迷惘之际，无奈何，便去寻求佛老作精神支柱。画家中，以渐江为首的"四僧"及雪庄、担当等人皆身着僧服，出家遁世；而如戴本孝、程邃等人虽未着僧袍，却对方外生活十分向往。戴本孝在诗中写到"笋粥松醪羡野人"，[1]心境可鉴。无论在和州城里，还是行旅途中，戴本孝几乎多是寄栖于僧寺，可能是他习惯这种清幽简朴的生活，可能是他喜欢与寺中的僧人交谈，当然这也可以节省一些开支。事实上，在众多的文人心目中，佛抑或道已与宗教的本义关切不深，而是一种艺术化的形式，一种心灵的寄托。因此，戴本孝不仅有许多僧侣朋友，也有道观中的朋友。而无论是出家的"三高僧"，还是向往方外的戴本孝，他们思想的内在根源实则与老庄相通。戴本孝以"天根道人"为号，即借庄子寓言中之人物自喻。其赠渐江诗云："读罢蒙庄《齐物论》，端居一室得天游。"以诵庄子名篇而使自我精神得以自由畅游天地，正是当时士人对庄学需求的典型表现。

庄子所要追求的"虚""静""忘""无为""物化""心斋""自适"，皆非求之于世，而是求之自我之心。

清初之变乱，士人的处境和心境也和庄子时代及宗炳所处的时代相类。因此，庄学和禅学的兴盛正是清初一个奇特而必然的文化现象。清境似之，思想固易相通，使得他们所需要的理论基础一致，因而所产生的理论要求也容易一致，尤其绘画理论。

---

[1] 戴本孝：《三月望日冒雨出歙……》，见《余生诗稿》卷四。

1. 与宗炳一脉相衍的艺术观

寻绎戴本孝的艺术思想，我们可以发现，和许多遗民画人一样，起初宗炳的理论是他的思想基础，或谓一脉相衍。

宗炳是我国四五世纪间杰出的画家和山水画理论家。他的《画山水序》在绘画史上影响深远，亦是我国最早的一篇山水画论。他所提出的"圣人含道映物""圣人以神法道""山水以形媚道""贤者澄怀味象""旨微于言象之外者，可心取于书策之内"等观点，显然是建立在"道学"思想基础上的产物。

宗炳虽是个地道的佛教徒，然而真正影响宗炳山水画理论的还是老庄之"道"。宗炳首先把绘画艺术与"道"相联系，使道家精神浸入中国绘画领域。他说"圣人含道映物"，意谓"圣人"的心灵便是宇宙精神，一切物象则是道的外化。他说"贤者澄物味象"，实际上也就是张彦远《历代名画记》中所说的"澄怀观道"。"澄怀"就是要胸无尘欲，这和庄子强调的"斋以静心"是一致的。宗炳还在他的《明佛论》中提到"洗心"和"澄怀"，深刻表明他的学术主张，也表明他对人生和生活的态度。宗炳的思想很自然地被戴本孝这位具有强烈民族气节的遗民画家所接受，宗炳说："嵩、华之秀，玄牝之灵。"又说："应会感神，神超理得。"就是说，山水的形与神，应于目、会于心而上升为理，这种理即山水之神，使读画者潜移默化，产生感情上的共鸣。他要表达的理论核心即"画山水应该是写山水之神"。所谓的"神"实则是宗炳心目中的山水之"美"，而他无法理解其中之理趣，便以佛道合流的意识去解释它。

戴本孝在题画诗中表明："世上山川总是尘，别向毫端窥造化。"[1]又说："埃干本无法，岳渎随心观。"[2]他指出了自然的真山真水之美，只有融进画家的思想感情，通过艺术的高度提炼才能够充分表现出新的生命。所谓"幽人爱深栖，奇情寄柔翰"[3]。这种新的生命即"艺术美"，即今人所谓"艺术源于自然，而又高于自然"。他说，"学山至于山，山面即吾面"[4]"毫端裹情思，霞表恍佳观"[5]。并镌印曰"写心"。他强调不光写山水之"神"（美），而是通过对自然

---

[1] 戴本孝：《题溪山心影画卷赠艾溪》，见《余生诗稿》卷八。
[2] 戴本孝：《余生诗稿》卷七《题四时画长卷四首》其三。
[3] 戴本孝：《余生诗稿》卷十《题画》。
[4] 戴本孝：《戏作阳庵钓叟图》，见《余生诗稿》卷四。
[5] 戴本孝：《余生诗稿》卷十《题画》。

山水的描绘抒发自己的思想感情，并在理论上将宗炳的绘画美学推向一个新的高度。

宗炳提出"澄怀观道"和"卧游"，元代文人画家服膺至极，倪云林题王蒙画云："澄怀观道宗少文……五百年来无此君。"然而，对宗炳的绘画理论体会并掌握最深的莫过于明代遗民画家。程正揆一生只绘系列《卧游图》约五百幅，新安画派诸画家以及石涛、石豀，莫不沉湎于自然，从中萌生创作的冲动。戴本孝在他晚年画作中题道："宗少文论画云，'山川以形媚道'，乃知画理精微，自有真赏，非他玩可比。仙凡之别能境见心，仁智所乐，不离动静，苟非澄怀，乌足语此。"（王季迁本跋）戴本孝常以《画山水序》中"以形媚道澄怀"等写于画跋之中，又诗云："欲将形媚道……澄怀岂有涯。"而他在《象外意中图卷》题识中写道："天地运会，与人心神智相渐通变于无穷，君子此观道也。"更是他对宗炳《画山水序》精神的发挥。

宗炳曾几上庐山，浸身于山水怀抱；戴本孝更历游大半天下，所到之处，皆应景而生作画的激情，从其传世的许多山水册页来看，多为"真山"之写照。这些小品构图严谨，丘壑独存，很少重复雷同，充分表明作者"师真山"的艺术才华，所谓胸寓山川丘壑，落笔方臻妙境。直至暮年，他还高诵"亦将焚砚恣天游"，觉得自己对生活的体验不够深入，更于72岁高龄，不畏劳顿，北游历下，游览华不注山、大明湖诸胜境，创作出不朽的《癸酉山水册》十二帧，堪为人画俱老之杰作。

当然，身为亡国遗民的戴本孝和其他遗民中人一样耽情山水，但亦不可与以"四王"为代表的那些士大夫文人所谓"引卧游之兴""寄乐于画"相提并论。戴本孝心怀家国之痛，何乐之有？如陈鼓应所说："我们读任何一代历史，都是令人惊心动魄的，多少聪明才智的人，一个个被治者谋害，一群群被权者屠杀，只是为着求名争利，为着求功争位。庄子独具慧眼，一眼看破世情，所谓'有用'，无非是被役用，被奴用，不是被统治者所役，便是为功名、利禄所奴身心不得自主，精神不得独立。"[1]从其画中题诗、跋文乃常用的某些印文中，不难窥见画家的思想和内心情绪。那枚"写心"的小闲章，正是画家艺术思想的表白：通过对自然山水的描绘抒写自己真实的心声。这心声，便是遗民画家共同的

---

[1] 陈鼓应：《老庄新论》，上海古籍出版社，1992，130页。

思想感受。"以求彷徨逍遥的心情，真可谓寄沉痛于悠闲了"。[1]闲适是表象，苦闷是本质。

2. 道与禅

戴本孝反复强调"师真山"，从艺术规律而言无疑是有其"科学"性，尽管他当时没有意识到其中的科学性，但确实是这种科学的创作法使其艺术逐步完善。而导致戴本孝这种思想产生的恰恰是"道"的意识的渗入。他以"澄怀观道""斋以静心"的"超脱"心理去感受自然山水之"神"，并加以主观表现，所以创作出的山水画仍然表现为禅宗审美意识那种空幻冷逸的意趣，即所谓"象外意中"之境。

禅宗和道家都讲"悟"，他所要悟的便是"道"。这种独立"悟道"的精神，恰与儒家思想相反。它对中国正统的社会政治无关紧要，但对艺术却起了不小的促进作用。戴本孝所谓"最分明处最模糊"，强调虚实相映，阴阳互生，浑化自然，可谓画中笔笔有"道"在。老子说："人法地，地法天，天法道，道法自然。"所谓自然，非是自然界之意，乃无为，自然而然，"道不违自然乃得其性"。戴本孝说："我用我法。"同时又强调"余画初下笔绝不敢先有成见，一任其所至以为起止，屈子远游所谓一气孔神无为之先，宁不足与造化相表里耶！"在《象外意中图卷》题跋中，戴本孝主张有法（我法）而不拘于成规（不执一法），尽情发挥灵感的自由，以达到作品"与造化相表里"的目的，可谓真正悟出了"道"的内涵。

从戴本孝题画诗所表达的观点及其绘画的笔墨语言来看，他的艺术思想正是从事物内在本质上去进行思维领悟，从道的深度和高度去看待理解事物，所表现的正是东方艺术（绘画）由多化少、计白当黑的"浓缩"。东方文化艺术常青的生命力即在于"浓缩"，中国画尤能体现这一特点。即所谓崇尚简洁，惜墨如金，计白当黑，以一当十。程正揆说："画不难为繁，难于用减，减之力大于繁，非以减境，减以笔。所谓弄一车兵器，不若寸铁杀人者也。"[2]

明末恽向题画云："一笔能藏万笔"，即"简而厚""简而愈备，淡而愈浓"

---

[1] 陈鼓应：《老庄新论》，上海古籍出版社，1992，130页。
[2] 程正揆：《青溪遗稿》。

的境界。然而，所谓"简洁"并非"简明"，而正如戴本孝诗中所称的那种"模糊"——于简淡迷离之中愈见苍茫、厚重的"内美"。使观者进入一个恬静、谐美、自由自在的艺术境界。所以，和渐江等黄山画家一样，戴本孝的绘画，往往是减笔而不减景，于简洁的画面中蕴藉无尽的意趣，从另一极端发挥其丰富的表现力。然而，禅宗所寓言的"简洁"一旦走向极端便是"大象无形"，一切具象都不复见。张庚曾指出新安某些画家"不失之结，即失之疏"的弊端，在这一点上，我们又可以看出戴本孝"分明"的意义，它与禅画"无形"形成的默契的互补和调节。

戴本孝题画云："求损复何损，寻真惟任真。精华归黯淡，枯槁最鲜妍。"[1]又云："元晖笔何尝湿，房山墨何尝枯。"[2]戴本孝颇有意味地阐释了笔墨枯湿的变化，认为"干"更富表现力，虚灵中幻化出无尽的意趣。"枯槁"中见"鲜妍"，这种充满浓厚禅味的题画诗，从文化的深度及历史发展的高度来看，较之元代的"文人画"艺术更富有哲理，充分地表明中国画是中国美学实践的集大成者。李泽厚在其《庄玄禅宗漫述》中指出："无论庄、易、禅（或儒、道、禅），中国哲学的趋向和顶峰不是宗教，而是美学……"[3]漫长的中国文化历史，实际上是民族文化与儒、道、禅宗思想融合发展的一个曲折复杂的过程。如果说清初"遗民画家"的绘画艺术全面继承了元代"文人画"的传统，并有所创变，那么，进一步分析"新安画派"以及石涛、八大山人、龚贤等杰出画家的艺术思想，可以肯定，"文人画"发展至此，含义更深，形式更完善，思想内容更突出。从某种意义上看来，完全以一个新的面目出现，形成了一个深而密的思想体系。从而肯定，清初的"遗民画家"的绘画是我国绘画史上独特的"哲人艺术"。

3. 六法之外与象外

近人黄宾虹说：戴本孝山水"多在六法之外"。[4]

自南齐谢赫在《画品》中提出"六法"之后，历来被视为创作和理论的准绳。戴本孝居然提出"六法之外"的言论，石破天惊，无疑是对中国传统绘画理论

---

[1] 戴本孝：《守砚画册题示屏星各家法十二首》之九，《余生诗稿》卷九。
[2] 见《虚斋名画续录·戴本孝山水册》。
[3] 见《李泽厚十年集》第三卷，安徽文艺出版社，1994。
[4] 黄宾虹：《黄山画苑论略》，《黄宾虹文集》书画编（上），上海书画出版社，1999。

的一次有力的冲击。

他在《象外意中图卷》的题跋中有一段较为具体的论述：

> 六法师古人，古人师造化。造化在乎手，笔墨无不有。虽会诸家以成一家，亦各视其学力天分所至耳。脱尽廉纤刻画之习，取意于言象之外，今人有胜于古人，盖天地运会与人心神智渐通，变于无穷，君子于此观道矣……[1]

首先，明确指出"六法师古人，古人师造化"，从而肯定"造化在乎手"。他在《赠龚半亩》一诗中更为明确地阐述这一观点：

> 古人真迹不易见，尘眼犹难辨真赝。真山原是古人师，古人尝对真山面……慨叹尚多向千载，何必古人皆同时。本来爻象写心境，六法各显河山影。[2]

所谓"六法各显河山影"，便是强调从自然中体会古人的理论。比如，六法中有笔无墨，墨法是来源于师造化的艺术实践；同时，笔墨是为造化服务，所以师造化，也离不开学习古人。从而肯定，戴本孝在他大胆提出"六法之外"的同时，并非一味摒弃六法，"六法师古人，古人师造化"，六法可以从古人学之，但古人又是从真山学来的。所以，他要摒弃的是陈陈相因的方法（"六法"在戴的议论中更多是"画法"之广义），而不是笔墨的精神。

六法中以"气韵生动"为第一法，为历来的人们所重视。在谢赫的原意中，"气韵生动"主要指人物风度气质的生动传神；随着山水画的发展，荆浩则给予新的解释："气者，心随笔运，取象不惑；韵者，隐迹立形，各遗不俗。"发展到明末清初，气韵在一些画家的认识中又成了笔情墨韵的表现力。戴本孝认为气

---

[1] [日] 兴文社辑《支那南画大成》卷十五、二十一。
[2] 戴本孝：《余生诗稿》卷八。关于"六法"的言论尚有"读万卷书行万里路，古人六法少知津"（《林壑前身图》，1682，见《十百斋书画录》卷十九）、"余家山居，常数为之图，多在六法之外，每叹世人对画如隔崧岱，而天地山川洞穴磊落幽奇，可以肺腑相示，即尘俗之町畦果何为也哉"（1688年款山水轴）、"惟天都莲花有此风致，非世间六法可绳也"（《翁氏山水册》之二）等。

韵来自对自然景色的亲身感受,他在题画中写道:"名山之奇皆非尘想所及,变现不及端倪,古人所以独尊气韵也""是以六法尊气韵"。然而,戴本孝心目中的"气韵",并非只是画面所表达的"气韵生动",更是画中所显现的与自然山水相通的气息,"云融峰势起,氤氲遂不散",不散的是天地混沌之气,一旦"毫端袭情思",则"霞表恍佳观"(《余生诗稿》卷十《题画》),这样的画是"心画""真画",这样的"气韵"是天地之"真气",可以说赋予了"气韵生动"新的诠释。[1] 又说:"世上山川总是尘,别向毫端窥造化。"清初画坛,以"四王"为正统的士大夫画家末流借"师古"为名,实际上已使当时的画风陷入摹古仿古、陈陈相因的困境。戴本孝继而一语道出"不从笔墨见荆关",针砭时弊,颇有新见;继而强调"一杖先游五岳还",一个"先"字耐人寻味。"辨得此中真意在,别无六法写真山"。[2] 进一步重申从大自然中悟出"真意",比从古人那里寻求"六法"更能描绘"真山"。他这种积极主张"师真山"的艺术思想颇能代表当时的遗民画家,特别是新安画派画家的共同绘画思想,其深一层意义即为"笔墨与造化的辩证关系"。所以,他又说:

老于笔墨总情性,爱为岩壑露肺肝。
五岳归来形已换,踏翻碧落白云残。[3]

一生老于笔墨,总是为抒情写性,显露胸怀,但自五岳遍游归来,才感到自己的思想已在不知不觉中发生了变化。于是,踏翻自我的天地,写出真山真水的性灵,不斤斤于实景的刻画,求象外虚境,即心境、情性的表现,于"天地之外,别构一种灵奇"。[4]

造化先于古人,六法源于古人师造化的艺术实践,所以师造化比师古人、六法更为重要。但戴本孝也认识到,天地运行变化,决定人们的思想认识的发展变化。所谓创新与超越,必须建立在继承传统的基础上,不断总结,不断实践,"师心不蹈迹",古人为我所有,为我所化,逐渐走向"法无定法"的自由

---

[1] 古雨苹:《戴本孝生平与绘画研究》(硕士论文),台湾大学图书馆,2009。
[2] 戴本孝:《余生诗稿》卷三。
[3] 戴本孝:《画中杂诗》,见《余生诗稿》卷八。
[4] 清代方士庶句。

境地。

接着，戴本孝在他晚年71岁时又指出"取意于言象之外"要同"脱尽廉纤刻画之习"结合起来，自然不类宗炳的"徒患类之不巧"，较之董其昌"刻画细碎为造物役者"的观点又有所发展。关于"刻画之习"，董其昌早已说过，戴本孝既是对董其昌理论的回应，亦是针对时风所发出的深刻思考和批判，所谓"今人有胜于古人"，因为古人亦是曾经的"今人"，这种说法主要是针砭画坛浓重的复古之风，尤其针对正统主流的表现和理论。然而，如何避免"廉纤刻画"之弊，戴本孝对宋人亦有体悟，"江山吐异光，林泉有高致。画师郭纯夫，父子古无二。昔人论六要，未学犯三蔽"。[1]纯夫父子，指郭熙与其子郭思，郭思尝辑先父画论成《林泉高致集》。"六要"，宋刘道醇论画之六要素为："一要气运兼力，二要格制俱老，三要变异合理，四要彩绘有泽，五要来去自然，六要师学舍短。""三蔽"者，即画法之三病：板、刻、结。可见戴本孝对于"古人"之态度。当时正统画家莫不以师古人为标榜，所谓"画虽小技，亦必所见者广，以古法浸灌心胸"（王时敏《题画归吴圣符》），师古、仿古、欲笔笔从古人而出。然而在戴本孝看来，"古人真迹不易见，尘眼尤难辨真赝"（《赠龚半亩》），言下之意，今人所学古人何尝不是"伪古""假古"，既然"真山原是古人师"，为什么不师真山？显然是针砭时弊的。"本来爻象写心境"，戴本孝觉得龚贤和自己有共同的见识和主张，所以很愿意向他阐述这些观点。更与龚贤、石涛等同时代画家落实至实践。他们大胆的艺术见解和超越精神，与风靡炽盛、俨然正统的"四王"画风形成鲜明的朝野之分。

4. 与石涛画学之比较

近世关于明清文人艺术的研究中，石涛被推至神话的境界，这或许与他的诸多理论新见有关。他在《画语录》中对中国山水画"一画"本质的精辟论述，可谓是其绘画美学的纲领性宣言。《一画章》开头就说：

> 太古无法，太朴不散，太朴一散而法立矣。法于何立？立于一画。
> 一画者，众有之本，万象之根……立一画之法者，盖以无法生有法，

---

[1] 戴本孝：《余生诗稿》卷七，《题四时画长卷四首》其四。

字即是"一画"的生动体现。又如题画云:"古易本归藏,洞壑皆通气。老笔画之穿,大得坤乾意。"画家以"一画"之笔穿开天地造化之混沌之气,使其心性外化幅中。

所以,石涛说:

> 笔与墨会,是为絪缊。絪缊不分,是为混沌。辟混沌者,舍一画而谁耶?画于山则灵之,画于水则动之……[1]

在老子的哲学中,"道"是最高的范畴,"道"是宇宙一切存在的根本,"有物混成,先天地生","道"是世间一切存在的始基,"道生一,一生二,二生三,三生万物"。在老子看来,"道"是"无"又是"有","唯恍唯惚,恍兮惚兮"。在庄子的哲学中,"道"同样也带有模糊性和歧义性,"气变而有形,形变而有生","通天下一气耳"。无论是老子还是庄子思想,都有其自身矛盾性,其本身都包含着唯心主义、唯物主义和泛神论的多种思想因素,这就为后世"老学"或"庄学"向唯心主义或唯物主义的不同方向发展提供了契机。

戴本孝在明确提出"一画"二字,是在《放歌赠于湖鲁人》一诗中:"我闻前人论画理,须破万卷行万里。山川从来有性情,作者得之卷舒里。鲁生少年天下士,忽来洗砚横江水。穷谷老樵乍入市,相视一笑墨沁齿。我辈行藏乃如此,太古图原在书前。一画先开文字天,河山涵影下垂象。笔墨真气能周旋,是以六法尊气韵。"[2]

由"读万卷书,行万里路"的前人(董其昌等)理论基础进而指出山水蕴含着与人相通的"性情",所谓"师真山",不仅仅是"印证前人笔墨",更是通过"真山"与古人对话,从中感悟理法,这里的"太古图"便是老子所云之"道"。戴本孝的好友王弘撰在《周易图说述》卷三中指出:"泰古之世,浑噩出乎自然,有合于天地,易简之理固应尔。沮诵、仓颉体卦画、摹鸟迹以造字,六书始兴、而文日滋矣。"戴本孝在这里"忽然"提出"一画先开文字无",无疑出于对"道""易"的哲学思考。他的父亲戴重于"象纬术数、本草稗官,莫

---

[1] 石涛:《画语录·一画章》。
[2] 戴本孝:《余生诗稿》卷六。

不殚究",他的弟弟移孝亦尝从方以智研究《周易》之学。所以,戴本孝可以从古人关于"河图""一画"的朴素理论衍生"开天一画无生有"的哲学思考,除了家庭环境、社会风气等方面的影响之外,更与他一直关注绘画之外的审美思考、探索绘画理法的自觉有关。

  石涛和戴本孝对中国山水画"一画"本质的把握,自然也受到老庄哲学的启迪和影响,但它超越了前人,摆脱了画论斤斤于琐细饾饤的笔法论述而思想平庸的通病,将"一画"论与山水技法相结合,从本质论的高度与审美意识方面,对山水画"一画"的本质进行沉思和把握,无疑是对传统绘画美学理论的一大贡献。在绘画艺术领域,如此深刻和谐地运用并升华了"道"学思想,莫过石、戴二人了。然而,一部《画语录》又绝非是谈玄说道的哲学论著,而是一部体现着深刻美学意义的绘画理论。所以,把"一画"看成一般意义上的宇宙和哲学概念有失片面,把它看作所指平常绘画的一根线条就更为不妥了。唐代张彦远画论中亦可以见到"一笔画""真画一划"等词汇,显然不是后来戴本孝和石涛对于"一画"的哲学意义的探讨,所谓"一笔画",只是强调"一笔"之画于绘画创作的重要性。至明代杜琼《赠刘草窗画》又出现"一画"二字:"河图一画人文观,书画已在羲皇时。"实则指出书画之始源,因"河图"的出现,书画以是而衍生。

  石涛说:"山川人物之秀错,鸟兽草木之性情,池榭楼台之矩度,未能深入其理,曲尽其态,终未得一画之洪规也。"[1]

  石涛明确地指出,仅仅于技法熟练只能图事物之形而画无生机的根源即在"终未得一画之洪规"。掌握了正确的审美观照手段和艺术表现手段,便可以进入得心应手、挥洒自如的自由境界,是谓"一画明,则障不在目而可以从心"。[2]

  戴本孝说:"山川四时气相引,法法从心义无尽。"(《余生诗稿》卷十《云山四时长卷寄喻正庵》)

  石涛说:"古人未立法之前,不知古人法何法?古人既立法之后,便不容今

---

[1] 石涛:《画语录·一画章》。
[2] 石涛:《画语录·了法章》。

人出古法，千百年来遂使今人不能出头地也。"[1]

戴本孝说："董巨曾何法？迂痴恐自嘲。偶然无足办，吾固爱吾樵。"[2]

石涛说："我自用我法。"[3]

戴本孝说："法无定。""我用我法。"[4]

石涛和戴本孝的言论对那些泥古不化的所谓"正统派"可谓是不小的打击。他们强调的是"自我的心，立我法"。当然，所谓"我用我法"并非否定一切技法，陷入反理性的唯情论之中，只是强调"法无定""无法之法，乃为至法"，[5]即《金刚经》所谓"非法、非非法"。石涛说"一画含万物于中""一画之法立而万物著也"，[6]强调的是忘情于"形""法"之外的"一画大法"，以"茫茫大盖中"的"一画"之法统摄万法。戴本孝说："天地法象，笔墨万理窟。"[7]所以他在《示屏星各家法十二首》诗中，没有囿于某家某技法的浅显解释，而是从审美意义的高度对中国山水画的意境进行剖析阐述。

戴本孝说："一心可以周万里，一室可以摄千峰。但恨此身少大翩，所至不能与心从。唯有老笔恣肆到，云气呼吸当相通。"[8]师造化，是戴本孝一贯的艺术主张，然而，山水画的创作是"山川与予神遇而迹化"的矛盾运动过程，心目中的山水虽然来源于自然中的山水，但通过笔墨创作出的"山水画"则是情景交融、心物统一的产物。"老笔画之穿，大得坤乾意"，[9]宗炳所谓"山水质有而趣灵"的师造化，并非"写生"，而是"写心""写山水之神"。所以，"强调发挥画家审美诸心理因素能动性"也是极其重要的。"云气呼吸当相通""山川四时气相引"，便可以"法法从心义无尽"。[10]近代黄宾虹说自己"生平所画山水屡变屡奇"，皆是强调"变法"之妙旨。石涛强调"一画之法"，是为了摒弃墨守成规之"法"，强调遵循"一画之法"，是为了获得创作的自由，如果听任成法束缚手笔，那么，也就否定了"一画之法"这一根本的法则。

---

[1] 王南屏旧藏，纽约佳士行1986年春拍之《松岩泻瀑图轴》，作于1692年，是石涛北上期间所作。
[2] 戴本孝：《题山水册十二首》之五，见沈阳故宫博物院藏画。
[3] 石涛：《大涤子题画诗跋》卷一，转引自韩林德《石涛与〈画语录〉研究》。
[4] 《戴氏印语》，清代周二学《一角编》。
[5] 石涛：《画语录·变化章》。
[6] 石涛：《画语录·一画章》。
[7] 戴本孝：《示学画者》，《余生诗稿》卷八。
[8] 戴本孝：《方有怀素画因题长句寄之》，《余生诗稿》卷十。
[9] 戴本孝：《余生诗稿》卷七《题四时画长卷四首》其四。
[10] 戴本孝：《云山四时长卷寄正庵》，见《余生诗稿》卷十。

到目前为止,尚未发现戴本孝有一部像石涛《画语录》那样的理论专著,对"一画"论的本质进行全面的阐述,而在他的许多题画诗、跋中莫不包含着画家于此探索、体验的情感与表现,尤其在实践上,他和石涛等人一样,确实做到了"千变万化、境由情生",一笔一画莫不流露着艺术的激情与生机。可以肯定,石、戴二人在许多理论见解上是一致的,古雨苹则以为:"虽然戴本孝这套理论并未动摇当时画坛的风气,但却对石涛产生影响,并丰富了清初的中国画论。"[1]

风格的确立与渐变

1. 艺术之衍变

近代新安画家黄宾虹曾借庄子梦蝶的寓言,喻自己艺术历程为蝴蝶的一生。早年好学从师,是幼虫时期;寄居上海,编辑书画和金石杂著,游历名山,云烟供养,兼习绘事,是成虫阶段;晚年蛰居燕市,倦游困学,功亏翰墨,竭其苦功,以成一艺,力图蛹化。他的向往和抱负是达变新生,破茧化蝶,羽化登仙,最终实现自己的夙愿。西上实《戴本孝研究》中把戴本孝的绘画风格展开划为三个阶段,不妨借黄宾虹的自喻适戴的三个艺术时期。早期:是戴本孝广泛吸取营养的幼虫期;中后期:"游名山,读异书,见伟人""中得心源,外师造化",可为成虫阶段;晚期:不辍交游,孜孜绘事,游名山归来,踏翻自我天地,沉浸在"道"的哲学之中,作茧蛹化,最终破茧而出,大器晚成。人的生命是有限的,艺术的生命不应及身而止,艺术的最高境界,正是庄子所寓言达变新生。下面将以上三个阶段试对戴本孝的艺术历程加以分析。

(1)早期·前生(—1665)

据《和州志·戴本孝传》可知,戴本孝从小就悉心临习家中所藏先人墨迹,兼习金石、诗文。可以肯定他的启蒙源于家学,父亲戴重擅书法闻名里中,《复修青云路碑》《游太湖山寺碑》《姥庙碑记》《陛公庵泉碑记》据说都为其书丹,惜皆已毁。另据刘城《推官戴公传》记载,其"文章好韩非子,诗宗少陵,篆

---

[1] 古雨苹:《戴本孝生平与绘画研究》(硕士论文),台湾大学图书馆,2009。

则李阳冰,草书出颜鲁公,楷法绘画自成一家"(《河村诗文集》)。可知戴重不仅擅书且长于绘画。另一位在戴本孝学画之初即可能对他有指导的老师是萧云从,这在后面将具体论述。

虽然目前尚未见戴本孝的少年之作,但可知他在青少年时代即已潜心于此。南明福王监国,父亲欲其参试,本孝愀然辞绝,父亲重其高志,认同他的选择。"本孝因得肆力于诗古文词间,以其余慧习绘画业,临摹金石古文,若隶楷法书,皆有远致"(《和州志·戴本孝传》)。可以想见,他在二十多岁即擅书能画且小有画名。顺治五年(1648)除日贵池刘城曾收到戴本孝所贻诗画,[1] 这一年戴本孝28岁。

受家庭和环境的影响,戴本孝早年对古人的研习,尤其是具有了一定笔墨基础以后,自然会有选择地关注古代画家和绘画风格。借用石涛所言"笔墨当随时代",就是说一时总是具有一时之风气。明末清初之画坛,复古正统依然盛行,而边缘人物的野逸画风则是建立在另一种"师承"的基调之上,这一基调,便是以"师法元人"为主。从戴本孝早期的画风和一些题画、论画文字来看,他同新安画派其他画家一样建立在倪、黄的基础上,更早期则对王蒙和董其昌关注最深,尤其体现在作品的构图布置和造境立意上,所显现的峻伟幽邃、丰赡峭拔的山川之势显然深得王蒙的遗韵。他在题画诗中曾直言:

卓哉黄鹤翁,香光因居士。岂有贤渭阳,翻以似为耻。渴笔貌孱颜,千秋寄仰止![2]

从诗中可以看出,他由对王蒙的"高山仰止,景行行止"想到了董其昌,认为董不仅受到黄鹤山樵艺术的陶融,别号也因袭之。如其所言,王蒙号香光居士,董其昌亦号香光居士。可是,戴本孝没有指出王在元末隐居黄鹤山中,因号黄鹤山樵,自己清初隐居鹰阿山中,也以山樵为号。由于缺乏早期作品,尚不知本孝启用此号的具体时间(但从传世作品及著录来看,不晚于40岁),或者即因崇仰王之故使然,亦未可知。[3] 可惜,我们尚不能找到他的早年作品以

---

[1] 刘城:《峄桐集》诗集卷之七《除日得和州戴本孝书及所贻诗画即寄答,并问其弟移孝以僧服归者》。
[2] 戴本孝:《题山水册》之《苍岭》,周二学《一角编》。
[3] 薛永年:《戴本孝三题》(铅印未刊稿)。

比较他对王蒙的探索实践。

有意味的是，戴本孝不仅仅推崇心仪王蒙、董其昌的绘画，在理论上也颇有其启迪处。比如他说："余画初下笔绝不敢先有一成见，一任其所至以为起止。"（《象外意中图卷》跋），与董其昌的"随手写出"的观点一脉相承。立足辽阔的文化视野，我们会惊奇地发现，戴本孝于明末遗民画家中的独特性和复杂性。这主要表现在他对元明以来士大夫绘画精神的态度。他在强调自我意识、情感宣泄、个性创造的同时，能以平常的心态去关注士大夫绘画对抽象笔墨形式及其情绪表现性的审美理趣。这期间作品的笔墨中传达出的静谧、雍和、雅逸、超然之气，甚至一直蕴含在他后来的创作之中，这与他自幼深受传统文化陶冶有关。方薰说："书画一道，自董思翁开堂说法以来，海内翕然从之。"（《山静居画论》）以董其昌为领袖的"松江派"开创了晚明以降以标榜笔墨自身独立表现价值的绘画"新潮"，所体现的美学品格是柔润的"一片江南"腔调，一扫明代师法南宗山水刚猛风厉的画风。我们一直强调清初画坛的纷繁与多元，有以"四王"为核心的"正统画派"，还有"四僧"等人身居民间山野的"非正统派"，但董的客观存在毋庸置疑，他们同样不可回避。董其昌所倡导的摆脱依附于文学性、写实性的绘画性，强调笔墨的情感性表达，使得古典绘画进入一个更为抽象、纯粹的全新的美学境界。而清初所谓的朝野之分实则为同出一源的两大流脉，朝着关注于人文主义、强烈个性和传统文化精神内涵不同的审美层面拓展。事实表明，明季和清初山水画几乎"一董天下"，笔墨莫不以董其昌为正脉。陈传席在《中国山水画史》中分析这种现象，认为这种继续有三种形态，"正继承、横继承和反继承""这就形成清代山水画坛中三种大的状态"。[1] 所谓正继承，也是清初画坛主流，以王时敏等作为董其昌的入室弟子，一本云间画学，所谓正向传衍；横继承，则于遗民野逸画家中多见，多倾向董氏的画学理论，若八大山人虽学董，实则"解构"董氏画法；所谓反继承，若石涛与担当从理论上反对董其昌复古仿古，所以反继承亦是继承。戴本孝的杰出在于他的睿智和理性化的思考，对董其昌的认识也不断发生变化。

董其昌说："画有六法，一气韵生动。气韵不可学，此生而知之，自然天授，然亦有得处。读万卷书，行万里路，胸中脱去尘浊，自然丘壑内营，成立鄞鄂，

---

[1] 陈传席：《中国山水画史》，江苏美术出版社，1998，693页。

随手写出，皆为山水传神矣。"(《画诀》)前面已经提到过戴本孝在认同并倡导"读万卷书，行万里路"的传统理论，同时更强调与自然中山水的相通，所谓："至境哪自人间来，偶尔心手随时开。"[1]

董其昌说："画之道，所谓宇宙在乎手者，眼前无非生机，故其人往往多寿。至如刻画细谨，为造物役者，乃能损寿，盖无生机也。"(《画禅室随笔》)戴本孝则将"纤细刻画"之习与取意言象之外相对应，"笔墨寄意言象之外，负真赏之哲者，庶足语此"[2]。随着笔墨实践和对绘画理法的深入探究，戴本孝在董其昌的理论基础上，更进一步阐述了自己的见解和主张，显然对董其昌的画学理念有了更新的推进。

戴本孝对董其昌的关注或受其影响，有直接或间接的因素，所谓间接，时代的风气使然。明末以降，董其昌的"复古"风气实则带有"超越"现实或"凌驾"于现实之上的理想主义色彩，他的简洁纯静线条和淡逸平和的墨色，直接唐代王维传世作品中单纯勾线近似"白描"画法遗风，并以这种简约的表现手法观照宋人如李成"笔巧墨淡"，从而将倪云林的山水境界转化到一个既简约而又温馨的诗意之境，这种气格的形成与他的理论基点是一致的，如《画禅室随笔·画源》云：

> 文人之画，自王右丞始；其后董源、僧巨然、李成、范宽为嫡子。李龙眠、王晋卿、米南宫及虎儿皆从董、巨得来；直至元四大家黄子久、王叔明、倪元镇、吴仲圭，皆其正传。吾朝文、沈则又遥接衣钵。若马、夏及李唐、刘松年，又是大李将军之派，非吾曹易学也。

"南北宗"之说，从而开启明季以降山水画的新的思维模式。明人徐沁《明画录》说："举凡以士气入雅者皆归焉。"实则已将南宗与"文人画"等而视之。清人布颜图在《画学心画问答》中以王维和李思训为例论述"南北宗"颇为具体：

> 王右丞用笔正锋，开水拨水，解廓分轮，加以细点，名为芝麻皴，以充全体，遂为开山之祖，而山水始有专学矣，从而学之者谓之南宗。

---

[1] 戴本孝：《余生诗稿》卷十《云山四时长卷寄喻正庵》。
[2] 《陶渊明诗意图》（扬州本）之七《守拙归园图》跋。

> 唐宗室李思训开勾斫法,用笔侧锋,依轮廓而起,曰斧劈皴,装涂金碧,以备全体,其风神豪迈,玉笋琳琅,便与右丞鼎足互峙,媲美一时。其子昭道,号小李将军,箕绍父业,一体相传,皆开基之祖。从而学之者谓之北宗。

故"南宗"一脉兴起显然与"雅逸"有关,这雅逸又与隐逸、高士自然产生关联。如董其昌所谓"昔人以逸品置神品之上,历代唯张志和、卢鸿可无愧色"(《画旨》)。张、卢皆隐逸之士也。董其昌尤推崇宗家董源,以其"平淡天真""岚气清润"为尚。这种带有主观色彩的审美取向很容易被明末"民间"画家尤其是"遗民"画家所接受。

再说直接原因。首先是与冒襄的关系。冒襄是董其昌晚年的弟子,戴本孝因为长年与冒家走动,自然有机会耳闻目染,欣赏到董的画作。冒襄曾在《书王遂东先生吾士赋后》中提道:"先生诗画笔墨与董师所贻诗文、手札、题跋、长卷、巨轴,几于汗牛充栋。前冬灰烬不存一字矣……"(《同人集》卷之九)所提到的火灾发生在康熙十八年(1679),戴本孝59岁。[1]可见冒家当初收藏董其昌的手迹甚多,戴本孝显然是有机会并可能欣赏观摩过。对于耽情书画的冒襄来说,这场大火无疑是一场巨大的灾难,故而痛惜不已。所以,后来戴本孝在冒襄八十寿诞时,携上董其昌《仿关仝关山雪霁图卷》与其一同欣赏,对冒襄来说,无疑是一件极其愉悦的事。

戴本孝因为早时去东皋参加小三吾世盟高会,自然可以见到一些董的真迹,而《关山雪霁图卷》原本是戴本孝的同乡好友项锡胤(犀水)的珍藏,此时,画卷极有可能已归戴本孝所有,起码戴本孝可以经常展读。至于他见到这幅始于何年,尚不得而知。

此卷是董其昌卒前一年所作,亦用干笔勾勒写成,具有典型的董氏"浪漫主义"基调——山体的律动起伏,交错叠应,简约而丰满,有一种涌动感的异样色彩。1664年戴本孝跋是卷称:

---

[1]《同人集》卷之三《跋王烟客、元照两先生茂京黄门书画合卷》:"己未阳月,余建草堂于水绘庵……从数百未裱书画中取出倩友双钩……次夜流乌燃焰……染香阁顷刻灰烬,平生收藏鉴赏绝无一存,独此卷、一石摩挲老眼。"

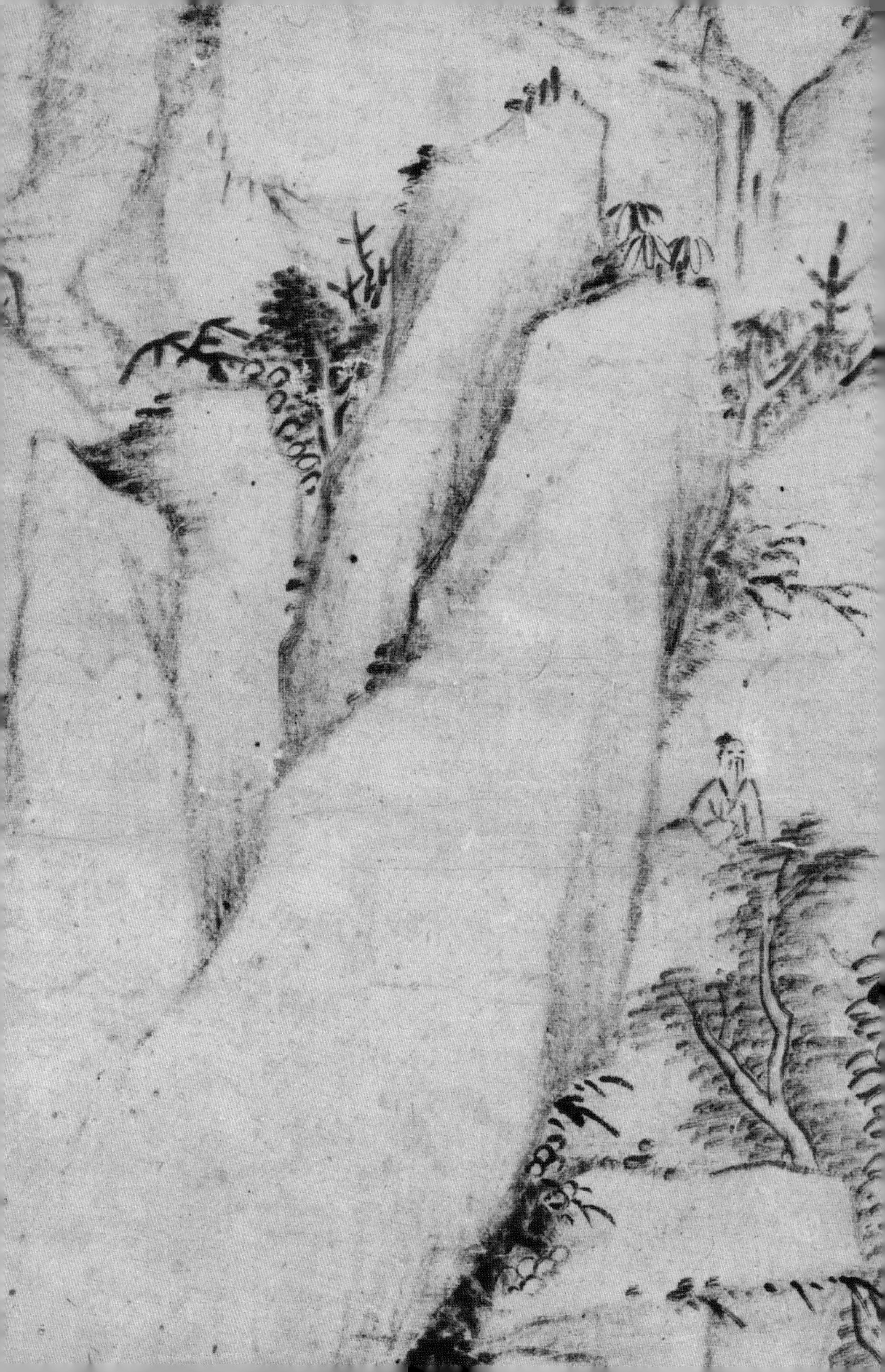

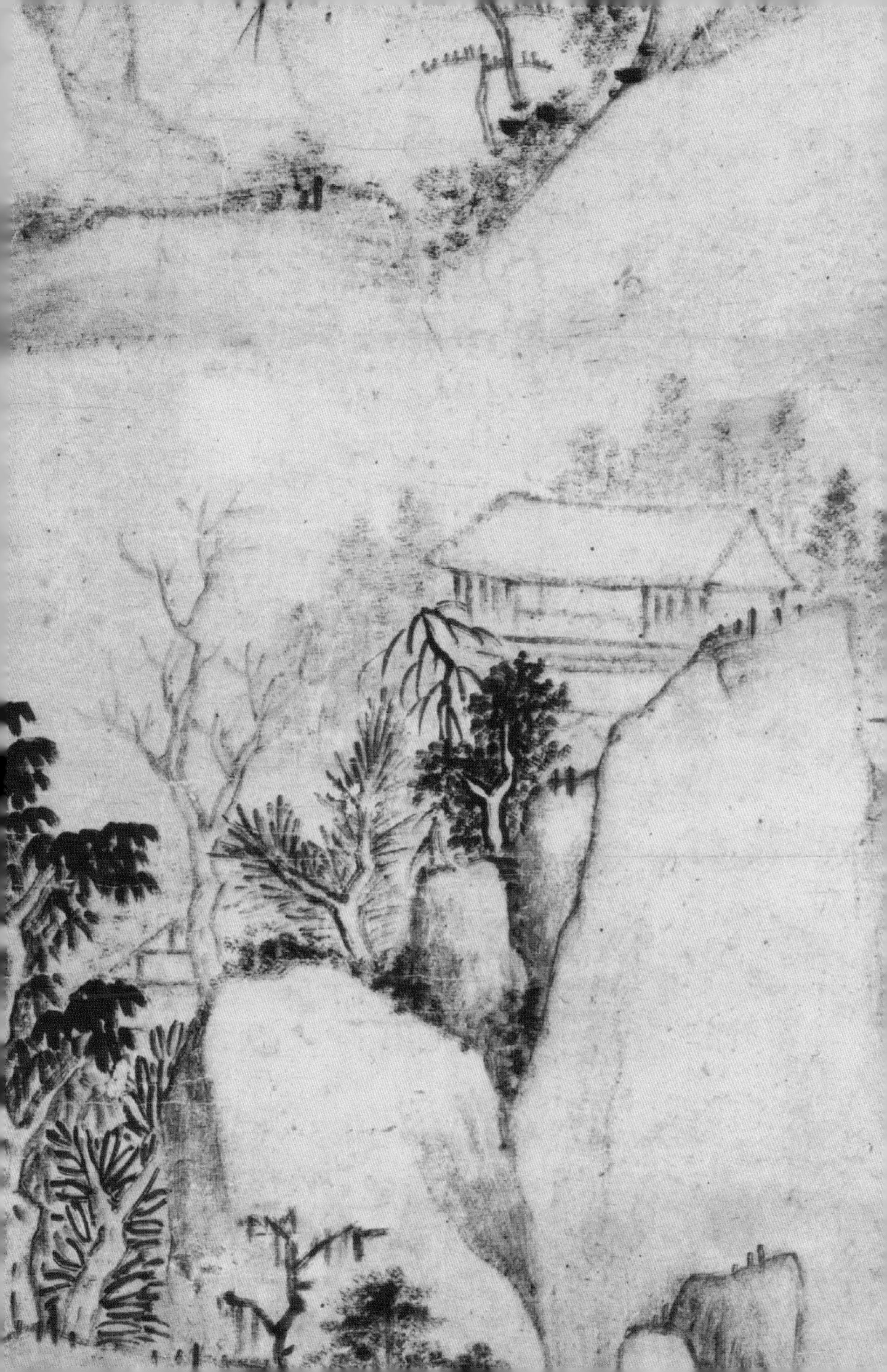

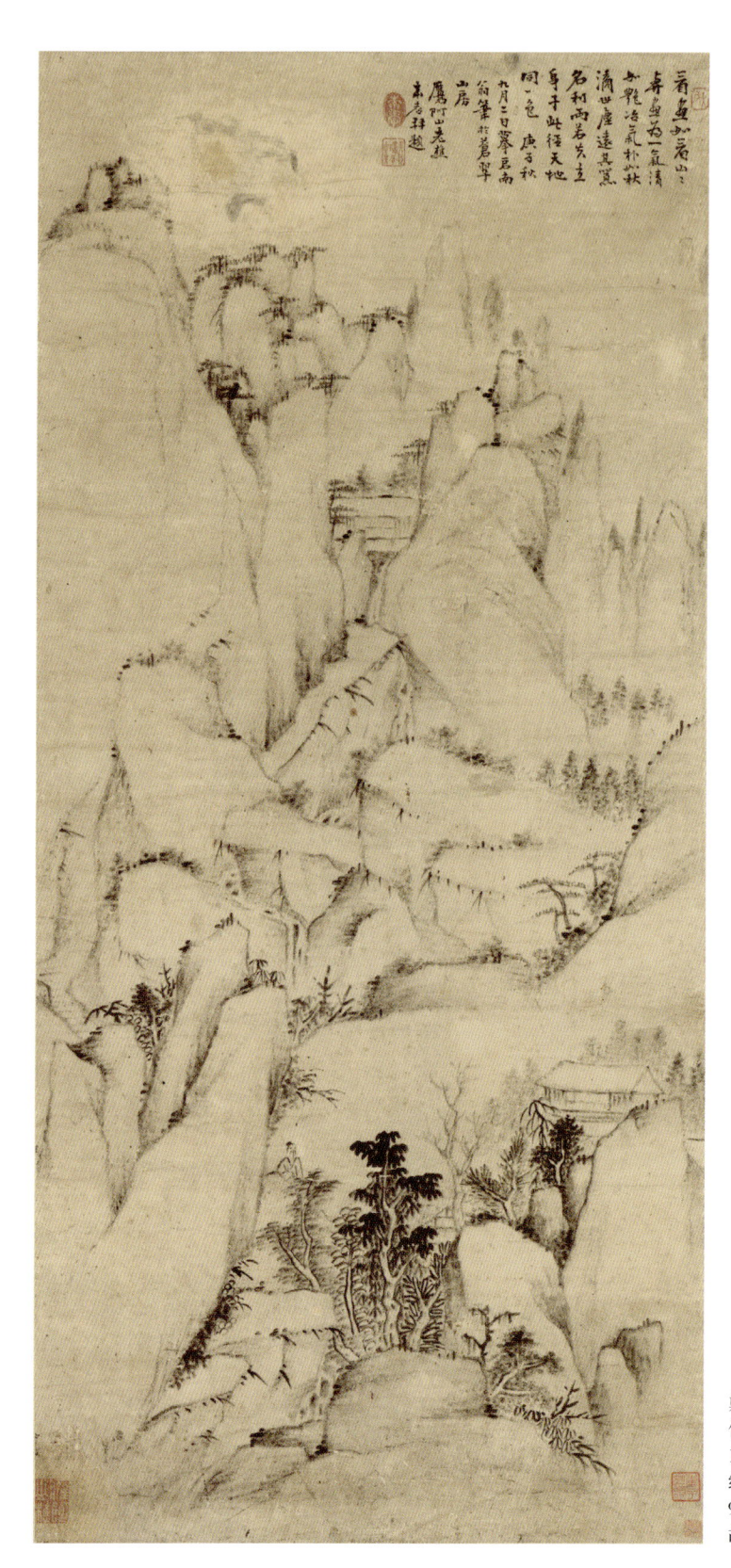

戴本孝
仿启南山水轴
1660年
纸本 墨笔
90cm×41.8cm
故宫博物院藏

> 关氏遗墨近代希观，文敏素擅临摹，如抚晋唐诸帖，莫不夺其神髓。此卷笔势遒逸，不假渲染，力透纸背，直以书法为画耳。

临画如抚晋唐法帖，故能"以书法为画"，董其昌的笔墨，如果说它来自书法，实则已具有独立的审美取向。董其昌对古代绘画深度解读后所给出的高度表现方式或手段，完全不同于后来王翚、王原祁等人的"摹古"习气。董其昌通过深厚的书法功力和美学理念以一种新的表现形式来阐释古典绘画的笔墨高度，其丘壑全然从心而化。所谓"笔势遒逸""不假渲染"，亦正是戴本孝所追求的品格。

目前所能见到的戴本孝早期有明确纪年的作品有《仿启南山水轴》和《晓窗梅影图》，《仿启南山水轴》现藏故宫博物院，曾于黄山博物馆举办的"新安画派画展"展出。创作此画之年为庚子年（1660），戴本孝40岁，画中落款已称"鹰阿山老樵"，其笔

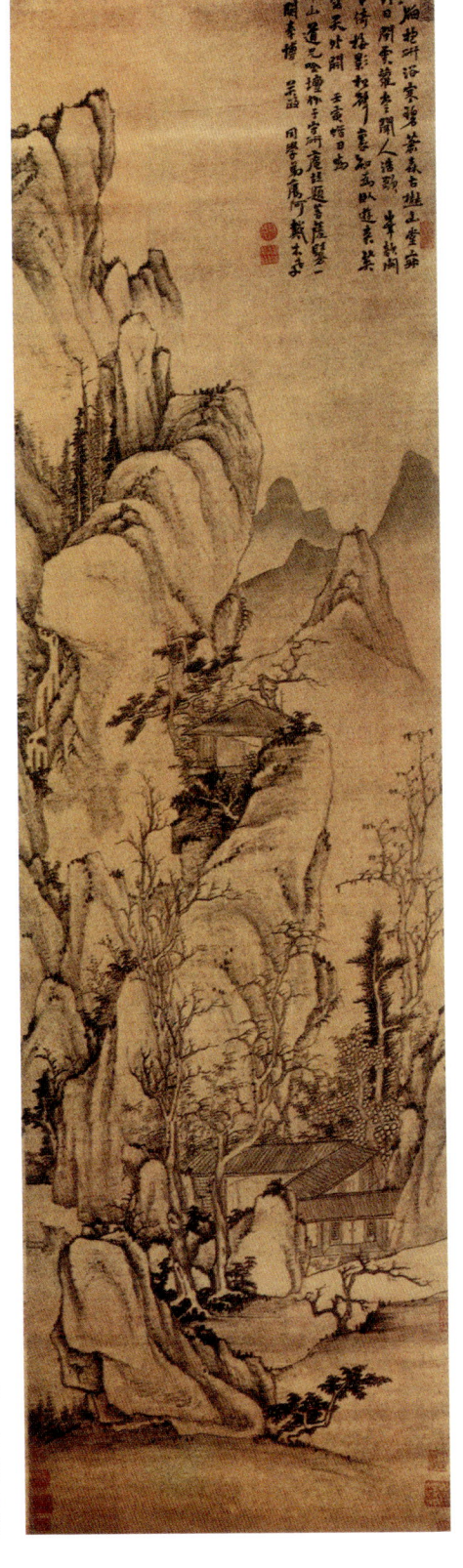

戴本孝
晓窗梅影图
1663年
绫本　墨笔
165cm×51.5cm
安徽博物院藏

第四章　艺术思想与画风之衍变

归阁呗人定倏然隐者风
石边篆细篆溪上官飞
鸿洲清举鸟自云眩
花盈红溪情怀来已清兴
重酤二
甲辰秋月画拜题
鹰阿山樵本孝题

戴本孝
水阁听兴图
1664年
纸本 墨笔
154cm×82cm
安徽博物院藏

墨益见老到。其丘壑构图虽然有吴门遗意，却纯以渴笔写出。虽然不比后来所作苍茫浑厚，但其静穆古朴意趣可见其渴笔风格已初具气象，而他正是沿此格趣，曲径探幽，臻至化境。《晓窗梅影图》画于1663年，戴本孝42岁，他虽然于年后（1664）才观赏到项锡胤（犀水）所藏的《关山雪霁图》，并题跋，但对渴笔的真切体验与董其昌的这幅画卷是分不开的。也就是说，因为这幅画卷，或许他更具体地感受到渴笔的魅力——遒劲的干渴线条在若隐若现的交错回转之中显得干净而飘逸，有一种朴素的妍静之美，虽然是层峦叠嶂繁复幽邃，在董其昌的笔下依然表现得极其从容，这不正是后来"新安画派"所表现的"简笔不简景"吗？戴本孝显然很喜爱这种典范。渴笔，摒弃了复杂的墨色层次，在素洁的纯粹中表现出丰富的韵味，这样有助于营造画面的冷寂情调。所谓"最分明处最模糊"（戴本孝语），是于模糊处见分明，是渴笔的至高境界，隐去或摒除物象的零乱和繁缛，具有一种端严静穆之美。

"四王"及其末流的陈陈因袭的方法固然显得很没有生气，这种"师古"风气的形成，董其昌自然脱不了干系，虽然这并非他的本意。当然，如果片面强化个性同样易流之于浅失之于薄。石涛"一生郁勃之气，无所发泄，寄于画"；八大山人"墨点无多泪点多"；和他们一样，戴本孝心中之苦闷，同样会凝聚于笔端，画中自有生命所在。"以歌代哭""洸洋自恣"，这是失落文人的"流行病"，道家所谓"恣耳之所欲听……恣口之所欲言"。石涛曾写《访戴鹰阿图》，画家笔下的戴老画师正是这种放达洸洋的性情中人。作画沽酒，复借酒佯狂，借酒排遣。这种"洸洋自恣"、放浪不拘的心态甚至表现在石涛、八大山人的创作行为之中，"萧寥不平之气"（恽南田），一任放纵，嬉笑怒骂皆成文章。戴本孝说："一时洗砚江水黑，八法六法恣清洒。"[1] 表达的情感和石涛、八大山人一样。如贺贻孙所说"丧乱之后，余诗多哀怨之旨"（《自书近诗后》），恽南田所谓"毫毫丝丝，皆清泪也"（《南田画跋》）。这是诗人与狂士的情怀。而戴本孝的复杂性在于他能兼以壮士与逸士之情，是一个浑身激荡着热血而笔下却异常冷静的人。他常沉浸在淡远凄迷的情调之中，反反复复的干笔皴斫，使心灵在沉寂宁静的气氛中得以超脱。如果说石涛、八大山人的画是悲与恨的倾诉，一发纵恣之气；那么，戴本孝的山水则是志与节的凝结，益趋沉寂与古穆的深远境界。

---

[1] 戴本孝：《题溪山心影画卷赠艾溪》，《余生诗稿》卷八。

山水扇叶　1668年　纸本　墨色　16.5cm×51cm

不妨再读其后来的画作，我们将会走得更深、更远，更能走近当时的文化背景。

与《晓窗梅影图》同时期作品，还有《山水扇叶》（1668）、《林泉高踏图》（1663）、《水阁听兴图》（1664）、《山水轴》（1664），明显受到吴门沈周和文徵明的影响。文、沈的隽永质丽使戴本孝的画风备觉清新。在这一点上，他的笔墨似乎比"新安画派"其他画家显得丰润华滋，有一种鲜活雅妍的隽丽之质，虽然尚显得有点稚弱。

无论是早期的《晓窗梅影图》，还是后来的一些作品，戴本孝对董其昌的关注，和他对渴笔的关注一样，是其气质与心境的一种触动和契合。古雨苹将此画与董其昌《葑泾访古图》等画相比较称：

> 《葑泾访古图》画面中断左侧的那颗歪斜巨石，董其昌用披麻皴来表现质地，而巨石的凹凸处用墨上明暗相当分明，有时甚至因此使山石看起来更平面，宛如是一片一片地前后贴叠。并且，这种画法同时也让山石更具有律动感，让那颗歪斜巨石充满着扭转的力感。戴本孝《晓窗梅影图》里的山石在凹陷处也加重了墨色，不过他用更轻柔而干渴的笔触来皴擦。但是戴本孝的山石虽然有歪斜的造型和凹凸感，却缺乏像董其昌那样强烈的、带有方向的律动感。原因便出在：戴本孝用轻柔的枯笔去皴山石的表面，却没有做出足够的皴法线条来营造和引导具体方向性的律动感。

事实上，所谓的"律动感"乃是密而长的皴线所营造出的山势岩石一种"气氛"，这种"律动"并不局限于岩山或山势的具体结构，更在意画面的视觉效果，具有一种"抽象"的"装饰趣味"。梅清和石涛显然也很迷恋这种表现，程邃则以生拙的粗犷一些的线条更恣肆地营造着这种"律动感"。戴本孝显然有意隐去在他看来是多余的线条，在冷峻峭拔而略显柔润的廓线之内轻皴细擦，虽然《晓窗梅影图》中，渴笔的感觉还是很节制，虽然在两年前我们就可以见到他在《仿启南山水》中对渴墨的娴熟表现。在这里，他又很毅然地迥异于同时代的"云间"遗脉王时敏等人，更与新安画家中查士标、孙逸等人的早期绘画的笔墨意趣不谋而合。在《晓窗梅影图》中，树木的修长、挺拔形态和房舍的简约写法已见端倪，和倪瓒、董其昌一样，近似"标识性"。画面杂树错列，叶落殆尽；岭下丛林之间，曲廊隐现，峰岭之巅，茅亭空寂，虬松兀立，古梅恣侧，修篁丛杂，远呈层峦飞瀑，丘壑乱而有序。实景的枯笔渴墨与全以水墨晕染的远山相映生趣。用笔干净利落，枯笔反复皴斫、积点成线，加以浓重有力的苔点，纵横交错，形成强烈的节奏感。充分地显露出画家精湛的笔墨技艺与写实造型能力，堪为一幅寥寂淡远的深山虚堂图。画中寂无一人，那是留待画家自己寄身栖心的世外之境，表现了作者超脱空灵的精神境界。

戴本孝另一幅早期作品《山水轴》（1664）明显又比《晓窗梅影图》更加提炼，"风格"更突出了。西上实在《戴本孝研究》一文中称，这幅作品受到吴门画派的影响：

> 左右塞满了山块，以山峰的轮廓线和树木形成了由低向高处的"之"字形屈曲线。这一手法可以从文徵明的画中找到数例……仍能看出是参考了文徵明式样。在两处能见到扭成"〈"字形的山峰在戴本孝后期作品中更为显著，这也可以认为是沈周的《庐山高图》和文徵明的若干作品中看到的这种奇峰的发展形式。

此《山水轴》为美国景元斋旧藏，而与安徽博物院藏《晓窗梅影图》同年所作《水阁听兴图》（1664），显然亦具备西上实所表达的特征，正处于"吴门"向"新安"的转变。

倪云林是新安画家受其影响最深的"古人"之一。戴本孝对之景仰之至，但他又不同于一般人片面理解并追求其"淡远","我欲栖心归淡远,复嫌违俗过迂疏",[1]淡远的意趣绝不等于枯索荒率。戴本孝在《翁氏山水册》之九页跋中就曾写道:"倪迂过于简寂,故变其法,不必拘于一家也。"又说:"前身错用为霖手,画得云山不解飞。"[2]充分继承元人,不等于鄙薄宋画。他有一段画跋"云林子于唐宋诸家无不临摹,各极其致,然后以淡远为宗,渐趋逸简,所谓损之又损,□□千遭矣"。[3]他71岁时仍作"拟北苑秋山",《翁氏山水册》之十题作仿巨然《秋山图》。《宣和画谱》称董源(北苑)著色山水"下笔雄伟,有崒峥嵘嵯之势,重峦绝壁"。《秋山行旅图》气势若北方山水,笔墨意趣则是温润的南方气质;米芾《画史》评董源(北苑)"平淡天真""格高无比"。关于巨然,《图画见闻志》谓其山水"笔墨秀润,善为烟岚气象、山川高旷之景";米芾《画史》称之"岚气清润,布景得天真多"。《秋山问道图》最能代表他的风貌。戴本孝师董、巨,而独选秋山,看来是有用意的。宋人的画风使得戴本孝的绘画充盈苍润之质,益见醇厚之气。

倪云林画风,更确切地说是他画中简洁的笔墨和冷逸的意境,成为明季清初山水画坛的"流行"格调。尤其新安以及其周边一带的"野逸派"画家,皆以云林为"偶像"。而从戴本孝早期及后来的作品中可以看出,同样"师法元人",而他更倾心的则在王蒙。

如果说"师法元人"是清初山水画的审美趋势,戴本孝当然并没有脱离时代的风气,但他对王蒙的关注与师承无疑是他卓然独立的一个重要因素,这一"取法"的形成缘于何种原因?我们可以理性地作出分析或推想,除了董其昌之外,首先影响戴本孝的是萧云从。据章学诚《和州志·戴本孝传》记载,本孝"年甫二十,从父重避乱南京。已而,转辗走避于横望、铜井、石臼之间",戴本孝随父避乱江南,显然是可以接触萧云从的。

明崇祯十年(1637),邢昉在石臼湖送戴重、萧云从归里。[4]萧云从可能一度与戴重一同在石臼湖邢昉家避乱。戴本孝这一年十七岁。

萧云从(1596—1673),字尺木,号默思,又号无闷道人、于湖渔人、石

---

[1] 戴本孝:《仿云林十万图》,香港何氏至乐楼藏本。
[2] 戴本孝:《画中杂感》之十一,《余生诗稿》卷八。
[3] 戴本孝:《山水轴》,1664,美国私人藏。
[4] 邢昉诗:《寇定后,送戴敬夫、萧尺木还乡省亲》,《历阳典录》补篇卷六,引自《石臼集》。

萧云从
山水图册
（十开之一）
27.9cm×20.9cm

第四章 艺术思想与画风之衍变

人、钟山梅下、钟山老人等。姑孰（今安徽当涂）人。渐江尝师事之。《桐荫论画》称其："体备众法，自成一家。笔意清疏韵秀，饶有逸致。生平所为极多，均系萧疏淡远之作。"《国朝画征录》称其："不专宗法，自成一家，笔亦清快可喜。"不同于渐江的是，戴本孝虽也以简洁的线条勾廓，却并不一味趋向冷逸，而更像萧云从松拙细笔一路，于深幽处以松秀的渴笔皴斫如擦，尤其他早期的浅绛设色一路，明显受到萧云从设色山水的影响，赭墨融合，细润丰腴，没有一点空洞浮薄之感。

简笔不简景，笔简而意赅，无疑是清初新安画家的审美至境。这种画法的肇启，很容易让我们想到萧云从的"木版刻画"作品，他从吸收民间木刻继而成为新安版画的又一道风景，这种用简直方折的线条勾勒的"白描山水"，对新安画家的影响是毋庸置疑的。从渐江笔下的黄山图可以看到这种表现。戴本孝的山水同样是丘壑幽邃、叠嶂起伏、简中寓繁，复而显得静谧安然。这种方峻岩石往往在圆弧的山势廓体中显得和谐而有张力。而在戴本孝画中，山石的阴凹以蓬松干笔反复皴斫，以表现山石的体积和质感，显然是受到萧云从的启发和影响。如果说以王蒙、倪云林为主的元人绘画是戴本孝所遥望的彼岸风景，那么，萧云从可能是他通向彼岸的津梁。

（2）中后期（1666—1688）

"成虫期"应是从"余生"开始的。当家事稍得安妥，戴本孝便毅然走出迢迢谷，开始他后半生的游历名山之旅。

戴本孝虽然在他的少年时期目睹家中所藏名帖，但在河村乡下，即便在历阳郡城，想要有机会见到古代名画显然是并不容易的。戴本孝也曾感叹道："余家贫不能得见古人真迹。"尽管他后来随父避难江南，也许有机会在父亲的朋友那里目睹一些古画，但肯定是有限的。后来，他去过贵池、歙县等地，尤在徽州一带，商贾云集，收藏古代名迹蔚然成风，当然，戴本孝有没有机会欣赏他们的某些藏品，只能作想象。

古雨苹将戴本孝的这种"劣势"与李流芳游历上的贫乏作比较，倒是很有意思，戴本孝"很难像王时敏他们那样收藏许多古画以及拥有许多鉴赏古画的机会。但如同李日华或莫是龙等人的观点，作为一位文人，戴本孝无法只满足于技巧上的成功，也无法宣称画家拥有优秀的画技便已足够。他汲取了这些画论中对师造化的肯定，然而有趣的是他与李流芳同样为自己的欠缺之处辩护，但却刚好凭借不同的理由"。[1]

尽管戴本孝不能像王时敏那样可以遍临古画，师事名家，但不等于他没有足够的技法训练，甚至以为他在技法上有欠缺。师承可以是多种形式的，遍临诸家，或只专注一家，关键在于感悟，后人有不喜"四王"者，多因其为古人所役，"古画"成为扼制才情和任性的枷锁。戴本孝对"师造化"的倡扬，显然不能简单地看作为辩解劣势的无奈，纵观他诸多的题画诗、跋，显然，他是反对一味复古的，虽然这种反对比较婉转，但从另一个角度张扬了自己的鲜明立场。如：

> 古人真迹不易见，尘眼犹难辨真赝。

---

[1] 古雨苹：《戴本孝生平与绘画研究》（硕士论文），台湾大学图书馆，2009。

真山原是古人师，古人尝对真山面。[1]

不从笔墨见荆关，一杖先游五岳还。
辨得此中真意在，别无六法写真山。[2]

  元明以来，画山水者莫不论及荆浩与关仝。董其昌《画旨》有云："世论荆浩山水为唐末之冠。盖有笔无墨者，见落笔蹊径而少自然；有墨无笔者，去斧凿痕而多变态。"董其昌在这里已明确指出师法宋人于笔墨之警觉。戴本孝则直接"宣告"：师真山。要从自然山水中印证古人笔墨。所以，他要"一杖先游五岳还"，这也是清初新安画家共同的主张，可以说，亦是风气使然。

  戴本孝尝二登黄岳，三游华山。黄山在江南，华山属秦岭山系，两地不同的景象丰满了戴本孝的笔墨内涵和表现力。

  戴本孝对华山可谓情有独钟，第一次之行，是夜闻友人论及华山之奇，晨起即袯被离京往游，是真性情中人。后来，又一往再往的是真爱。戴本孝的华山之作以《华山十二景图册》为代表，共十二开，画作每页下方左或右角都记有顺序，对题诗述其行迹和所经景点，颇为详细。

  第一页：从白帝宫午凤楼进山，首先见到的景点有：云台观、山荪亭、群仙殿、十方院、王泉院、五龙宫、希夷峡。

  第二页：塔钩崖、桃林坪、藏马谷、白洋石、婆罗坪、混元庵、水帘洞。

  第三页：通天宫、十八盆、荷龙桥、太上方。

  第四页：北斗坪、毛女洞、古大夫洞、青柯坪、廖阳洞。

  第五页：迎仙观、小华山、救苦毛庵、回心石、千尺峡、百尺峡、温神洞、聚仙台。

  第六页：仙犁沟、上天梯、青牛台、上石天磴、猢狲愁。

  第七页：擦耳崖、金天洞、日月崖、仙人砭。

  第八页：苍龙岭、将军树、宗土祠、玉女峰、洗头盆、洗心坪。

  第九页：东峰（明星峰）、雷神洞、朝元洞、全真岩。

---

[1] 戴本孝：《余生诗稿》卷八，《赠龚半亩》。
[2] 戴本孝：《余生诗稿》卷三，《题画》。

华山十二景图册（之一至之六） 1668年 纸本 设色 21.2cm×17.7cm 上海博物馆藏

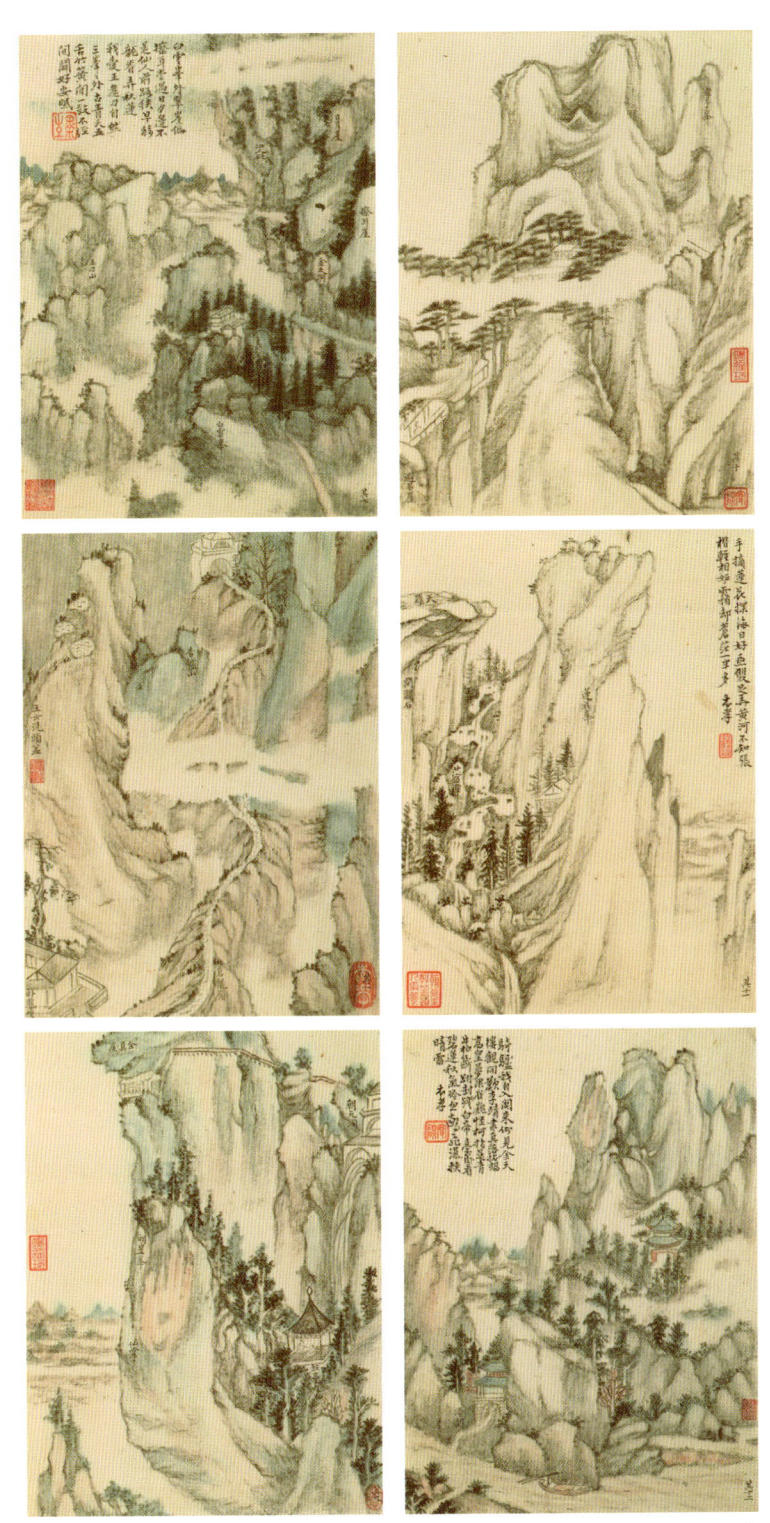

第四章 艺术思想与画风之衍变

华山十二景图册（之七至之十二）　纸本　设色　21.2cm×17.7cm　上海博物馆藏

第十页：南峰（落雁峰或松岭峰）、避召崖、金天殿、仰天池、黑龙潭、老子殿、老子峰、炼丹台、昌黎祠。

第十一页：巨灵迹、七星树、镇岳宫、十八宿潭、莲花峰、西峰、天罗岭。

第十二页：白帝宫、万寿阁、西岳观。

以上这些景点是由西上实所梳理出的"戴本孝华山行迹"[1]。

有意思的是，戴本孝在画册上也用文字标注出景点名称，他采取的仍然是"画黄山"散点透视的写意经验，这本画册很容易让人想到渐江的《黄山图册》，是画家对自然山水的个人化体验，虽然已不是"恍惚难名是某峰"，但画面仍然有十分简约高旷的意境，并不着意更多景观的具体描写，但又真实地"记录"游历的体验。于是，文字的"注明"便成为一种有趣有意味的主观的表达方式，由"师真山"进而为"写心"，这也是戴本孝"师造化"主张的具体审美经验的呈现。

戴本孝不是最早画华岳的画家，但他可能并没有见到过王履（1332—1402不详）笔下的华山。王履是画华山之典范，较之戴本孝，王履可能更"逼真"一些，究之笔墨，乃从马（远）、夏（圭）衍变，刚劲峭拔的长线勾画出山体，如斧凿般的所谓"刮铁皴"表现出岩山的质感和山体的明暗。故历代论家以为得其华山之"骨"。戴本孝则并不一味突出华山之险，更醉心于幽与奇，一峰一石，一沟一壑，一泉一溪，一一收罗幅中。作为一名诗人，他也很关注这里的人文与传奇，以怀古之情登华山之巅，身感出尘之慨。

于笔墨之处理，华山当不同于黄山，用短而密的干渴笔触可以生动地表现黄山花岗岩质感；华山之石则要显得光整峭兀。尽管王履貌似用南宋画法，实则全从造化中来，他在画华山《序》中明确指出"法在华山"，比古人"外师造化"更加直接。戴本孝似乎有意识回避过于"直白"或"概念化"的华山之"象"，依然凭借内心对山水所感悟的经验，借华山而"写心"，此则与王履"吾师、心师目、目师华山"殊途而同归。对于北方山水与宋人笔墨的客观存在，戴本孝不可能不作思考和选择，但从他的作品所表现出的审美倾向来看，他对宋人的理解或师法也是有主观选择的，虽然可以见到他对宋人雄强、劲利的笔墨表现有着明显继承或取法，但更多的则如同萧云从"学荆浩"（《碧山寻旧图》）一样，

---

[1] [日] 西上实：《戴本孝研究》；《论黄山诸画派文集》，上海人民美术出版社，1987。

依然显得丰润雅逸。另一方面，他要追求"笔愈简而气愈壮"(《宣和画谱》)，则又要警觉直白无味的表象化。

西上实在文中也将戴本孝的"华山"与明初王履的《华山图》相比较（以"仙人掌"一帧为例），以为王履深得南宋夏圭画法，把"仙人掌"推在画面的前方，极其生动地构成了画面的空间；戴本孝将仙人掌、铁亭、朝元洞、全真崖等题材均等散布于画面上，显得有些凌乱贫弱，甚至有些似儿童画。认为这种题材的平板画面，依然存在文徵明系画风影响所带来的缺陷。[1] 王履劲峭与壮伟的气势，在构图上的适当夸张，显然有助于深化作品的主题。戴本孝此《华山图册》实际上是他登华山"写生"之作，虽然"这未必意味着直接看着山水描绘"，但也不排除对景写生的可能。为了收集素材，戴本孝很巧妙地将许多实景布置在一个有限的平面上，尽管显得有些凌乱，但亦足见画家超凡的"写实"功力。

《华山图册》是戴本孝从师古人笔墨而走向自然、师法造化的转折性时期的作品。作为一个具有独立思考能力的画家，戴本孝在艺术上自然倾向于追求具有鲜明个性的风格。他不可能满足于一家一派的模仿和因循守旧的成法，一笔一画都是为了表达自己的思想感情，抒发自己的艺术主张。遵循"六法各显河山影"这一艺术规律，戴本孝在他游历生涯中不断地完善、调整着自己的画风。

这一时期的作品大多以写黄山、华山等"真山"为主。其代表作品有《华山图册》（1668）、《莲花峰图》（1675）、《黄山图册》等。由于作者深入生活，胸寓丘壑，得山川之助，作品在题材上显得更加广泛，图式富于变化；同时由于广泛的交游，与众多艺林友好的接触，在绘画技法上，自然受到了同时代画家的感染。除新安画家外，由于戴本孝以南京为活动地，在某种程度上他也有可能受到了以南京牛首山为活动据点的石豀（髡残）以及清凉山半亩园龚贤的潜在的影响。

据《和州志·戴本孝传》记载：戴本孝在父亲死后，"以布衣遨游四方，因陟泰山，走京师，西访周秦古道，登华岳之巅，所览山川云物，奇谲变化，胸中岳岳不可遏抑。即奋笔为图画，作太华分形图十有二，所得颇自经奇。是时高隐之士，意气颇放，率以绘事见长若徐枋、萧云从、释弘仁辈，皆以意所独构，咸成名家。本孝兼擅其长，颇为时所推许"。

---

[1] [日] 西上实：《戴本孝研究》，《论黄山诸画派文集》，上海人民美术出版社，1987。

如果说《华山图册》依然沿用黄山作品的"散图式",那么,戴本孝创作的大幅华山则显现出他对北方山水体悟后的形而上的转变:由奇崛而趋向崇高。1677年,戴本孝创作了另一件以华山为题材的杰作《华山毛女洞图》,运用渴笔,峰峦烟霞,极富真实感。近景处杂木丛生,丘壑幽邃;左边的坡石之上一亭空立,傍依虬松;右之山坡枯树数株高出,远望中峰,便是毛女洞,洞前树木掩映,侧飞流泉,洞中神女悠然独坐……"巉峻深窅,尘迹罕至",高古令人神往。画中将前后两座主峰推至画面中央,山峰耸拔、盘回,山坳云烟缭绕,飞流直下,水源高远,深得郭熙之立意;而作为远景的山峰则以淡墨渲染,不加勾皴,伏居主峰两侧,既开拓了画面意境的高远之感,又突出了主峰的雄伟气势。尽管画家师承的是元人的"江南"画风,可以看出,他在描绘壮伟峻峭的华山景象时,还是巧妙地汲取了一些"北派山水画"的手法。这是一幅淡设色画,仅以赭石、花青轻敷淡染,与稚拙的枯笔焦墨相映生趣,笔法简括,墨法苍润,显得清新朴茂,更有一种苍凉高古之意。值得一提的是,前景杂木的树叶,或以饱含水分的笔墨点乩,或用中锋挺劲的线条双勾,浓淡相间,层次丰富。如此笔墨淋漓的风格在戴氏作品中是别具一格的。从画跋中可以想见,当年戴本孝登临华山"写生"的情景,"余尝坐对图之,因囊以归"。坐对景点,可以小憩,可以静观,勾勒成图,便是他下山后绘就《华山图册》的素材。

古雨苹在《戴本孝生平与绘画研究》中很有意味地分析戴本孝华山之行与绘画:

> 就戴本孝的情况来看,突然启程前往华山这件事为他博得高逸不凡的美名;实际前往华山也有助他创作某些题材的权威感或说服力,特别是能和他自身状态适配的题材,如避召崖,可以呼应其中的传统价值。因此避召崖在某种程度上透过绘画被私有化,变成戴本孝手中某块具有说服力的招牌,甚至是可以彰显自身与爱画者品德的一块招牌。

有一点可以肯定,所谓"呼应其中的传统价值"亦是戴本孝对"人文景观"的艺术升华,也是他笔下华山有别于王履的重要因素,时代不同,遭遇不同,心境不同,景物自然便不同。终究"江山如画",而非"画如江山"。

华山毛女洞图
1677年
纸本 设色
137.5cm×63.1cm
浙江省博物馆藏

第四章 艺术思想与画风之衍变

莲花峰图
约 1675—1677 年
绢本　设色
185.7cm × 54.4cm
上海博物馆藏

《华山毛女洞图》是一幅"祝寿"应景之作。画中题识曰:"秦玉女姜避秦,携琴入华山,遂得道。惟饵松叶,遍体生毛,琅书所谓毛女者是也,至今人尚有获见之者。太华北斗坪有毛女洞,巉峻深窅,尘迹罕见,余尝坐对图之,因囊以归。丁巳暮春,子琪道将为其北堂寿,门人请临其意。迢迢谷本孝识于碧落精庐。"相传华阳山中有仙女玉姜,形体生毛,自言秦始皇宫人,流亡山中,食松叶,遂不饥寒。自游华山后,戴本孝常以毛女避秦、希夷避召入画,借旧典寓隐逸之意、君子高洁之风。故画中虽是眼中之风景,却有一种超然尘外的高逸之气。直到晚年在如皋,他依然为冒襄画《巢民老人避召图》,并题诗:"希夷道德乃醇儒,仰叹犹能固如是。""枯毫尝儒玉女盆,复来海扫云根。"以陈抟隐居华山故事称颂巢民老人隐居不仕之遗民情怀,当然,亦为表明自己的心志。

与《华山图册》同时期完成的尚有为移孝作《千尺峡百尺峡云雪图》,为王弘撰(山史)作《华山图》,康熙二十八年(1689)又为王弘撰作《希夷避召崖图》,惜画已不见,仅存相关诗作收录于《余生诗稿》中。

如前所称,戴本孝很关注华山的景观人文与传说。1689年他与王弘撰,在南京相见,山史以所著《周易图说述》见示,戴本孝为他再画华山,并以"希夷避召"旧典立意,当然首先是借以称赞山史之遗民之志,遗憾的是画亦已不存。不过《华山图册》中其十亦有此主题之作,可略窥大意。希夷避召崖是戴本孝"心中的华山",希夷,即陈抟,宋初道士,字图南,自号扶摇子。据《宋史》本传载,后唐长兴(930—933)中,举进士不第,隐居武当,后移华山。后周世宗好黄白术,显德三年(956)召问其术,对曰:"陛下为四海之主,当以政治为念,奈何留意黄白之事乎?"命为谏议大夫,固辞不受。好读《易》,著《无极图》,尝刻于华山石壁,又著《先天图》;认为万物一体,只有超绝万有的"一大理法"存在。其学说后经周敦颐、邵雍加以推演,成为宋代理学的组成部分。

戴本孝在《希夷避召崖图》题诗中写道:"天在山中天可知,先天后天爻象变。"[1] 由希夷联系王弘撰所著中之学说,继而阐明自己对绘画的哲学思考:"安得运会还太初,开天一画无生有。"最后感慨道:"我欲从君长啸去,空山可有无人处。"年近古稀的老画师,回忆当年北游华山,焉能不多慨叹!

---

[1] 戴本孝:《余生诗稿》卷十《华山王山史来金陵,以所著〈周易图说述〉见示,余作〈希夷避召崖图〉并题长歌赠之》。

乙卯三月望日冒雨出歙
治歲寒真亭為黃山之遊
次夕抵雙谿

老落襟籠苦怒春邊竅高
鳥愧澗身虛傳花信頻驚
夢久託山光早結鄰可惜煙
雲之真易過不嫌風雨始難親
千峰直入雙谿宿筍粥松醪
愧野人一涵巖雨洗杜鵑花血
景搖絲翠滴沙盧角輪飛滿
杵雪樓頭筧引水穿家抱來
庭子如兒哺出尋狙名對客謹莫
道不妨人境外馬嶼絕日喚鋤莱

鷹阿山樵未定

黄山图册（十二开之一） 纸本 墨笔 21.5cm×17cm 广东省博物馆藏

第四章 艺术思想与画风之衍变

楊干道中

一灣流水一灣沙 一片青山一片茶 茱萸展擷熟宿雨花光 過信怒殘霞卻園杉柵沿溪 短岸掛松牌趁渡斜尋向 深源深霧口誰家右道晉 唐家 鷹阿

黄山图册（十二开之二） 对题　1675年　纸本　墨笔　21.5cm×17cm　广东省博物馆藏

桃花嚴卵浪閣對雨
急買籃舁春已邁峭澗飛
雨偏知瀑飜翠獻蘭雲牆如雪
吼紅崖花甘癡天龍奇峯牧
欲去客憑危閣壁難移黿龜
幾解丹砂水洗得心閒問有誰
　　　鷹阿

黄山图册（十二开之三） 纸本　墨笔　21.5cm×17cm　广东省博物馆藏

三龍潭觀飛瀑

丹砂峯下白龍窟 屈決崩雷
銀漢波花陣錦流 紅躑躅苔
茵玉涎碧磐陷古今淘汰多
肯癖天地舞騰塊礧多何事
喧爭苗不住老夫老衽賞狂歌
雁阿

第四章 艺术思想与画风之衍变

黄山图册（十二开之四） 纸本 墨笔 21.5cm×17cm 广东省博物馆藏

朱砂庵鍊魔堂

有明萬曆中時勅為慈光寺遍
年有好事者竭貲修拓極其閎
麗當非昔門朝山初至此寺左有
木蓮古二株

蒼磴雨之搖不敢扶渾茫四
壁接虚無一瓢到處堪投
老莖斜移山六足愚未菖蒲
莞微笑冷石菖蒲小急流
紆歐拓太古軒曲辰喜媚把
池畫空入頁圖　鷹阿

黄山图册（十二开之五） 纸本　墨笔　21.5cm×17cm　广东省博物馆藏

望天都峯

普門昔開山尝櫂兩三神犬而俱犬之爪至人可以登至今天都人跡罕到天留此一片以還太古可望而不可即其有待邪

雨痕縹緲貫寒煙百道明
霞破挂石天松畫攬鐵浮翠
葆峯渾凝鑄載雲翰頻
伽瑤聽雙翔鳥雲旦孤生
一樹蓮紅求黄精隨子得
不知何處飯羣仙

鷹阿

第四章 艺术思想与画风之衍变

黄山图册（十二开之六） 纸本 墨笔 21.5cm×17cm 广东省博物馆藏

文殊院

草立縣崖縱眼觀晴雲
鰲座石脈寬峰筆侍立時
皆應莊嚴行龕可致度
峽空如聲羽蓋登招安攬坐
滿團州永未食人何在月窟
仙燈碧影空寒　鷹阿

黄山图册（十二开之七）　纸本　墨笔　21.5cm×17cm　广东省博物馆藏

登蓮華峰絕頂

千霄蓮花齋忽開房萬壑風
捲斗樹香天隨坐花中真偏側峯
有複峽窺天松眠石鑿氣吳居涼松
僅一線云
峯鐫如卧龍丹梯扪接孤雲跕碧
較它松特大奇異 登峯頂有兩檀絕
漢峯衡獨木梁 臺架獨木纔度此者
姑得觀頂上蓮池論到此已如登上世嶽
池中沙皆作蓮者也
龍鷹欲夢軒黃 鷹荷

第四章 艺术思想与画风之衍变

黄山图册（十二开之八） 纸本 墨笔 21.5cm×17cm 广东省博物馆藏

宿鍊丹臺

絕壁平天路已窮忽穿乳
竇破高穹石林零落沸流丹
液玉笋光搖貫白虹鼇拆峰
頭銀海瀁龍驚松化鼎湖
雲風雷虎豹催詩卷危坐
吟殘宿火紅 鴈阿

黄山图册（十二开之九） 纸本 墨笔 21.5cm×17cm 广东省博物馆藏

雲谷攔盡禪院

白雲隨我渡溪來菜甲萋
萋遍碧莎松繞峰身盡石
性香收雨氣蕃莊胨杖
穿雲飛山嚴光冷瀑帶龍
腥潭影闊巖隙有虎窟自此
下有九龍潭
披蓁欲長進不知猿馬可
相䝙 鷹阿

黄山图册（十二开之十） 纸本 墨笔 21.5cm×17cm 广东省博物馆藏

後海藻岩神鴉去復還引鐵折
綠筍聯班明知非海勘疑
海奇在真山不似山競欲支天
隨石長何當治日放雲澗出
中莫道無兵氣時見蚩尤霧
犯闕引鐵折綠皆峰名中有三神鴉
能迎客就掌手取食 鷹阿

第四章 艺术思想与画风之衍变

黄山图册（十二开之十一） 纸本 墨笔 21.5cm×17cm 广东省博物馆藏

洋湖

欲淪香砂上藥銚 名峯白猿
招手坐松梢枯槎疑是放光
木怪杖尋分霹靂肩條肉食
者來雷之怒丹成人去石還
燒我行前後過天海疏起
洋湖鼎上潮 山中有黑白二猿余
驟坐天都石上白者不恒見也枯未著兩籠
中有光輦叟時杖笄山老陸也遊人攜肉食
屢有雷異且験丹毒有石可焚然作
五色煙
乙邜秋七月鷹阿山樵戴本孝畫
於逆之谷之守硯庵

第四章　艺术思想与画风之衍变

黄山图册（十二开之十二）　纸本　墨笔　21.5cm×17cm　广东省博物馆藏

再说黄山，《莲花峰图》是戴本孝1675年的作品，自署："登莲花峰极顶作，因图以归。岁旃蒙单阏相月哉生明。"可知为乙卯年七月三日（1675年8月23日）登黄山时期的所作。遗憾的是未曾得睹此画原作，从图片看来，构图严谨而雄奇，远近、疏密、高低、轻重皆惨淡经营。此外，如西上实文称："皴法更加浓重，岩峰增添了量感，画面明显的平板感已消失，下半部'〈'字形的山峰也增加了体积感。整个画面呈现出特异的生气。"[1]

同年所作《黄山图册》（广东省博物馆藏本）是戴本孝这一时期的重要作品。这十二幅图册可以当作画家是年三月游黄山行踪的纪实，不过，从题识"画于迢迢谷之守砚庵"来看，应是他黄山归来后的"忆写"。册页所题十二首诗亦依序收入《余生诗稿》卷之四。每页按行迹为序，如下：

①双溪 ②杨干道中 ③桃花岩 ④白龙潭 ⑤朱砂庵 ⑥天都峰 ⑦文殊院 ⑧莲花峰 ⑨炼丹台 ⑩云谷 ⑪后海始信峰 ⑫洋湖

册前有莫春晖题引首，后有傅增湘跋；曾经王孝禹、赵宗臣收藏。

《双溪》和《杨干道中》皆写黄山南麓山村小景。村舍、水碓、栈桥、清溪、竹排、山农……是画家进入黄山前所见，充满山野生活情趣。如果说，其后的《望天都峰》《宿炼丹台》《登莲花峰绝顶》有一种超然尘世的上古之想，那么，这些乡野风光则倾向世外桃源般的温馨。结合画中题诗，表达画家对恬适安逸生活的美好向往。"一湾流水一湾花，一片青山一片茶"，此时，正是皖南山区桃花盛开、新茶初摘的季节，他自然会想到陶渊明笔下的武陵春色和王维的辋川幽境，"寻向深渊深处问，谁家不道晋唐家"。在这些小幅画册中，我们可以看到戴本孝对吴门文（徵明）、沈（周）"造境"手段的纯熟驾驭，而比同时代王石谷、王时敏等人的"写实"方式则又从容自由并更简洁，笔墨也显得很丰富，渴笔焦墨中仍然可见淡、湿墨色的变化，显得浑厚华滋。《杨干道中》村舍前的一湾河流，用细笔勾画流水，与山崖厚重质朴的笔触形成鲜明的反差，反而显得有一种悠然自在的空旷灵动之感。

第三页后《桃花岩》《白龙潭》《朱砂庵》是画家进入山脚下的"记录"。雨后黄山，飞瀑争流，涧溪狎浪，正是佳美之境。《桃花岩》左右对峙的山岩，中以远近的石拱桥和曲形栈桥连接，构图极其奇妙，鸟瞰丘壑，开阔而深远。

---

[1] [日] 西上实：《戴本孝研究》，《论黄山诸画派文集》，上海人民美术出版社，1987。

白龙潭在黄山南麓，潭水幽深，清流触石。画中，山石以坚挺的焦墨勾斫，嘎嘎有声，中以云树写其幽窅，瀑口以干湿墨反复擦染衬出，显得丰满而明净。白龙潭图轴，是戴本孝"黄山时期"的重要作品之一，尺幅甚大，气象森然。下方峭壁峙立，潭水深阔，水面上方，勾勒烘托之白云，顿使画面空灵，景致随之而幽远，忽有奇峰耸立，圆（弧）形与方折的岩石交错或叠加，嶒峋磊砢，左右更见飞瀑，远处兀立筒峰，在森严奇峭的主峰下更见深远。较之册中之画显得更舒展而壮观。

整体皆用渴笔写成，冷峻苍拙的线条廓出岩石与山体结构，细密而空灵的短线皴擦，轻柔而有质感，这种让今人乍视若炭笔素描般的渴笔枯墨画法，有效地营造出一种朴素的视觉诱惑力，灰色调的纯净感让人觉得有一种舒缓的愉悦，流转飘忽的"气场"有一种梦幻般的谲奇和异样感，这种审美的表现力也许更能触动今人的视觉感知，细致朦胧的渴笔都在营造一种主观的"象外"意象。事实上，戴本孝很少在意物象的客观描绘，因此，这些大块面的突出的空白使得岩石更显饱满而苍厚，既神奇地表现出黄山花岗岩山体的真实感，又显示出人与天地呼吸共存的审美追求。虽画白龙潭，实则"恍惚难名"，是整合、提炼后的黄山意象。与当时很多"黄山画家"相比较，戴本孝更善于驾驭大开大合恢宏幽远的意象，可见他不仅擅画卷册，同样善于处理大幅作品的整体布局，更多的"黄山画家"皆避重就轻，多以册页形式"分图"，很少有像戴本孝这样从容表现黄山的大气象者。

他在《黄山图册》题诗中说过："明知非海翻疑海，奇在真山不似山。"戴本孝很喜爱表现云的变幻与山体的融合交加所产生的奇幻感，如另一幅大幅作品《莲花

白龙潭　约1675年前后
立轴　绢本　墨笔
189.3cm×53.9cm　安徽博物院藏

黄山四景图（昉溪）
年代不详
条屏　绢本　设色
188.8cm × 54.4cm
上海博物馆藏

黄山四景图（后海）
年代不详
条屏 绢本 设色
188.8cm×54.4cm
上海博物馆藏

第四章 艺术思想与画风之衍变

黄山四景图（云谷）
年代不详
条屏 绢本 设色
188.8cm × 54.4cm
上海博物馆藏

第四章 艺术思想与画风之衍变

黄山四景图（汤源岭）
年代不详
条屏 绢本 设色
188.8cm×54.4cm
上海博物馆藏

215

山道蜿蜒，溪流迂回，村舍、水碓、竹篱、亭榭散落其间，构图虽丰满繁密，却给人以空旷幽邃之感，让我们想到王蒙的《夏山高隐图》《夏日山居图》诸作，虽然不像黄鹤山樵有着繁密丰富的披麻、解索诸皴法。虽然只以干渴的笔墨勾勒皴斫，却将渴笔的表现力发挥到极致，整个画面呈现出清朗俊逸、空灵淡远的苍茫意境。苍拙而挺秀的长线勾出山体轮廓，细碎的小笔触似皴似点强调山体的凹暗，远处峭壁之古松与近处的杂树，着力甚细，双勾夹叶或点垛，显得浓郁而朴茂，浓淡兼施，苍润有致。

同样师法元人，戴本孝的这些作品并不一味萧疏冷逸，而是林岚郁茂，有一种田园式的亲切之感，这种倾向在他后来的《陶渊明诗意图》中呈现出形式独特的审美意境。高耸的山峰显得凝重而雄伟，仿佛简约版的宋人"图式"。而在新安画家中，除查士标尝用湿墨，唯戴本孝偶亦用之。

此四幅中亦以《后海》最为精妙。构图洗练，干笔皴斫，生动表现出黄山石笋矼一带绝巘危岩、奇松悬结、怪石玲珑、云烟弥漫的诡异景象。右下角写苍崖古松，与左上方石笋遥峙，中幅斜出云海，数峰顺势浮沉其间隐约如岛。石涛尝论渐江画黄山云："公游黄山最久，故得黄山之真性情也。即一木一石，皆黄山本色，丰骨泠然生活。"（跋《晓江风便图》）渐江尝写黄山六十景，皆可视为"纪实"。戴本孝亦以"纪实"手法构思成幅，然画中之黄山，则已是心中之黄山，他既不一味迷恋细节景点，而是"抽象"出黄山风骨，以简峭、灵秀、朴拙的笔墨，表现黄山梦幻般的境界之美，于"宋境"或"元意"另辟审美蹊径，而较之其他新安画人多从渐江而望元人，[1]戴本孝俨然具有独立的个性或"后现代"的意味。戴本孝试图从自然山水中体验传统笔墨，寻绎传统绘画表现方式的特性，从而寻找新的绘画语言，着意表现黄山的骨韵。对"黄山画家"来说，独特的自然风貌不能不说是种特殊意义的师承。奇异万状、兀立云际的七十二峰和无数的"怪石"，这种特殊的地理构造，不像峨眉、武夷那样树木葱茏，而是岩石多露，树木极少，往往在山头矶石间或绝壁石罅中或倒垂或侧生或兀立一二虬松，出乎意外。尤后海一带大块岩体杂以碎石，石多平，光而方峻，直可知渐江、戴本孝在作品中采用折笔似铁的长线勾勒而少皴笔之故。黄山造就

---

[1] 石涛跋渐江《晓江风便图》有云："笔墨高秀，自云林之后罕传，渐公得之一变，后诸公之学云林，而实是渐公一脉。"

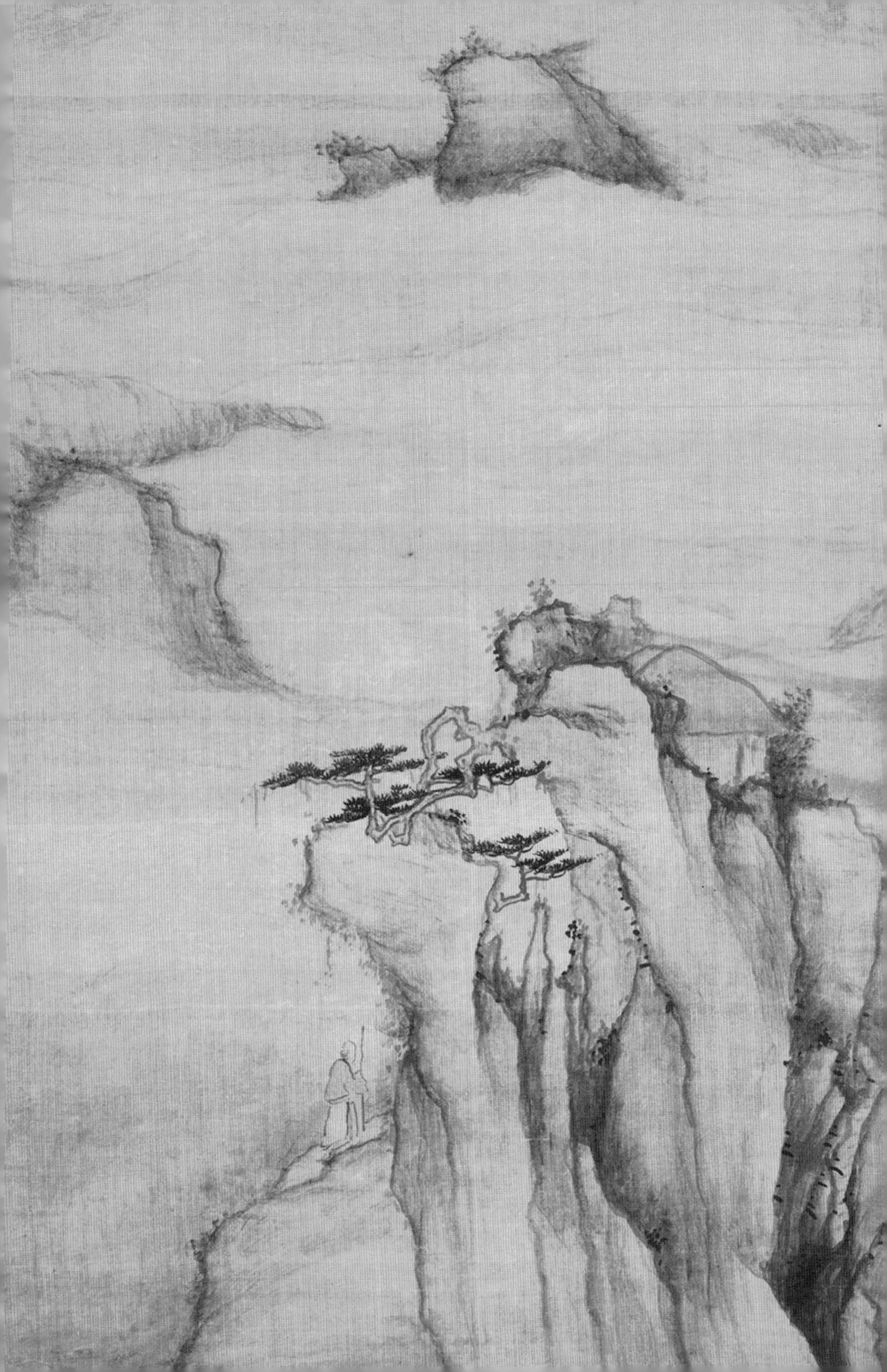

了渐江，造就了戴本孝、梅清、石涛，造就了"黄山画派"。他们画中的黄山之美无疑来自真切的自然黄山美的品质。释弘眉撰《黄山志》，其《画苑序》云："唯黄山高峰攫空，千万攒簇。飞流室壁，到处潭涧，转步换形，顷刻百变，总图难，散图亦非易。"故渐江、戴本孝、梅清多以册页形式出现，而从戴本孝创作的《莲花峰》等大幅作品来看，以高度的想象力和概括力将黄山奇景异观凝聚于画面，从宏观的审美高度表现黄山的壮丽和神奇，无疑将"黄山绘画"提到了一个新的高度。

此外，这段时期，仍见有戴本孝自称"拟前人笔意"的作品。

如《仿范华原山水轴》，作于1679年，本孝59岁。线条厚而拙，似乎能感受到画家枯渴的笔在宣纸上涩进皴擦时沙沙的声响。构图简洁，大块方峭、迹近抽象的山石，极富"装饰趣味"的虬松颇近"新安画风"。从某种角度看，他对渐江等人的新安画风始终保持着一种特殊情感和策略。而所谓仿古，只不过借用古人的瓶，装的是自己的酒。董其昌尝言："余见山樵画多矣，无不规摹古人，遂足掩抑古人者。"不为古法所囿，亦是新安画家的共同追求。

《澄怀堂书画目录》（卷五75页）所著录为美术馆收藏的《寒林图》，题为盛栩窗六十寿所作，尺寸为208厘米×85厘米，是一幅尺幅巨大的作品，西上实称："在戴本孝所掌握的题材中，发挥了卓绝的才能。""以枯笔画出古木数株，枝头置寒禽一群，这虽然不过是传统而单纯的画材，但这幅……大画面，一气呵气，生动有致，在构图上没有丝毫破绽。以图版上是难以想象的，如果立于画面前，就会感到由于画面有效地分用焦墨和灰墨两种色调的墨法，给人以清新之感。这即使在戴本孝全部作品中，也可算是屈指可数的佳作。"[1] 这幅作品系年为1680年，正是其"壮岁"之年。但从其笔法深究，颇似明代"浙派"，题识书法工整，很难联系到戴本孝此时的画风，在戴氏的所有画作中也属"罕见"，故作"存疑"目之。

早些时的《赠冒青若山水册》（八开）是他1668年间客居京师所作，画幅较小。在京邸寂寞中戴本孝检"指掌"大小的素笺，画得细致而沉静。不妨先看其画中题诗：

---

[1] [日] 西上实：《戴本孝研究》，《论黄山诸画派文集》，上海人民美术出版社，1987。

> 何处无深山，但恐俗难免，一心溯真源，千载不卷转，扁舟寻桃花，此兴复不浅。

这幅作品和《山气郁以苍》《白云来洗崖》等一样，依然葆有对王蒙和董其昌的心仪，而从坚劲的长线勾勒则可以看到萧云从的意趣，"落笔细，虽似乎嫩，然有极老笔气"（明唐志契《绘事微言》）。画面饱满而清朗，同样"师古人"，比之"四王"刻意"缜密"与"繁缛"，戴本孝则显爽利、空灵，毫无"油腻"之感。《白云来洗崖》中崖下云气鼓荡，楼台隐于松林之间，奇峰环峙，远见飞瀑，虽为小幅，却有森然崇高气象。尤以浓墨苔点重重地点垛于劲峭的轮廓边缘，显得苍郁而朴茂。

再看《丛薄何翳薆》和《草木亦峥嵘》两开，皆写古木枯藤，意趋"荒寒"，而笔致尽得李成遗意。坡石处依然"枯笔扫焦墨"，但树干、虬枝与盘曲的古藤则用流畅的线条勾勒，屈拗古遒、苍老圆润，盖以书出，董其昌尝言：

> "古人论画有云：下笔便有凹凸之形。此最悬解，吾以此悟高出历代处。"（《画禅室随笔》），所谓"凹凸"，当是生动微妙之境。

寒林虚堂图
1690 年
纸本　墨笔　54.5cm×28.4cm
天津艺术博物馆藏

戴孝评传

寒木远岫图 立轴 纸本 水墨 83cm×43.5cm 私人藏

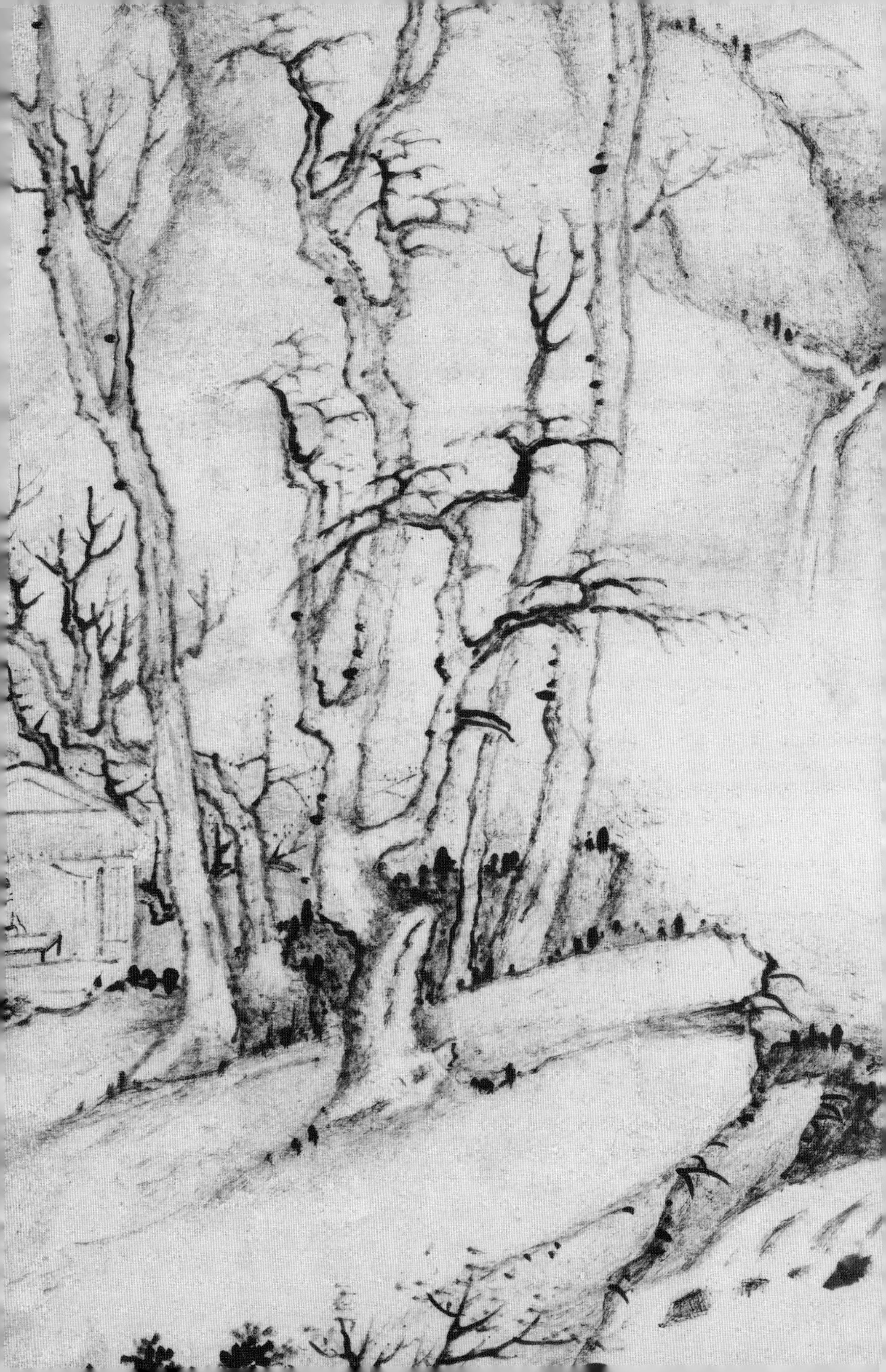

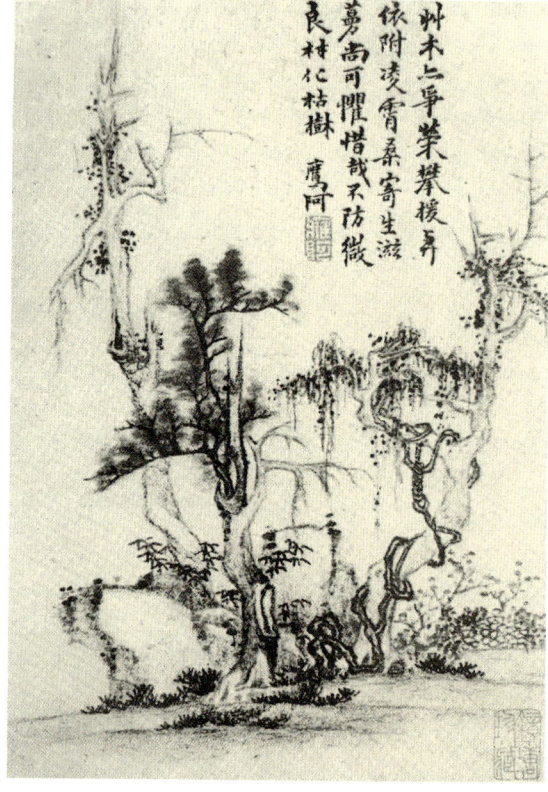

戴本孝
赠冒青若山水册
（八开之一、之二）
1668年
册页 纸本 设色
19cm×13.1cm
上海博物馆藏

第四章 艺术思想与画风之衍变

戴本孝
赠冒青若山水册
（八开之三、之四）
1668 年
册页 纸本 设色
19cm×13.1cm
上海博物馆藏

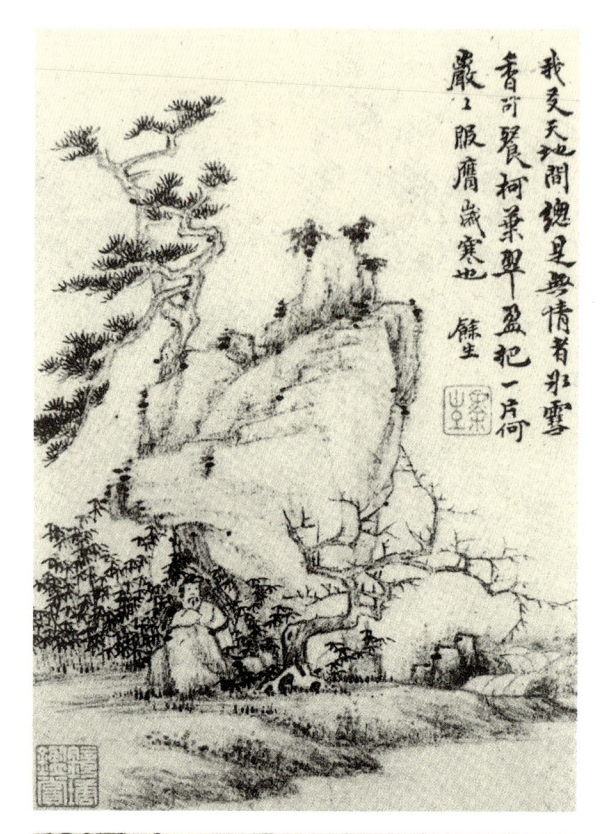

戴本孝
赠冒青若山水册
（八开之五、之六）
1668年
册页 纸本 设色
19cm×13.1cm
上海博物馆藏

戴本孝
赠冒青若山水册
（八开之七、之八）
1668年
册页 纸本 设色
19cm×13.1cm
上海博物馆藏

山水　扇页　辽宁省博物馆藏

　　虽然这些作品并未标榜拟某某法、仿某某意，但古人之笔意墨韵莫不溢于其间，这是画家心目中之古人。王原祁倒是说过这样的一句话："谓我拟古人，我不敢信；谓我不拟古人，我亦不敢信也。"（《麓台题画稿·仿黄大痴长卷》）但对于戴本孝来说，目无古人，而有古意，所谓"云山落吾手，笔墨解人颐""但知存古意，不觉更淋漓"。[1] 黄宾虹论王蒙"是能泛滥唐宋名家，得南宗奥妙，故其纵逸多姿，不为师法所囿"（《王蒙画识》）。因其遍览古人，方能掩抑古人。

　　辽宁省博物馆藏戴本孝1687年的作品《山水》扇页，亦可视作是对"元人意趣"的一种"依恋"，笔调细致典雅，较之朴拙而充满激越情绪的渴笔，显得更沉静，满溢着清新的自然情调，王世贞论云林画"极简雅，似嫩而苍"（《艺苑卮言》），此间颇有深味。

　　《鹰阿妙笔册》八开，无款识，册前有吴湖帆题"鹰阿妙笔"四隶书并跋云："戴鹰阿以渴笔远宗董巨，近师倪王，独标异帜，此册尤其结构，梅瞿、渐江自当让席。己卯初夏后学吴湖帆观题。"吴湖帆亦未明确创作年代，画中有"小孤山"及"水车"诸景物，当是戴本孝画于康熙元年（1662）游歙县、黄山之后，

---

[1] 戴本孝：《余生诗稿》卷二，《题画》。

鹰阿妙笔册　吴湖帆题跋

究之笔墨，似为此后十年左右所作。康熙十四年（1675）戴本孝再游黄山，舟泊青溪，有感旧诗云"夹溪双塔卓寒烟，不觉曾游十九年"，说的是他36岁时可能去过贵池。但从画风来看，当晚于其后，较之1662年作品《晓窗梅影图》显然更成熟，渴笔焦墨的风格已很突出。辽宁省博物馆藏《墨绘山水册》八开壹甲寅年（1674）戴本孝54岁时所作，与是册画风接近，某些细节和技法更接近《傅山对题册》和《赠冒青若山水册》。除末页有款识，每开亦只钤一印。《鹰阿妙笔册》两开钤"凤栖"铎形朱文印，四开"随园"椭圆形朱文印；两开"到者方知"长方朱文印。"凤栖"铎形印为戴本孝常用印，"到者方知"与"随园"印，印风与前者极似，似同为一人所治。[1]"到者方知"四字原为黄山文殊院一带摩崖石刻"密云老人"手书，据《渐江资料集》中《年谱》记载，崇祯九年丙子，"汪沐日在黄山为文殊院书'到者方知'四字"。戴本孝在《文殊院图》上题曰："悬岩前有石上跌跏之迹，群峰列侍，松籁流音。密云老人署曰到者方知，可谓得其义矣……"文殊院位于玉屏峰，故今又称玉屏楼。旧言"不到文殊院，不见黄山面"，所谓"到者方知"。可以断定此印当是戴本孝游黄山后据其所作。至于"随园"二字，则不知所本。

---

[1] 戴本孝有一"工篆刻"之称，较之画中常用之印，其风格多相近，或同为戴氏所作。

鹰阿妙笔册（八开之一） 年代不详 纸本 设色 25cm×21cm 留云草堂藏

鹰阿妙笔册（八开之二） 年代不详 纸本 设色 25cm×21cm 留云草堂藏

鹰阿妙笔册（八开之三） 年代不详 纸本 设色 25cm×21cm 留云草堂藏

鹰阿妙笔册（八开之四） 年代不详 纸本 设色 25cm×21cm 留云草堂藏

鹰阿妙笔册（八开之五） 年代不详 纸本 设色 25cm×21cm 留云草堂藏

鹰阿妙笔册（八开之六）　年代不详　纸本　设色　25cm×21cm　留云草堂藏

鹰阿妙笔册（八开之七）　年代不详　纸本　设色　25cm×21cm　留云草堂藏

第四章 艺术思想与画风之衍变

鹰阿妙笔册（八开之八）年代不详 纸本 设色 25cm×21cm 留云草堂藏

墨绘山水册（八开之一） 1674年 纸本 墨笔 30.6cm×48.6cm 辽宁省博物馆藏

第四章 艺术思想与画风之衍变

墨绘山水册（八开之二） 1674年 纸本 墨笔 30.6cm×48.6cm 辽宁省博物馆藏

墨绘山水册（八开之三） 1674年 纸本 墨笔 30.6cm×48.6cm 辽宁省博物馆藏

墨绘山水册（八开之四） 1674年 纸本 墨笔 30.6cm×48.6cm 辽宁省博物馆藏

戴本孝评传

墨绘山水册（八开之五） 1674年 纸本 墨笔 30.6cm×48.6cm 辽宁省博物馆藏

第四章 艺术思想与画风之衍变

墨绘山水册（八开之六） 1674年 纸本 墨笔 30.6cm×48.6cm 辽宁省博物馆藏

墨绘山水册（八开之七） 1674年 纸本 墨笔 30.6cm×48.6cm 辽宁省博物馆藏

墨绘山水册（八开之八） 1674年　纸本　墨笔　30.6cm×48.6cm　辽宁省博物馆藏

第四章　艺术思想与画风之衍变

值得一提的是，此册皆作淡设色，第八页《小孤山》一画，蔚为壮阔，孤峰耸峙，远望沙渚泊舟，江天寥廓，盖千里咫尺之境。此构图布势后来在石涛画中亦常见之。画中笔触，柔内含刚，清朗朴秀，更见苍润融合，格韵高古。尤以细笔勾（染）水波，极见空灵渺逸之致。贵池刘城与戴家世谊，本孝亦曾多次往游，并留下不少诗作和题词刻石。册中诸多景致颇似贵池、新安一带所见。峰岭层叠，冈阜逶迤，江村、竹篱、石桥、水车，尽收幅中，更有松崖空斋、枯木古藤、秋山临流……其境致高旷而净远，与新安诸家趣味颇近，册中所写《枯木古藤》（第五页）、《松崖空斋》（第四页）诸幅与1668年在京师所作《赠冒青若山水册》（八开）似而更简，设色清淡，笔墨秀润，个人面目也日渐成熟。

戴本孝尝言"元晖笔何尝湿，房山墨亦恒枯"[1]，如果说枯笔是新安画家的共同追求，其表现固与师法元人有关，张庚说"盖湿笔难工，干笔多好"，言下之意，枯笔可以藏拙。此册则多用"湿笔"，或以浓重的湿笔、淡墨写远山，或用极细的重墨铁线作勾提，以蓬松的干笔皴擦、点虱，笔法精妍，极显苍润深秀之趣。可以说，由湿而后枯，对于戴本孝来说，更是一种审美意趣的选择，与其枯寂淡远的心境与性情呼吸相通。

尤《秋江牧趣》（第六页）一图，在戴本孝画中亦称奇构。青山隐现，绿水悠然，山之麓，水之阳，屋宇连竹篱，秋树隐修篁，一派江南乡村风光。近处水田交错，石桥枕流，河岸草滩开阔，牧牛悠然，背立鹳鸰；前有古树，老干虬枝，高结鸟巢，牧童挂笠枝头，手执细杖，面带顽笑，攀缘而上……乡村野趣，跃然纸上。或许，会让人想到沈石田笔下的江南逸趣，更让人觉得是皖东沿江一带田园风光，正所谓"真山原是古人师"（戴本孝句）。

戴本孝擅画卷册，《华山十二景图册》《黄山图册》堪称他中后期的代表作品，由《赠冒青若山水册》对"笔墨和图式"的传统深刻阐释到"师真山"对古人笔墨的"印证"，无疑是一次质的升华，而这一时期他创作的卷画也颇可观。据《余生诗稿》可知有《四时画长卷》《溪山心影画卷》《梅花洞天卷》等，惜今不知存世否？上海博物馆藏《三绝图》是此阶段的巅峰之作，此图为先后两年完成，1687年丁卯六月初画前段，后为鼠伤，次年续成，分别题识，前题曰：

---

[1]《山水册》，见《虚斋名画续录》。

三绝图　郭兰祥题引首

　　尝见大痴《关山云树图》，真入北苑之室，董文敏数称善，尝临之。是迹旧藏退谷先生家，今亦不知何存矣。丁卯六月暑暍甚厉，正客长干，炎势初杀，甘澍晴快，乃乘朝爽，北窗命笔，倾将还迢谷，遂成是图。勖微为林间白眉，当不以鲁视我也。

　　所云"关山云树"，实乃董（源）北苑"一片江南"之意，前有江渚泊舟，遂起高山大岭，重峦叠嶂，继而林木森华，峭壁对峙，江流远去。忽以飞瀑戛然而止。从后卷题跋知为鼠齿所残。所云"尝见大痴《关山云树图》，戴本孝当曾见过黄公望画卷"。退谷先生，似即孙承泽（1592—1676）。孙号退谷，尝于西山樱桃沟筑别业，建退翁亭、万卷楼，藏书及名人字画甚丰；而京师城中所居地亦有金鱼池诸名胜。据《余生诗稿》知戴本孝曾游西山，亦作金鱼池游记诗（《余生诗稿》卷二移次金鱼馆和犀水韵，《戊申三月十八日，偕犀水、率庵游西山……》等），按理说他是有机会得观孙承泽收藏的书画作品，但从目前所能见到的文献中尚未有二人交往的相关记录。

　　画卷后部分为残卷裱成后补绘。题诗所云，"每忆旧游犹昨梦，名山梦里若迎送"，画中景物，似综旧游之印象，寄寓胸中之丘壑，峰岭幽峭，洞天梅树，更见古木权枒，修竹蓊郁，空亭高据，村舍渔舟，深庭野鹤，骑驴高士、带笠行者……[1]山川壮阔，景致幽邃，无疑是其超然尘外的心灵境界和审美品位的体现。

---

[1] 古雨苹:《戴本孝生平与绘画研究》，引林婉瑜《儒士、贰臣、收藏鉴赏家——孙承泽之生活、绘画品味与影响》，台湾大学艺术学研究所硕士论文，2004，1—170页。称孙氏收藏及寓目过的黄公望画作里，却不见相同或类似画题作品。或《关山云树图》之名并无实指，戴本孝凭所见记忆信手取之。又称"董文敏数称善尝临之"，亦有可能戴所见者实为董其昌临本也。

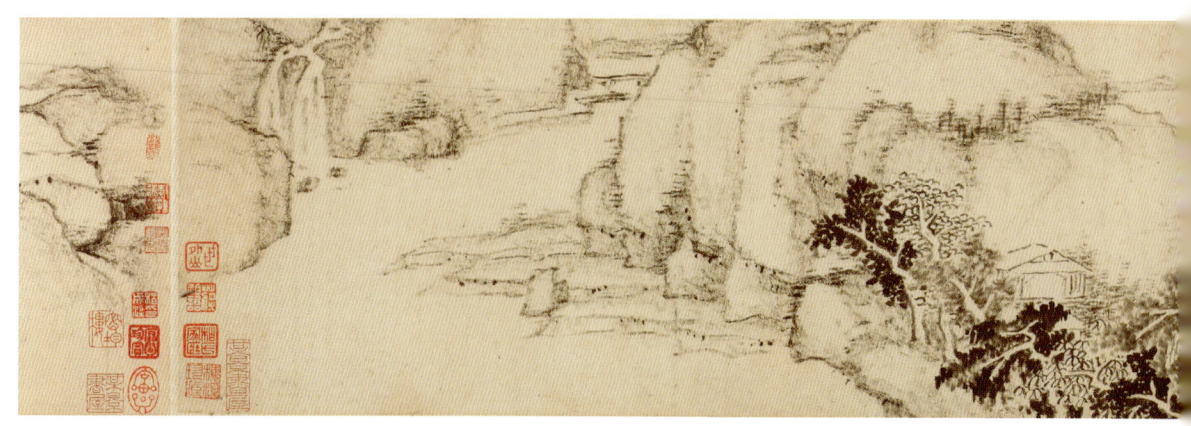

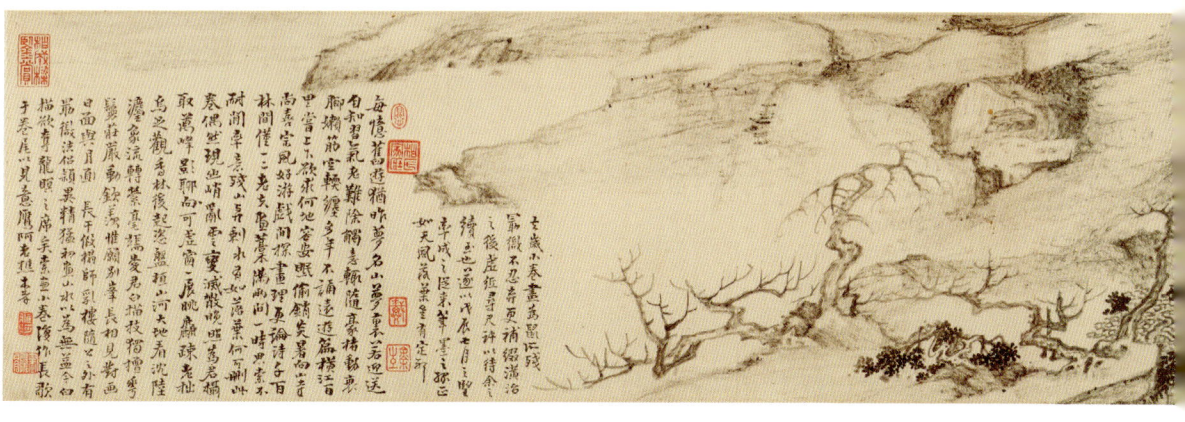

壬歲小春薰為蜀仁殘
家似不忍棄置更補綴渲染
之後虛徐遲留累月許以待余
續之也四月戊辰七日之望
卓域之隆四月舟次壽之孫正
如天風蕩葉吾每自玩之

每憶舊日遊猶昨夢名山勝景石迎送
自知習氣名難除解意頻道豪楮牘裏
腳癬範寬邊寒多年不誦逐遊探翰音
高兼實風好游戲間探畫理意畢索古言
林間僅二老夫當蒼殘山昂列水岩如劇州
耐朝率景殘出峭嶺蔚雲寶深葉何可刪
卷偶舞理出峭嶺蔚雲深嘔為居橫
取萬峰影聊品可是商三辰晚晨竦老抛
烏之觀秀林復起崖疊聊河大地看沈陸
邊泉流響繁真擁憂見曰插枝插橿
磞稜磊蕨動鈞峭堆關羽峯長初見對畫
吳精猶乳樓薛心水又無尺蓋分初
萬微洒猶頸吳兼蕉養秦陰歲於長歌
日面與月面長于鵲楷醉欲見意庸阿光雄未
插微看龍吟一陣矣亦養陰陳於長歌
于卷尾以見意庸阿光雄未

三绝图　手卷　1687年　纸本　墨笔　17.1cm×103cm（尺寸不等）上海博物馆藏

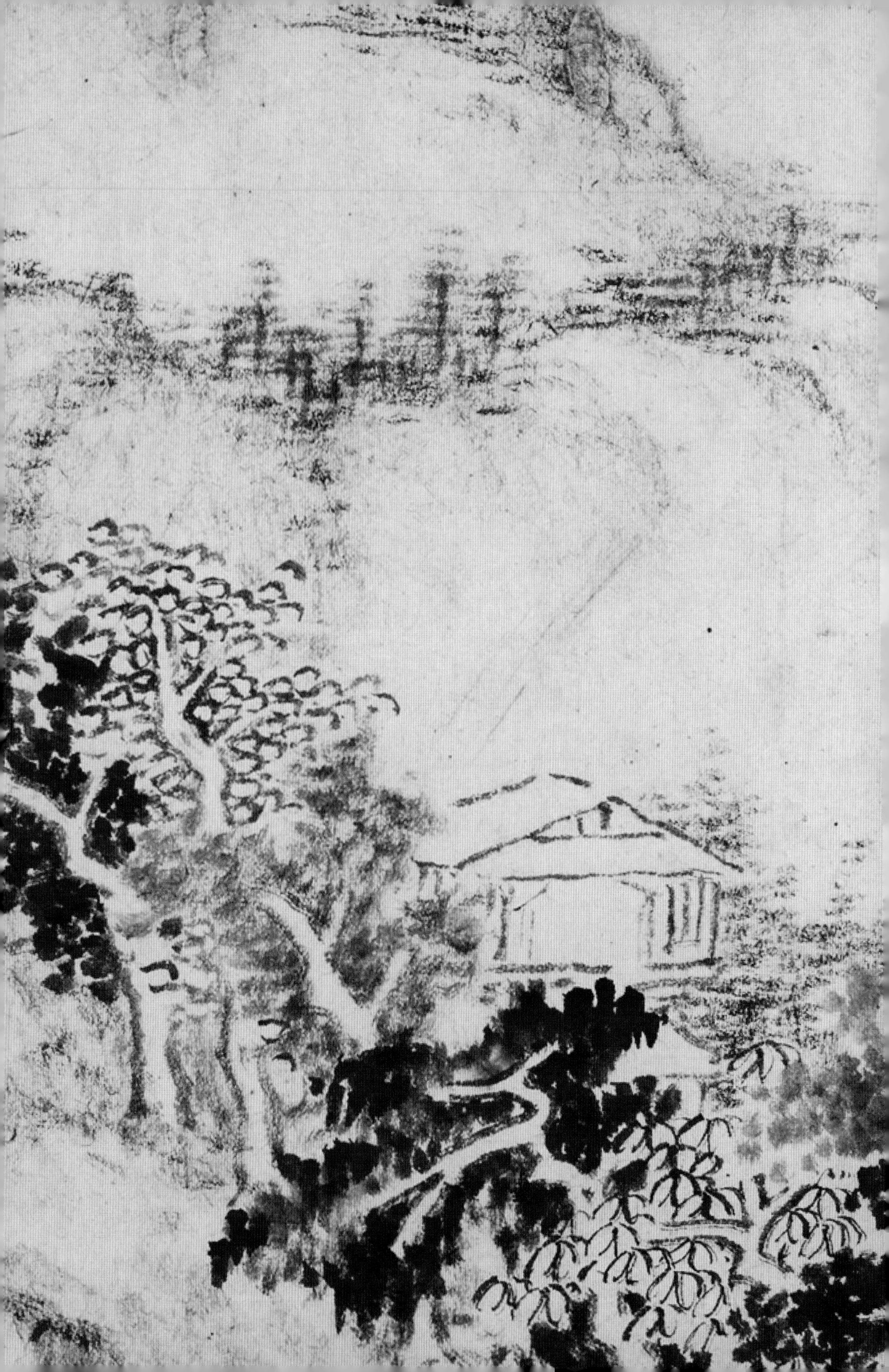

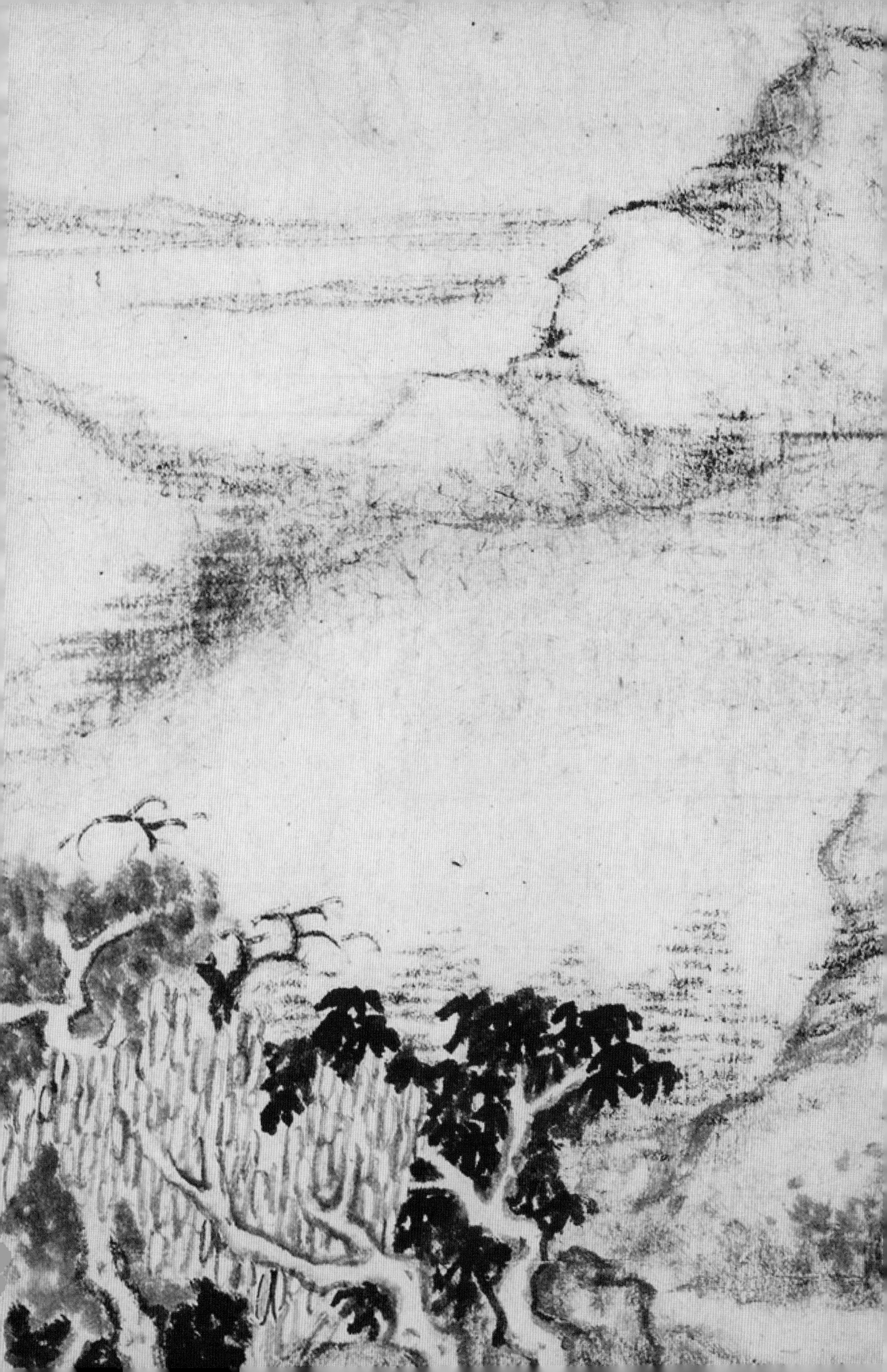

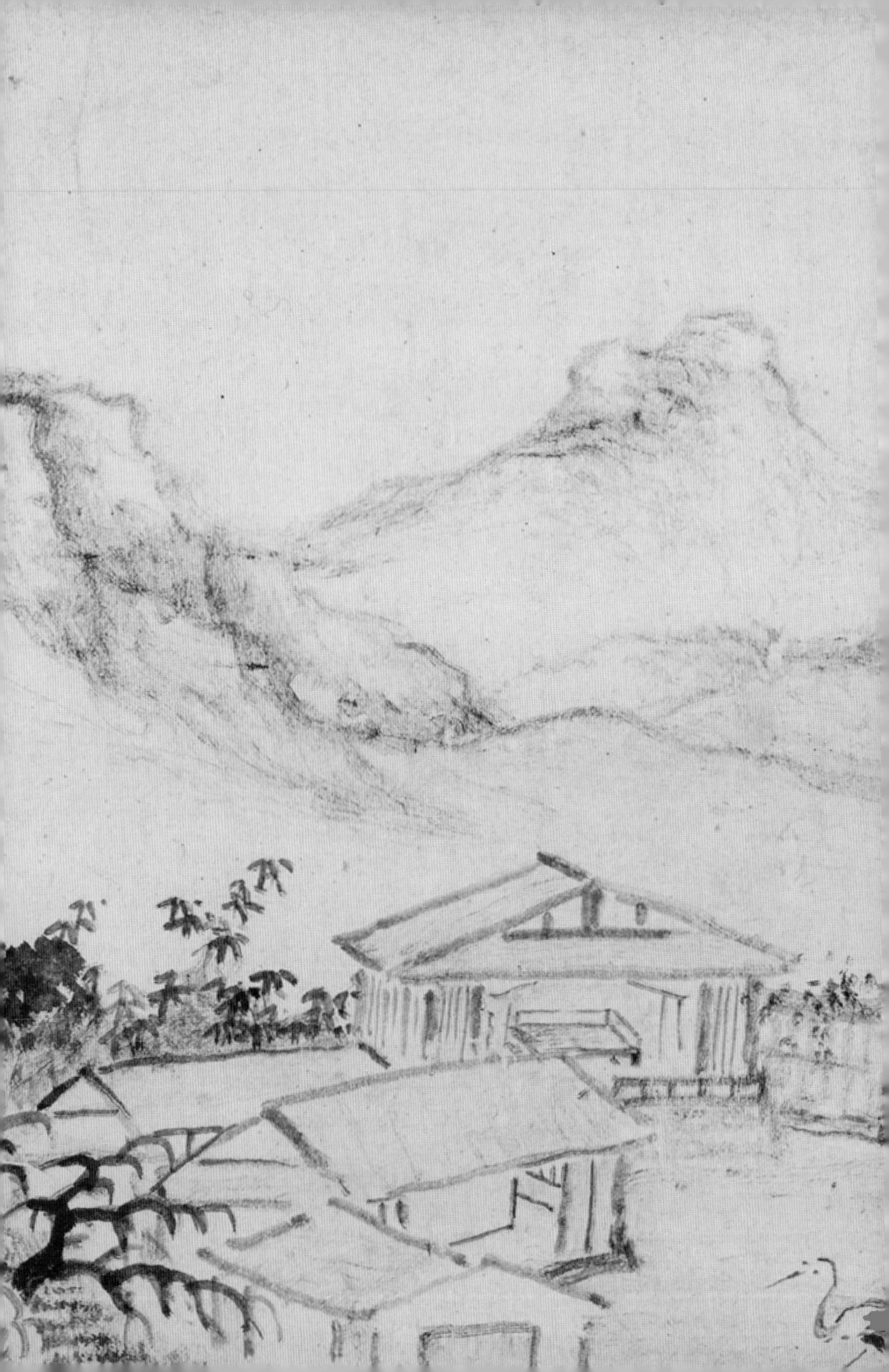

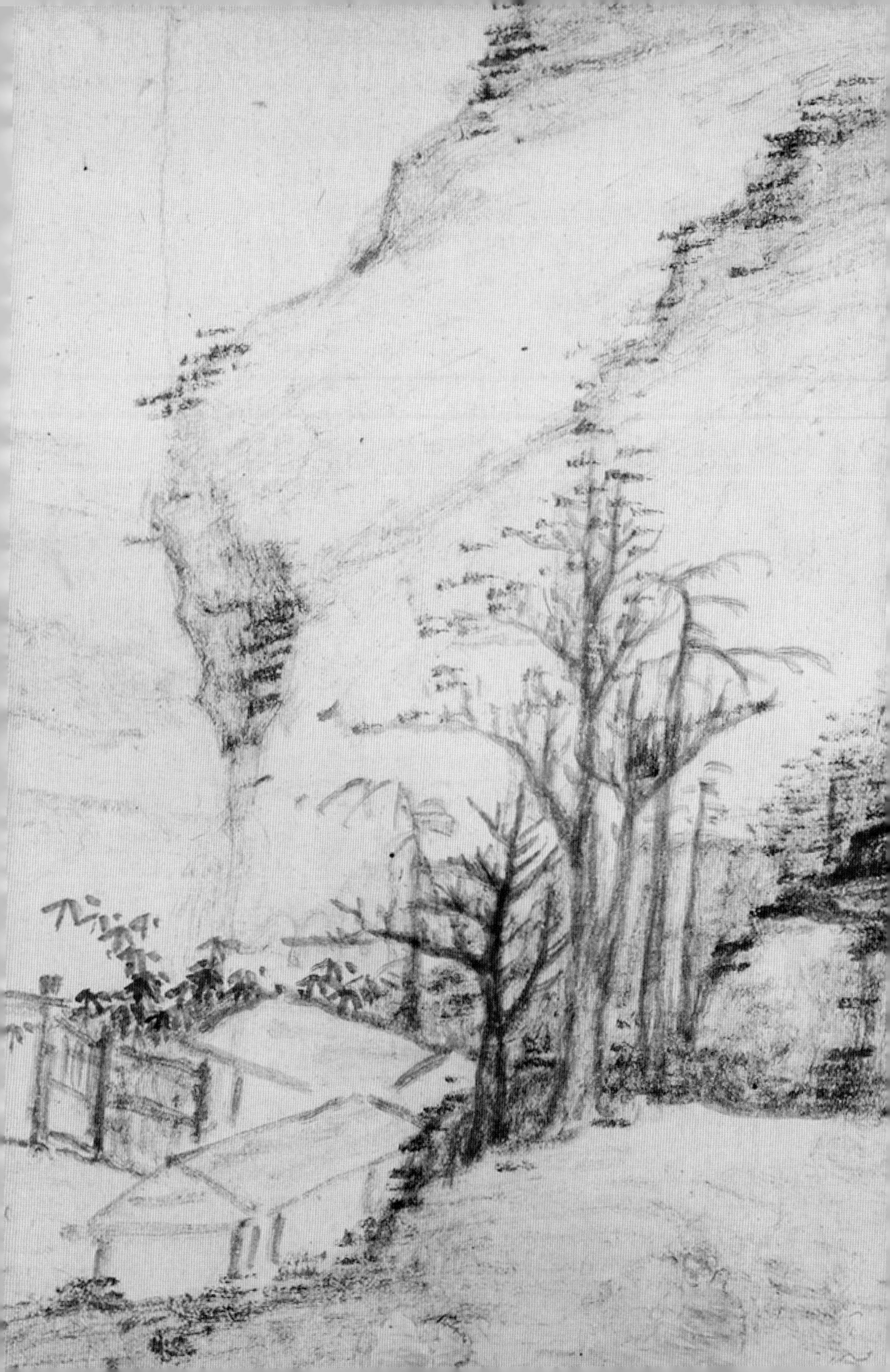

耐閒牽惹殘山與剩水有如落葉何所刪此
卷偶然現幽峭亂雲之寶滅散晚照爲君權
取萬峰影聊向可虛窗一展眺廣廡疎老松
烏乙觀香林後起恣盤桓山河大地看沉陸
濾象流轉紫毫蘸愛君白描枝撐擅号
鸞莊嚴動欽羨漦惟願別峯長相見對畫
日面與月面長干假稱師乳樓隨之外有
晶微法侶穎異精猛初畫山水以爲無盡令曰
描欲奪寺龍眠之席矣素畫小卷復作長歌
于卷尾以見意鷹阿老樵未耆

去歲小春畫為鬮正殘
罍微不忍棄更補綴瀟洒
之後虛徒尋尺許以待余之
續玉也遂以戊辰七月之望
亭成之隱來筆墨之孫正
如天風蕩蕩登有定邪

每憶舊遊猶昨夢名山盡夢裏若迎送
自知習氣老難除觸意輒隨真豪橫動裏
腳嬾筋孿纏多年不誦遠遊篇橫江百
里當上下欲求何地容安眠偷銷炎暑向山寺

又题云："去岁小卷画为鼠所残，勖微不忍弃，更补缀潢治，之后虚纸寻尺许，以待余之续至也，遂以戊辰七月之望率成之，从来笔墨之缘正如天风落叶，岂有定耶！（诗略）长干假榻师乳楼，随公之外，有勖微法侣，颖异精猛，初画山水，以为无益，今白描欲夺龙瞑之席矣……"

勖微，生平不详，只知为擅画者。戴本孝此卷历时两年所成，后又续画一段，亦以干渴笔墨，反复勾皴，其笔之简，可媲美渐江《晓江风便图》，其丘壑之森然幽峭，可超拔时流。同样观照元人，同样师法黄公望或董其昌，戴本孝较王时敏和王原祁等人更倾注卓然独立的美学主见，他不像王时敏那样用笔繁缛缜密，亦不同于王原祁强调点画线条的"真实感"，同样在元人渴笔中衍变，戴本孝则显得更轻松，虚中见实，更见空灵幻化之幽奇，给人以愉悦的梦幻之感。卷后之吴湖帆题跋诗中所论极为深刻："鹰阿渴笔造神化，淡扫吴笺多蕴藉。"又说："鹰阿画妙在渴中间，大涤子则湿中拙，其造诣非无机俗匠可到能识，其妙理已臻佛顶，况举于散莲花耶。"吴湖帆一再强调戴画已臻"化境"，自非斤斤"师古人"或"师造化"者可以梦见，二者皆其蹊径，忘机则抵达彼岸。

卷后有戴移孝题跋，尤为难得，曰：

> 昔人谓目不破万卷书，足不涉万里路，不能为诗为文，即六法亦然。鹰阿伯兄少膺颜泉明之痛，遂弃尘网，假诗画以鸣，晚嗜远游，迹半天下，自喜得真师，与华山悟神变，于黄海谢去金碧，单用白描，寄意在笔墨之外，所以超轶今古也。然困于促逼者政复不少，独此帧

焦墨山水卷　1685年　纸本　墨笔　30cm×137cm　中国美术馆藏

假以岁时，每兴酣神健偶一点簇，遂于诸家之法无所不该，真奇宝也。勖微道兄能留意于此寝食寒暑其中者数十年，即不必破万卷涉万里伎亦进矣。庚午初秋笏山移孝无忝氏识。

跋文不长，"信息量"不少。游华山、黄山之旅乃戴本孝"蜕变"之契机，所谓"谢去金碧""单用白描"，即不囿陈法，仅以干渴简约笔墨出之。而又称此帧"于诸家之法无所不该"，实则指本孝师古人画法之"经验"。师古人，须有深刻的"感悟力"，可以说，戴本孝以一种直接的切入方式，观照、顿悟，用现在话语来说，他很善于"提纯"。法无定法，却有规律，这规律便是"经验"，更是"心性"。如前面所提到的，作为布衣的戴本孝不可能像王时敏他们那样家藏历代名迹，可以随意摩挲临摹，戴本孝或许已从少量的阅读古画的经历中获取相当的"经验"，他的"真师"便是"真山"，从自然山水中体悟古人经营、章法、笔墨之神韵和规律，所谓"印证古人之笔墨"，相互观照，"与造化同根"，从而进一步获取"经验"。这种由真山而得来之法，极大限度地体现绘画者的自由思想和主观意识，故其笔墨显得生动而自然。尽管无处不体现古人之法，但非一味摹拟古人，便自然脱尽泥古习气。比起对技法的执着，对素材的堆砌或拼凑，戴本孝的"三绝图"则充满了鲜活的生命气息，而与石涛所谓"搜尽奇峰打草稿"之"贪嗔"，戴本孝则更倾向于"简约主义"，宛如一个庞大的信息处理系统，将古人画中的山水与真山以简约的审美形式加以整合并表现。所谓"白描"，乃是"渴笔"之极致；所谓"蕴藉"，便是"内美"。移孝说他"寄意在笔墨之外，所以超轶古今也"，绝非虚词。

中国美术馆藏《焦墨山水卷》，作于1685年，戴本孝时年65岁。他以俯瞰的角度，截取山崖丘壑的某个片断，岗峦错落，茅舍隐现，古树丛生，江渚清远。署"拟元人笔墨"，运用了"积墨法"层层点画。有学者评论："但从画中看来，他以写实的手法刻画出山的形质，造型准确，功力深厚，绝不是临摹他人之迹或游戏之作，一定是从写生中来。"[1] 从画面所显现的"风格"来看，似嘉道后面貌，短而钝的笔触点垛，与戴本孝干渴笔触的皴斫风格相差甚远，树木、村舍、山体结构的处理显得生硬、幼稚，当是一件旧伪之作。

画于1691年的《象外意中图卷》是戴本孝又一力作，堪为人画俱老、炉火纯青。所谓"象外意中"，实为入世与出世之间，笔墨冷峻而闲逸，苍浑而秀润；丘壑幽深而清远，南韵北质，平淡天真，一片江南。如果说黄公望《富春

---

[1] 令狐彪编著：《中国古代山水画百图》，人民美术出版社，1985。

象外意中图卷　1691年　绢本　墨笔　26.5cm×366cm　私人藏

山居图》在平淡透迤中求远逸，王蒙《夏山高隐图》以繁密华滋而致幽深，那么，戴本孝此帧则在两家之间直近北苑，而笔墨之朴厚空灵，则将渴笔之境臻至"化境"。卷后题识云：

> 六法师古人，古人师造化。造化在乎手，笔墨无不有。虽会诸家以成一家，亦各视其学力天分所至耳。脱尽廉纤刻画之习，取意于言象之外，今人有胜于古人，盖天地运会与人心神智相渐，通变于无穷，君子于此观道矣。余画初下笔绝不敢先有成见，一任其所至以为起止。屈子远游，所谓一气孔神。无为之先，宁不足与造化相表里耶！是卷枯颖迅扫，摵摵有声……

可见戴本孝对自己的"枯颖"之表现力颇有自矜之意。

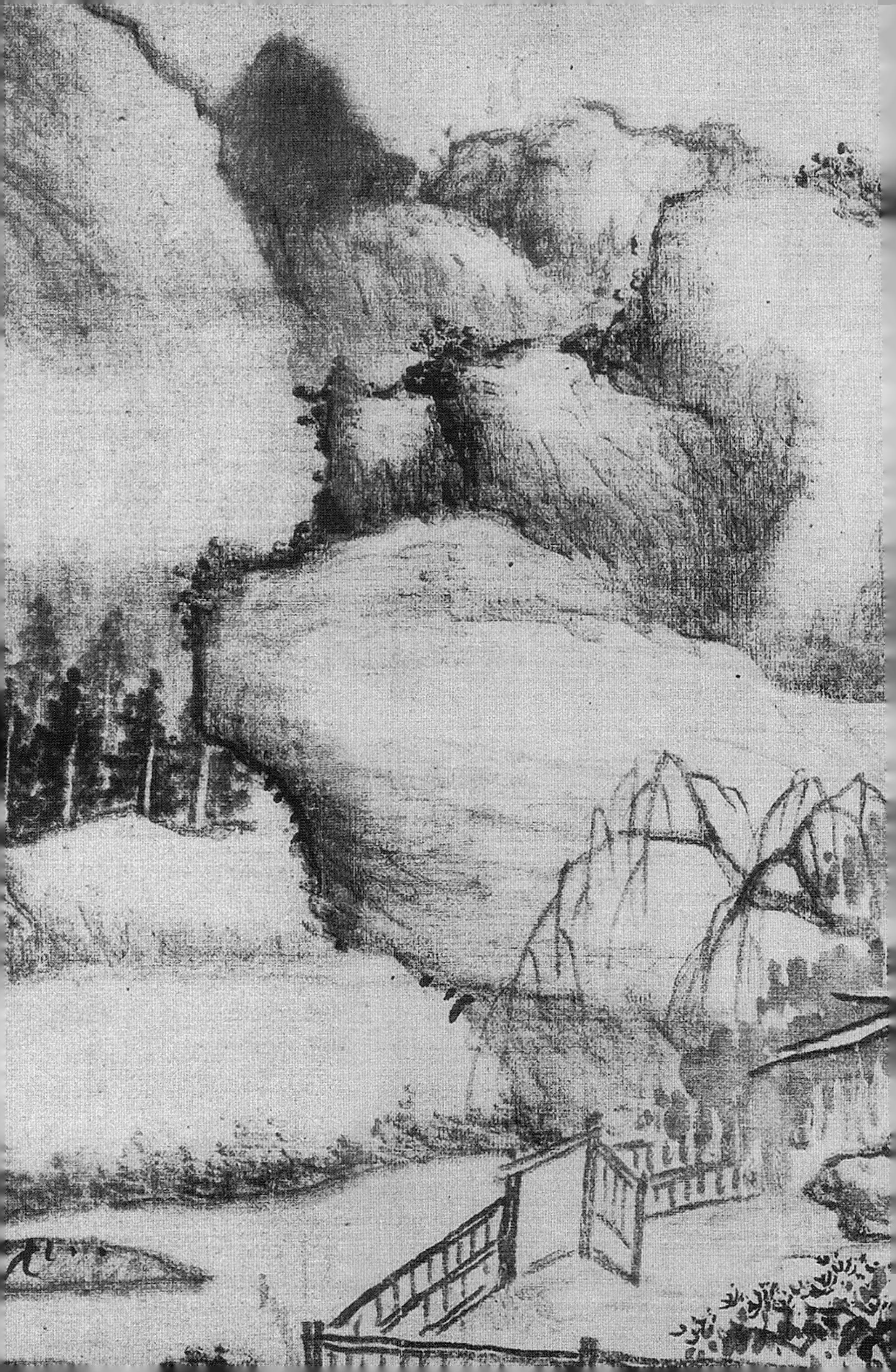

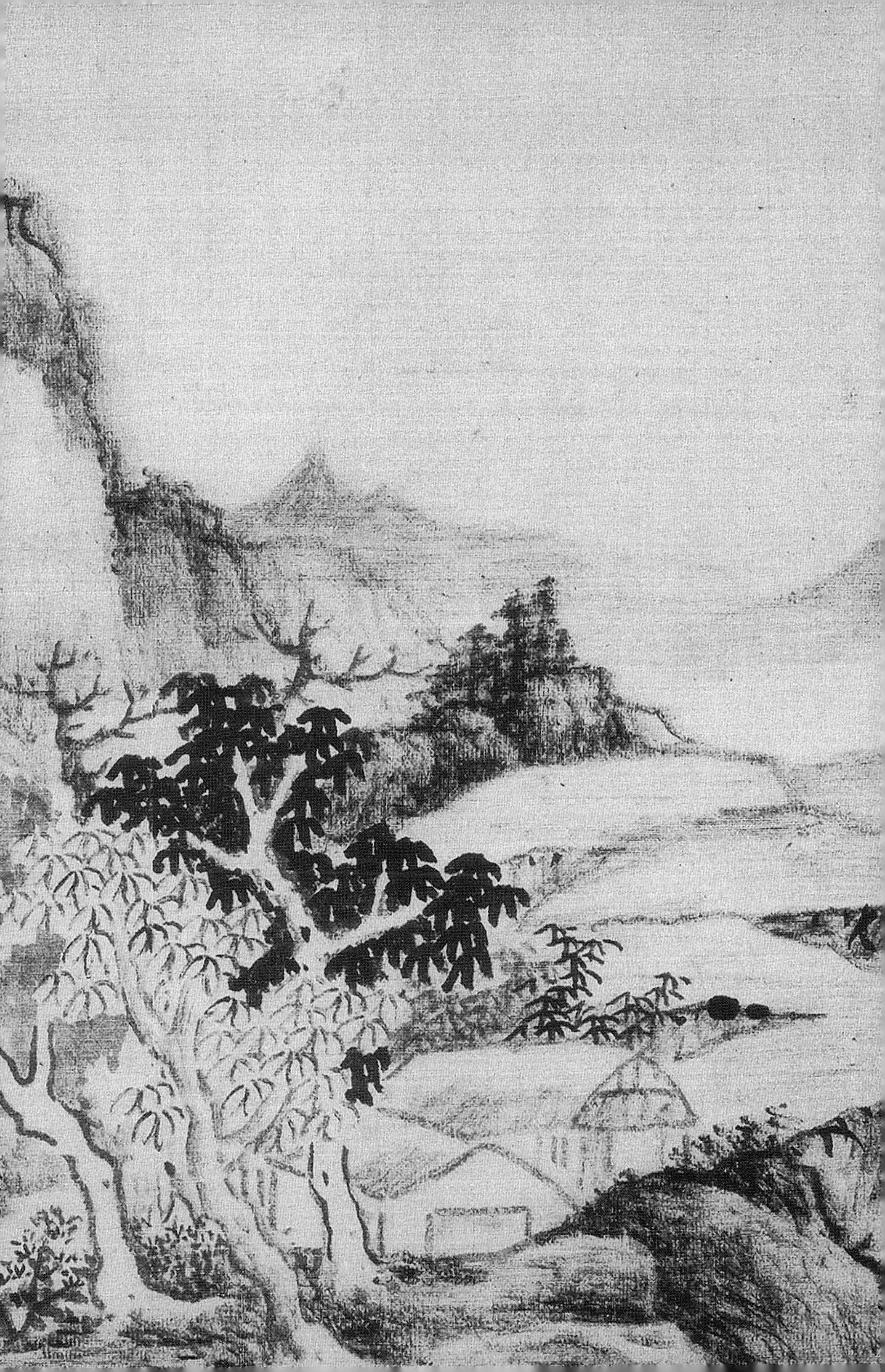

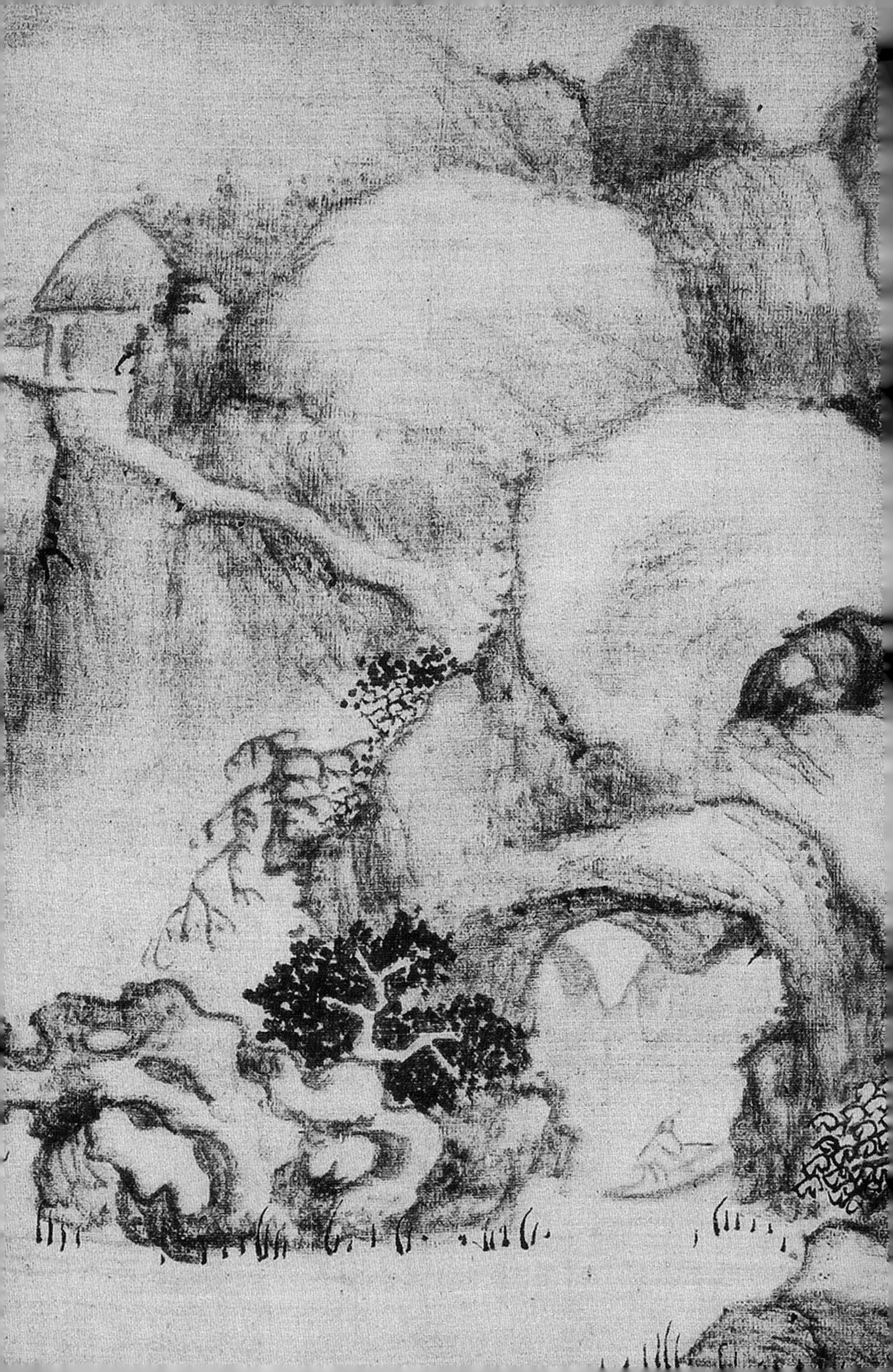

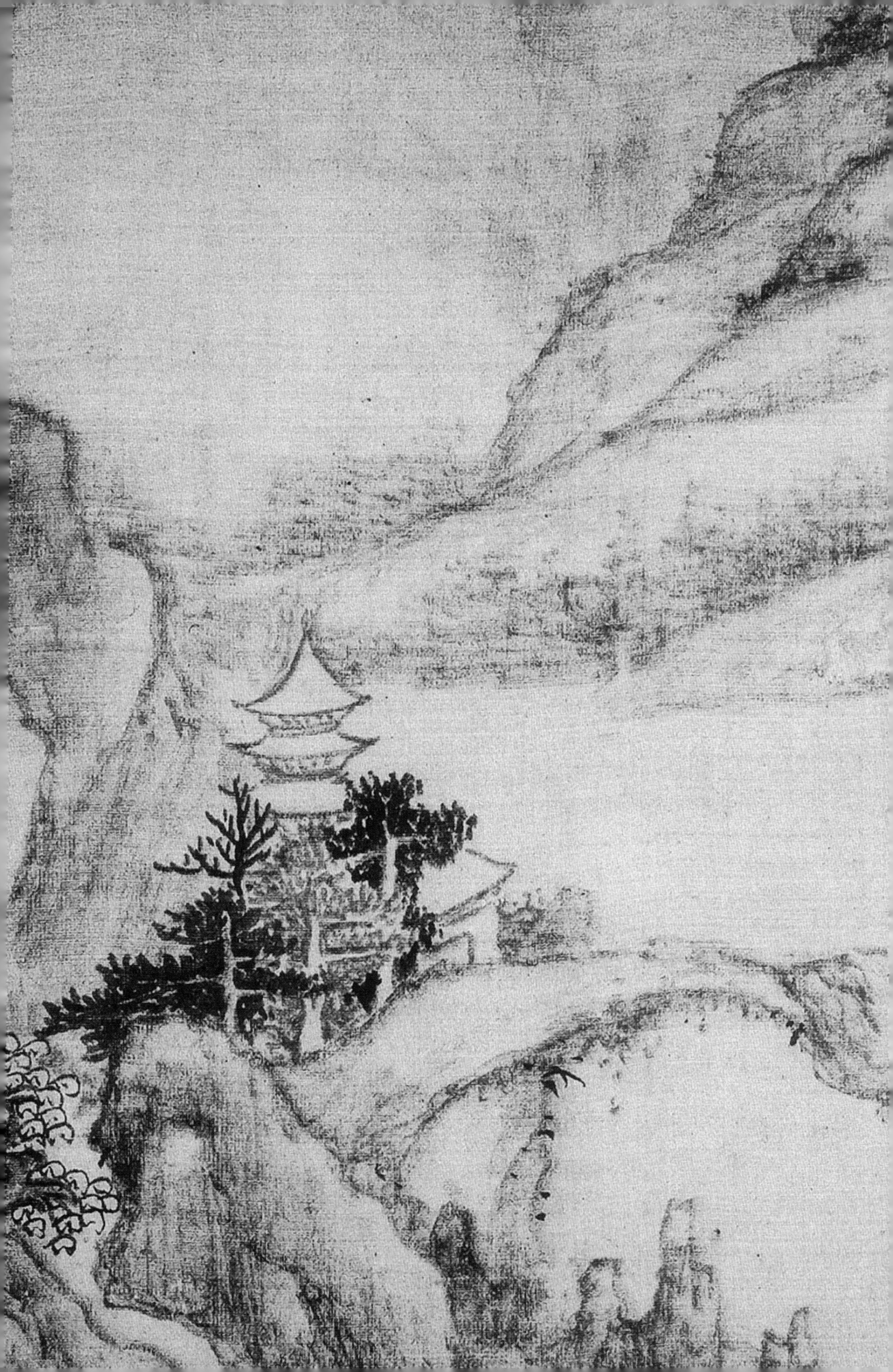

戴本孝
天台异松图
1687年
169cm × 76cm
美国乐艺斋藏

《天台异松图》（169cm×76cm），尺幅之大，殊为少见，为"中后期"丁卯年（1687）67岁时所作。构图繁茂，气象森严，乍看颇似沈周《庐山高图》那般山峦层叠，云壑飞泉……但显然并不像沈周那样笔法刻画细致，各种形态的"留白"是"戴氏家法"的独特表现，尽管画中景象繁复：巉岩峥嵘、石梁高架、虬松悬结，但依然显得很从容，繁而有序，气势沉雄。戴本孝并不像沈周或王蒙那样采用缜密的线条勾勒，无论勾画山体轮廓，还是皴擦山石的凹凸感，都显得极其谨简，鲜明地体现出"简笔而简景"的艺术表现力。可能在画面上，我们依然可以联系到他的某些"华山"或"黄山"作品，如《白龙潭图轴》、美国景元斋高氏本《山水图》等，因其画中有一些似曾相识的"个体形状"——如右下角的巨大石崖便极似《白龙潭图轴》的处理和布局。戴本孝巧妙地将繁复而"细碎"的物象统摄在画面中，形成磅礴的"气场"，使画面更充满雄浑奇谲的"异样感"和深邃幽远的"神秘感"。非尘眼可及，乃上古象外之境。元人的高冷意趣与宋人的刚正气质在戴本孝的笔下显得很谐调，苍健古拙与细润韶秀的笔法极相融合，极其耐人寻味。

　　另一幅巨作荣宝斋藏《松云灵岳图》（189cm×89.5cm）似为同时期作品，近处岩石、古松、空亭、泊舟、石桥，依然是他画中所常见，画面上方之山峰兀起颇似"莲花峰"，山脚云烟弥漫，石径遥接古刹，一似"文殊院"，这幅画虽不像《天台异松图》那般景物"细碎"，但也极其丰富，以"平远"而或"高远"，尤其左面之远山处理，分明是黄山云海奇观，更凸显了整体画面的浩然之气。细究笔墨，亦见丰富，挺秀而爽劲的细笔长线在他的画中并不多见，但在这里却显得特别的"随意""自在"，不像萧云从或渐江那样很"文静""安雅"，反而看到一些"情绪"，长线、短斫，齐与不齐，极细处极见苍劲，极瘦时极见腴润。蓬松的秃笔在山脚处密密点垛，无论焦墨还是淡墨皆以渴笔出之，故显得极其纯净而腴润；横势的苔点和树木的叶点相呼应，很有节奏感，并巧妙地运用"湿墨"，使得画面有一种高洁空旷的朴素之美。堪为研究戴本孝后期笔墨的经典之作。

（3）晚期（1689—1693）

　　如果说《赠冒青若山水册》是一个高度，《华山图册》和《黄山图册》又是一个高度，那么，经过数十年的探索，尤其是对"师真山"和对"一画"美学

戴本孝
松云灵岳图
年代不详
立轴 纸本 墨笔
189cm × 89.5cm
荣宝斋藏

第四章 艺术思想与画风之衍变

戴本孝
山川磅礴图
1689年
立轴 绢本
199cm × 47.2cm
天津博物馆藏

理念的感悟，戴本孝的晚年之作，实则是对过去"经验"不断调整后的最后蜕变和升华。

这一时期的作品以《象外意中图卷》为卷画之最，册页则以沈阳故宫博物院藏《山水册》十二帧为代表，大幅作品则有扬州博物馆和南通博物馆分别收藏的《陶渊明诗意图》各十帧，以及海外藏《天台异松图》、荣宝斋藏《山水图》等。西上实《戴本孝研究》称这个时期作品的特征是：虽然有些不合规则，但画面构成已定型，题材完整，构图更为大胆，笔法更趋精练，惜墨已近顶点，以至创作出乳白色的梦幻世界。[1] 或有一种玉琢冰凿般的冷峻之质，其绘画风格更加突出，枯笔渴墨趋于成熟。所谓"老笔渐趋迂""染成枯寂性"。[2] 从格局构图来看，趋于简洁朴素，意境愈见高旷，具有幽深远峻的纯静之美。

晚于《象外意中图卷》一年后所作的《雪峤寒梅图卷》（故宫博物院藏），高35.8厘米，长689.8厘米，堪称其晚年之巨作。此年戴本孝以72岁高龄应故之约远游济南，时李广宁使君主持修复古历下亭，戴本孝在济南期间不仅游览了华不注山诸名胜，还应友人之邀画了不少作品，此卷即为喻成龙（正庵）所画。喻此时正任山东按察使，作为戴本孝艺术的爱好者和"赞助人"，戴本孝极其用心地为其完成此卷，并作诗十二首分别题于画间，后有跋语曰：

> 武功喻公正庵先生，以稷卨之身，抱川岳之气，本跧伏丘樊，侧窥霄汉，敢望而不敢即有年矣。追念昔时棠茇所至，啸咏风流，顿皆千古闻。公每见拙画辄蒙颔许，本顾惭哀鲁，猥垂踰奖，知己之感，匪同滥竽，迩年故山岁侵，砚田食力，携儿随杖，不讳饥驱，浮淮涉汶，取道任城，脂辖吟鞭，竟造历下，岂期白发之樵氓，忽际缁衣之雅好，爱命渴泓焦颖，漫摹雪峤寒梅，虽未惬夫澄观，聊博嗤于黔技云尔。列附小诗十二章，用呈大君子俯鉴。壬申建子月望后一日，鹰阿山樵戴本孝拜识于七十二泉之间，时贱齿适与泉同。

---

[1] [日] 西上实：《戴本孝研究》，见《论黄山诸画派文集》，上海人民美术出版社，1987。
[2] 戴本孝：《余生诗稿》卷二，《得废谷纸作纸掌小册闲课一画辄题一小诗以见意》。

戴本孝以衰老之年远游山东，既为历下亭事（先曾作画以志贺），亦为与故友相聚，王楫、王概等老友亦相继赶到济南，同时可以想到像李广宁、喻正庵、朱缃这几位"铁粉"们都纷纷邀戴本孝作画，穷谷艰难生计因此可得维持。

同样表现崇岭幽壑、江村岸渚、幽居高致，比起早年所作《雨赏图卷》，此卷不只笔墨精进，其布局、气象显得更从容、自然。

将近古稀之年，戴本孝笔耕尤勤，或谓他步入创作高峰时期。除了"陶诗"系列屏大幅之外，卷册画尤多，1690年或其后所画册页便有《杜诗山水册》、《山水册》十二开（故宫博物院藏）、《山水册》九开（上海博物馆藏）、《山水册》十二开（翁万戈旧藏）、《仿古山水册》十二开（上海博物馆藏）、《山水册》十开（上海博物馆藏）、《山水册》十二开（台北故宫博物院藏）等。

台北"故宫"本《山水册》十二开（罗家伦夫人张维桢女士捐赠）是一件极其难得的精心之作。多作间有著色，在戴本孝晚年作品中极罕见。尺幅亦小（24.7cm×16cm），仿佛早年赠冒青若"手掌小画"，但笔墨尤见简劲清逸之质。其一，着淡赭、花青色写春山烟云，题诗曰："春云何其肥，山家翠欲滴。谁道濡毫人，不是为霖客。"烟树云山，仿佛小米（友仁）《潇湘图》笔调。对于一位艺术家来说，于古人当在"从来不会想起，永远不会忘记"之境，对古人之敬意，更为抒写性灵，若此，方能出入自由，如入无人之境。对题有近人胡璧成识云："近人学石谷画，空阔处皆须尺寸度之，山水天趣，岂有如雕刻死相者耶。此幅设色苍润矣。中幅写云气，空处不见其疏，此境正在王派之上。"堪为允当之评。其实，戴本孝比之王石谷，妙处即在"苍润"，能于简约中见幽邃，师古人自能不落古人蹊径，盖胸中有天地浩然之气。

同为设色的还有其三、其五、其七、其九、其十一诸开。其三写秋江泛舟，烟波浩渺，孤帆远望，有咫尺千里之阔。其五写高松野屋，老鹤鸣秋，只着淡色，冷暖相衬，隽逸间透着霜冷之意。对题胡氏跋云："秋色满纸，有东坡道人绝粒对寒碧意境。"而古木挺秀之质则略见董华亭意趣。其七写"古调自爱"诗意，月色泠泠，烟树缥缈，高士偃卧，静听瀑声，"先生本是忘言者，放下鸣琴不肯弹"（胡璧成跋之）。画上亦有题句"浩魂若常见，古调为谁变"，联想戴本孝诗句"独抱吾家变调琴，至今千载少知音"，[1] 真所谓"忘言"之境。其九写湖

---

[1] 戴本孝：《余生诗稿》卷九，《星源清华里宗党乞画家山》。

武功喻公正庵先生以稷高之身挹川
岳之氣木雜伏五嶽側窺霄漢敲壁
而不敢即有年矣近余昔時棠芰
於玉嘯詠風流粉皆千古聞
之每見拙唐輔業領許未碩懇哀普
狼要瑜獲知己之感庶同階等迎年
故山歲優硯田負力攝見隨林不諱
飢駐潛淮涉浚取道任城胎鼓吟鞭
賣造歷下登期白駿之驩岷魚際
緇衣之雖好愛奇渴漵甚穎渴蓍
雪嶠裹梅雜木悵支澈觀聊博咿
於髻枝之間列附小詩十二章同王
大昇予儔鑒。壬申建子月聖徒一
日鷹阿山樵戴本孝拉識於七十二
泉之間於賊當邁真泉同

雪峤寒梅图卷　1692年　手卷　纸本　墨笔　35.8cm×689.8cm　故宫博物院藏

山，蒹葭摇曳，绿荷田田，对岸红树青山，幽涧飞瀑，水阁村舍隐见其间。设色清润古雅，意近吴门与云间，而别有冷逸之气。其十一写秋山策杖，渴笔皴斫，敷以淡赭，点缀朱色，复以花青着远山，顿生鲜洁无尘之致。这十二帧册页画于迢迢谷中，山斋适意，画得尤为精致而轻松。

故宫博物院藏《杜诗山水册》十二开，是戴本孝以画"笺注"古人诗意的著意之作，与《陶诗十二屏》相比，《杜诗册》画的是西部山水，大壑深丘，已非"陶诗"画境之悠然清逸韵致。如《瞿塘双崖》《丈八沟纳凉》《积麦山寺》。

戴本孝有可能曾涉秦、蜀之地，画中风景是"诗意"或想象，如写瞿塘，题识云："瞿塘双崖奇险莫伦……少陵是诗刻露殆尽，虽极力摹拟，不能工也。"身未经历，颇有憾意。如《积麦山》（麦积山），虽有于悬崖峭壁构筑山寺、磴道蜿蜒诸险奇之景，实与麦积山之实景相去甚远，戴本孝在款识中感慨道："积麦山在泰州东南百里，山如积麦，梯空架险而上，千龛万室，缑空蹑虚，为秦地形胜之冠。……余尝入关，三登太华，皆极其颠，遥望秦州一带，山势杳茫，

雪峤寒梅图卷（局部）

不可识辨，恨身不生八翼始能翔游万里千霄为快耳……"从文字中可知，戴本孝可能未曾前往，然在遥望之间，仿佛心已至矣。从画面来看，他对麦积山的形胜又是颇了解的。

末页对题跋文中，戴本孝对"杜诗山水册"的缘起略作陈述："……蹉跎暮年，潦倒逆旅，尚未能忘情于砚田，为可笑也，积习难除。近于六法，唯绠汲于陶杜句中，每为真鉴者肯。"以六法笺读陶、杜之诗，是戴本孝晚年创作的一个重要课题，既是心境使然，亦是对生平游历经验和师真山的思考和升华。册后有好友吴云（舫翁）题跋：

> 以少陵杜老之诗而入阿山戴公之画，其诗中之画，画中之诗，合而为一。但杜老不得志于蜀西，以其言托之于诗笔；戴子不得志于江南，以其意托之于画管。此不是诗，不是画，即其人耳……

273

徐步移班扶看山仰白頭翠溪開斷
壁紅遠結飛樓日出清江壁暗和
散旅愁春城見積雪如攬涕歸舟
白鹽崖高于鱼腹之其色炳耀若鹽臨故名白帝城
高江急峽古木蒼藤冐為險峻山陵曉壁一首
儼竦荊關遺蹟遵用其法摹之翠深紅結迎廟
入神砂之筆仰首看山徐步福枝土陵生氣寫貼
子云如新䓤此 鷹阿

葩日平臺上春風啜茗時客攔斜點筆
桐葉坐題詩翡翠鳴衣桁情慱主
釣𥕝不自興覩束往之無期
右再過何氏之三首春風茂日啜茗題詩
皆此興正是再過則已覩且訂自今來往何
以不歡其頻之徵賢主之好客如此是題共
五首宿寓再過之意名賢仁過遂是子古端不
負此山林矣 鷹阿

杜诗山水册（十二开之一、之二） 1690年 纸本 墨笔 21.8cm×16.4cm 故宫博物院藏

杜诗山水册（十二开之三、之四） 1690年 纸本 墨笔 21.8cm×16.4cm 故宫博物院藏

百顷风潭上千章夏木清圆枝低结子接叶暗巢鸎鲜鲫银丝鲙香芹碧涧羹翻疑柂楼底晚饮越中行

少陵陪郑广文游何将军山林十首其三首也长安志苴在杜城之东韦曲之西中有浮屠夫人谓之塔坡其迹久湮而谓百顷风潭当即樊川兰间也广文后袭滎海顿异原贤泡影畱騟枭贤之作庭宜在天壤间不坏兰以动人兴感乃知风雅之道安足与候森共语也豪楮之英木过天风苕叶而已不觉沈吟者久之应阿七七老越識

三峡传何处双崖壮此门入天犹石色穿水鱼云根㨾饔顬近愁畏日车翻瞿塘双崖奇险莫伦两渔舟佑窟上下往来依然与猿獴侔豈少陵是诗刻露始尽难极力荞擬不能工也鹰阿

落日放船好 輕風生浪遲 竹深留客處 荷淨納涼時 公子調冰水 佳人雪藕絲 片雲頭上黑 應是雨催詩

下杜城之西有丈八溝即子美納涼遇雨之地今已煙蕪莫識其圖蓋想像當惟郭詩意用自無射如見觀者即景依儗 厲阿

野寺殘僧少 山園細路高 麝香眠石竹 鸚鵡啄金桃 亂石通人過 懸崖置屋牢 上方重閣晚 百里見秋毫

橫秀小五峯州秦南百里山如積麥樹堂架陰品上千龕萬窶鐙盤屈蟠高秦地所稱此司姚秦時建寺瑞應寺上下紫翠中條夫余嘗入閬三蔡天半請頭望萬里千雪為快月今京邸加長可識拙思不生八無始能翔還懸起應蘦之作悔餘暘晴雜閬爲可馳處 厲阿山老棋讀

杜詩山水冊（十二開之七、之八） 1690年 紙本 墨筆 21.8cm×16.4cm 故宮博物院藏

杜诗山水册（十二开之九、之十） 1690年 纸本 墨笔 21.8cm×16.4cm 故宫博物院藏

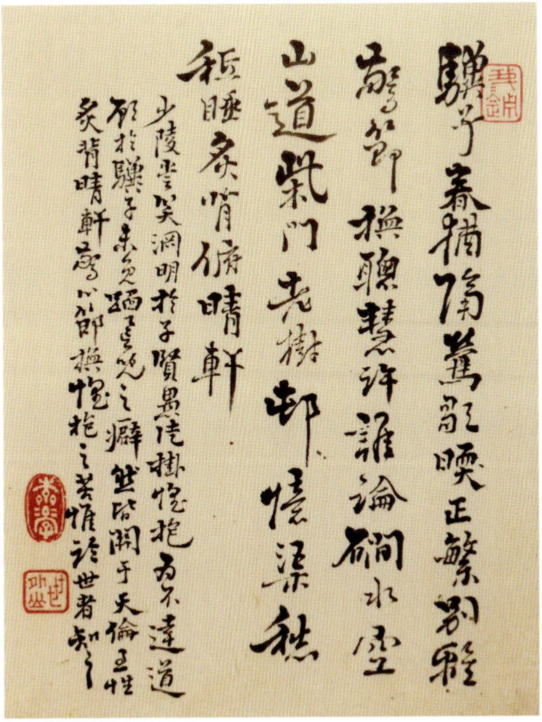

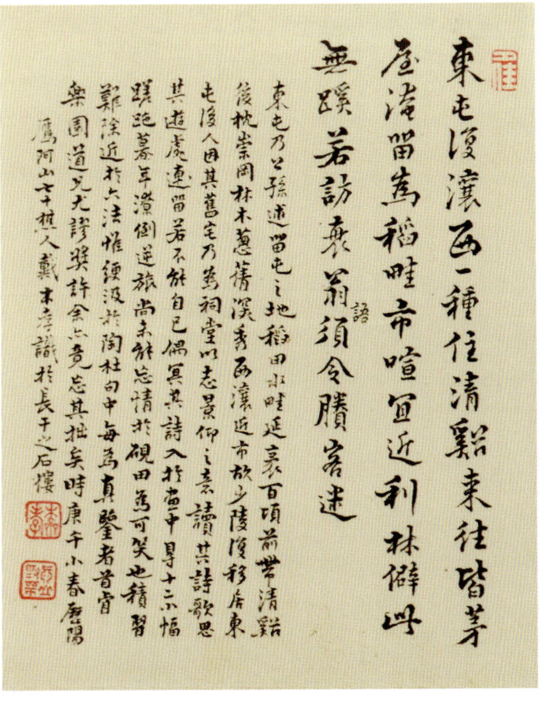

杜诗山水册（十二开之十一、之十二） 1690年 纸本 墨笔 21.8cm×16.4cm 故宫博物院藏

山水册（十开之一至之四） 年代不详 纸本 墨笔 22.1cm×14.2cm 上海博物馆藏

山水册（十开之五至之十） 年代不详 纸本 墨笔 22.1cm×14.2cm 上海博物馆藏

戴本孝在《东柯谷》一页款识中亦写道："《秦州集诗》历纪其山川形胜，千载如画，后人以其诗当画读，余乃欲以画作诗观，宁不谓余痴且陋耶？聊以当无声字句之笺注可耳。"不称"诗意"而作"笺注"，自非画家"标新立意"刻意之说，欲以六法阐释对诗境的真实感受，以冷隽苦涩笔墨写出诗境之苍凉，自不同于"墨客骚人之属"，千载上下，诗与画竟能相契，所谓"心画"是也。所以，戴本孝于古人只选陶、杜两家，当是心境性情所契。

《陶渊明诗意图》（十二帧）传世计有两部，先说扬州博物馆藏本，每幅据陶渊明古诗立意、构思，以表述内心的情绪，寄托心志。

其一《林园谐谈图》。近处写断崖幽壑，蹊径迂回；远处峰峦叠巘，树木葱茏，修竹丛中茅屋隐现……画中似是陶渊明与庞参军悠然相对，拱手饯别，斯情斯景，可从画中读陶诗。山峰之用笔不作方折，似从郭熙、王蒙卷云皴中化出而更简约，于奇峭之中见高淡古秀，自家面目更显沉厚而蕴藉。

其二《松风咏雪图》。山势迤逦，林木萧疏，丛篆掩映柴扉，主人茅斋听雪，神情若吟。在一种肃穆、幽远、安逸的气氛之中，令人遥想陶令与鹰阿两位作者遁世逃俗、返璞归真的意趣。树木以白描写出，是唐人遗意。

其三《松下饮酒图》。古松寿木，老干磊砢，危石苍崖，流水潺湲，"挈壶相与至，班荆坐松下""悠悠迷所留，酒中有深味"。为了表现陶渊明诗中"寄深味于酒中"之趣，画家将人物置于这松涛阵阵、冷意咄咄的山林之间，或盘坐对斟，或醉倚古松，或携童子漫步……何等的潇洒自在，老庄深味、魏晋之风，溢于言表。

其四《东园青松图》。这是一幅立意新颖、意蕴深邃之作，近处坡石叠错、石径蜿蜒；远处峰峦秀起，碧嶂晴空。劲松盘曲，欹侧而上，势若弯弓，如题曰"卓然见高枝"。山深林幽，烟云变灭，主人轻推柴门，"抚孤松而盘桓，而叹尘继之误人生平"，从而高呼："渊明岂世沉湎者等哉！谓之众人皆醉，而渊明独醒可也。"此帧山势跌宕，曲尽幽致，尤远峰作断岭耸列，嶒峻峥嵘，笔愈冷趣愈淡，自能超拔时流。

其五《堂前抚琴图》。此幅构图开阔，作平远状，在戴本孝画中颇见新意。近岗高树五株，挺立水滨，俨然云间姿态；草堂背倚峦冈，修竹掩映，湖山杳茫，烟树凄迷，一如董源一片江南之画意。

其六《虚舟纵逸图》。湖山清远，扁舟一叶，陶令悠然自得，欲往访郭主簿。依然江南景致。黄宾虹尝谓："宋画易摹，元画难摹。"(《元季四家之逸品》)戴本孝真是元人知音，看似平淡，实则英姿妙发，天真烂漫。更能轶出其畦径，纯从真山中化出，故能一扫纵横习气。

其七《守拙归园图》。此幅构图丰满，意境深邃。层山峻岭，水绕山环，村舍茅庐，隐见桃树丛中，板桥之上，不见行人，溪水潺潺，又一派江南风光。"少无适俗韵，性本爱丘山……"陶吟此诗时年37岁，值隆安五年（401），为桓玄的幕佐。他由荆州返里，当是有感而发。

其八《秋菊佳色图》。秋菊与陶令，自是佳话。此幅构图也很别致，由近到远，或低岗，或高岭，呈三角形状，或左或右，数层叠置，是于不奇中求奇。画中林木萧然，古松傲立，萧瑟秋意，清旷炎氛，画中人独坐庐中，饮酒赏菊，"遗世之感，岂得已哉"！

其九《斜川游乐图》。此图描写渊明与二三邻曲同游斜川情景。秀岩峻嶒，流泉飞泻，水泽环抱，野渚绵延，杂树荒草，风中乱曳，人烟稀至，生意犹存。置身如此萧索静谧的世界，可以宠辱皆忘。

其十《吾爱吾庐图》。叠巘秀岩间，茅屋数进，竹树荫浓，堂前卧一青牛，和主人一样悠然自得。右侧石岗之上，三株杂树，以介字、点叶、双勾写出，葱葱茏茏，仿佛沈石田峭秀风致，烟笼远岫，低坡延汀，充满萧疏清远之野趣。

以上数幅，皆写江南寻常风景，又不染尘世炎氛，其苦心孤诣，俨然士君子之气概。

其十一《逸峰遥瞻图》。此幅大体可分为前后两大部分。近景怪石交错，庐舍傍石，磴道蜿蜒，青松挺立山巅；远处群峰如笋，嵯峨奇峭，云蒸霞蔚，仿佛黄岳仙境。较早期黄山诸幅，笔墨益显沉着精微，毫不淡染，尽得罨润之致。

其十二《结庐深山图》。矶石临水，溪流飞溅，沿石板小桥，远接一段弯弯曲曲的山道，便是主人隐居的茅庐。竹篱小院，柴门掩闭，杨柳依依，修竹轻曳，古松傍崖兀立，篱畔秋花正妍，爱菊人漫步庭中，自然有佳句。远山峰峦起伏，状若"S"形，轻盈的薄雾似在山间涌动，又是一片江南之意。

《陶渊明诗意图》十二帧屏条是戴本孝晚年精心之作，每幅系陶诗一首。他在其七跋中题曰："靖节先生诗，三百篇而后可谓逸响，余终身诵之，今复以六法代为笺注，亦前人所未有也。"又于《斜川游乐图》跋中云："渊明赋是诗，年甫三十有七，其身世之感，形于吟咏乃若此，岂他人所能知也。今年余将七十，追忆千载写其风概企影，当复何如也。"

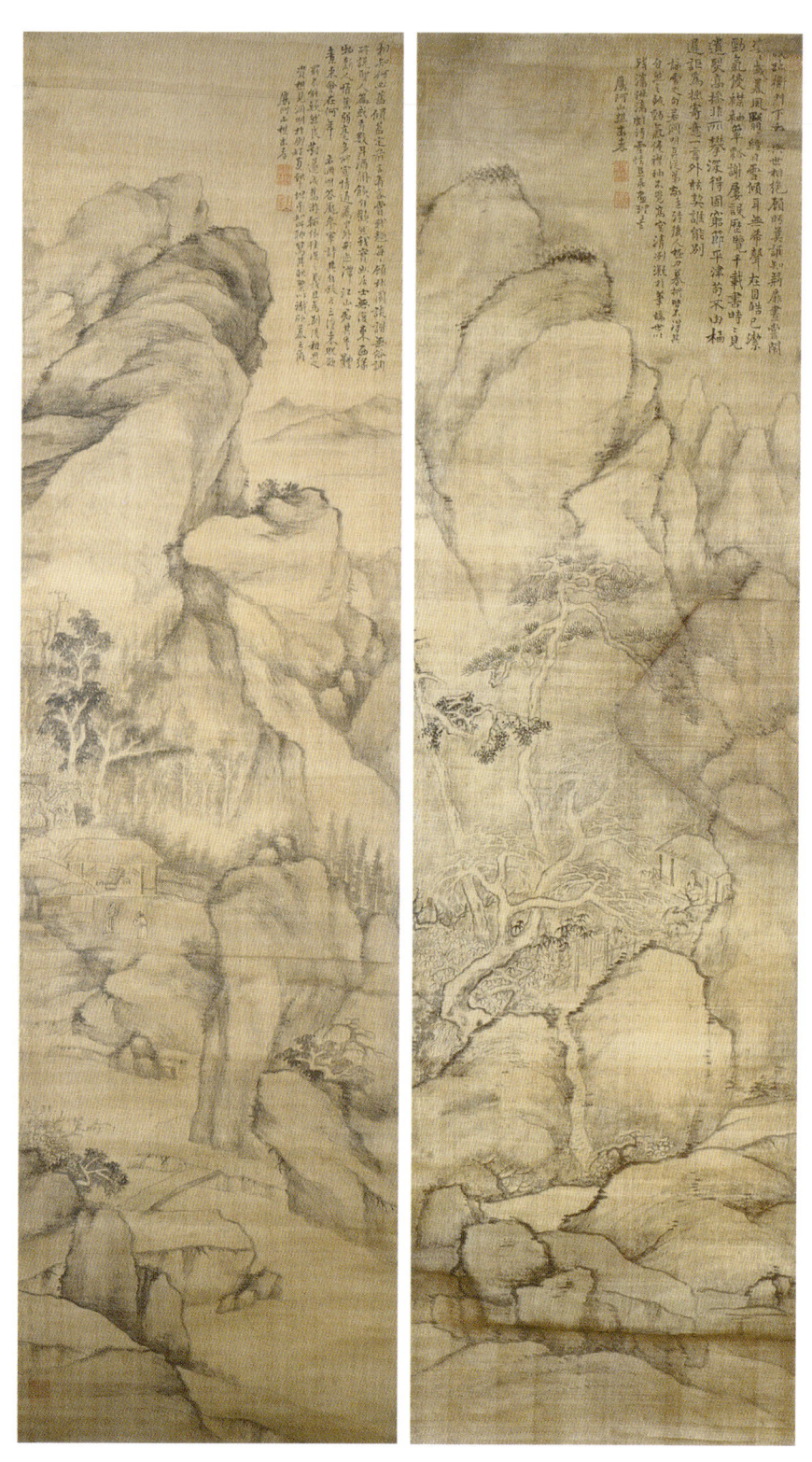

陶渊明诗意图（十二帧之林园谐谈图、松风咏雪图）
条屏　绫本　墨笔　189cm×53cm　扬州博物馆藏

第四章 艺术思想与画风之衍变

陶渊明诗意图（十二帧之松下饮酒图、东园青松图）
条屏 绫本 墨笔 189cm×53cm 扬州博物馆藏

陶渊明诗意图（十二帧之堂前抚琴图、虚舟纵逸图）
条屏　绫本　墨笔　189cm×53cm　扬州博物馆藏

陶渊明诗意图（十二条之守拙归园图、秋菊佳色图）
条屏　绫本　墨笔　189cm×53cm　扬州博物馆藏

陶渊明诗意图（十二条之斜川游乐图、吾爱吾庐图）
条屏　绫本　墨笔　189cm×53cm　扬州博物馆藏

第四章 艺术思想与画风之衍变

陶渊明诗意图（十二条之逸峰遥瞻图、结庐深山图）
条屏　绫本　墨笔　189cm×53cm　扬州博物馆藏

陶渊明诗意图（十二屏之归园田居、和郭主簿）
绢本　设色或墨笔　168.5cm×54cm　南通博物苑藏

第四章 艺术思想与画风之衍变

陶渊明诗意图（十二屏之游斜川、饮酒）
绢本 设色或墨笔 168.5cm×54cm 南通博物苑藏

陶渊明诗意图（十二屏之饮酒、始作镇军参军经）
绢本　设色或墨笔　168.5cm×54cm　南通博物苑藏

陶渊明诗意图（十二屏之归园田居、读山海经）
绢本　设色或墨笔　168.5cm×54cm　南通博物苑藏

陶渊明诗意图（十二屏之移居、饮酒）
绢本　设色或墨笔　168.5cm×54cm　南通博物苑藏

第四章 艺术思想与画风之衍变

陶渊明诗意图（十二屏之和郭主簿其二、归某岁十二月作与从弟敬远）
绢本 设色或墨笔 168.5cm×54cm 南通博物苑藏

297

沈阳故宫博物院藏《山水册》十二帧，戴本孝73岁为朱绁（子青）所作，可谓人画俱老，是其晚年的绝响。是册画心高23.5厘米，宽34厘米，宣纸对折展开装册，墨笔，每页皆有题诗，画中题诗亦未见辑入《余生诗稿》。在意境创造上仍以幽寂、萧疏为基调，以苍崖、冷泉、孤舟、茅舍、修篁、老梅、孤鹤等烘托幽思寒寂之气氛，表现隐居避世之情怀。而这些似乎很熟悉的景致，大多来自画家的游历，真山真水与画家主观审美情趣融于一体，所谓"写心"是也。如其二，"逃俗安能得此境，非真忘世也徒然。桃花惯会赚流水，画里仙人为尔传"，似写武陵春景，仿佛华山毛女仙踪。其六，似是历下纪游应景之作，大明湖隐约可见，孤峰耸立，如芙蓉出水，当是华不注风光。其九，取境高古，寒江出峡，断壁空楼，有崭截嵯峨之势。其诗云："剩得沧浪残垒在，今都占作老渔矶。"幽情远思，恍入异境，以宋人浑莽笔意，沉郁生辣，寄托沧桑之感。末页《寒江独钓》，气格清严，笔锋颖脱，很容易让人想到李成、王铣等人笔下渔村雪景的清严冷逸之气。此幅依然用渴笔，但笔触更简劲，墨法更精纯，涩老生辣，宋人之质，元人其韵，变为己意。其章法布置亦入佳境，"平奇得宜，繁简咸妙""以模糊中现分明的手法，将繁富生动、变幻无定、难以状写的大自然概括、提炼、压缩到他那小小画幅之中，重现了大自然的真实"，[1]堪称戴本孝晚年艺术高峰期的经典之作。

戴本孝在《山水册》的题诗中反复阐明自己的艺术观念，于古人之画，对应真山，深刻的笔墨体验和美学思考已十分成熟。他说："董巨曾何法？迂痴恐自嘲。"从而表明"吾固爱吾樵"，吾樵者，自家法也。又说"小小真图画，天然高克恭"，正是他一贯所强调的从真山印证古人画法之思想。"老来泓颖不嫌枯，扫落云山淡欲无。翻笑为霖手颠倒，最分明处最模糊"，这一首诗将他对渴笔画法的真义做出了深刻而微妙的阐释，"淡欲无"是"模糊"，而"模糊"中却自"分明"，强调最模糊中最见分明，是渴笔的至美之境。

翁氏本《山水册》计十二页，亦是戴氏晚年之作。笔墨风格虽不及沈阳故宫博物院藏本细致冷逸，但意境、构图上与其颇相近，笔墨松秀朴拙，画面亦多写冷幽峭邃的世外之境。如第六帧，苍崖之下，两株挺拔的枯树杂以数竿修

---

[1] 李仲元：《至老不衰的艺术杰作——戴本孝山水画册考析》，载《论黄山诸画派文集》，上海人民美术出版社，1987。

篁，空亭寂然，悄无一人，唯有白鹤孑然独步亭前，静中寓动，平淡宁静的画面顿添几分生气。环境那么清逸，气氛那么恬静。虽然世非上古，却有超然物外、遗世独立之概。在这十二帧小品中，有几幅自署拟古人笔意，究其章法布置和笔墨情趣，乃是作者通过实践分析体验古人的传统，来抒发自己独到的见解。如第九帧，师法云林，却旨在表述自我的艺术思想。"倪迂过于简寂，故变其法不必局于一家也"。第八帧临白石翁笔意。第十帧，以枯笔焦墨试写"米家山"，颇堪玩味，题诗曰："不是米元晖，亦非高彦敬，枯颖弄氤氲，聊以见山静。"画家对自家的"枯颖"颇有自矜之情，以含蓄枯涩之笔表现米家山的氤氲之貌。所谓"枯"断非枯燥、枯竭，枯中自有苍润淋漓之致。第一帧，仿巨然秋山；第五帧，拟吴仲圭法。第十一帧，仿一峰老人。继承前人传统，亦非拘于一家一派，博采众长，潜移默化，目的是为造化服务。如其在第二帧记云："唯天都、莲花有此风致，非世间六法可绳也。"并钤"写心"一印。师古亦好，师自然亦好，最根本的是写心境，此是艺术家师古而不泥古的具体表现。末页雪景，清严气肃，直逼宋人，题识云："宋人画雪法，今人多失其旨，偶尔效颦未审有当否？"不无矜意。

《巢民老人观菊图》，是其晚年"绚烂"之作，淡墨作线，焦墨勾提，景致繁密充盈，意境高幽，笔致松动，墨色交融，清灵散淡，其清新明阔之气局，俨然超拔"吴门"与新安他家，可见戴家画法之灵动多变。如果说"陶诗笺注"是画家力图以画境远接古诗，而《巢民老人观菊图》则于笔墨臻至化境，平淡天真，其意趣堪与陶诗同至佳美之境矣。

戴本孝71岁时作《拟北苑秋山图》，用干渴的焦墨枯笔勾勒山石轮廓，点垛远树，继用淡墨阔笔晕染山体和巨石，虽然也是笔墨写出，少作重复渲染，但却一反以往用渴笔"皴染"之法，反而显得特别雅致。近树之夹叶亦用饱满的湿笔，有一种清新高洁的朴素，无萧瑟之意，有冷逸之美。华滋浑厚，生机勃郁，自然是画家心中之北苑，亦是戴本孝晚年另一种"变法"的情境。

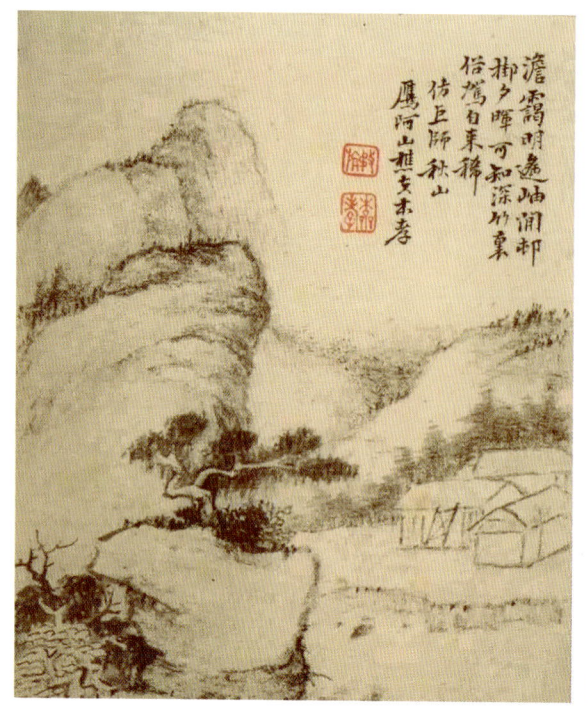

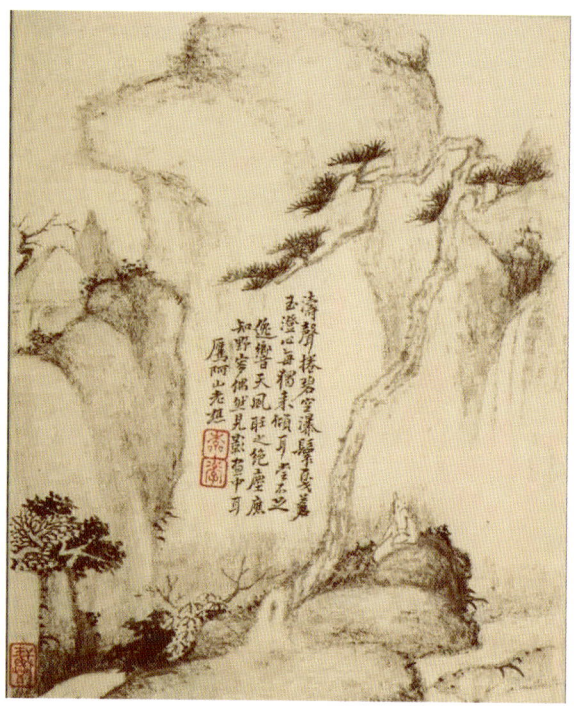

山水册（十二开之一至之四）
纸本　墨笔　21.3cm×16.5cm　美国大都会博物馆藏

山水册（十二开之五至之八）

纸本　墨笔　21.3cm×16.5cm　美国大都会博物馆藏

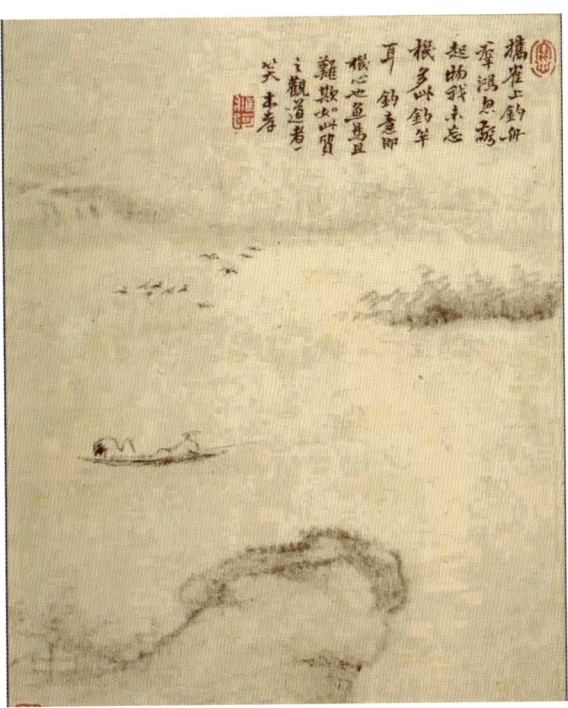

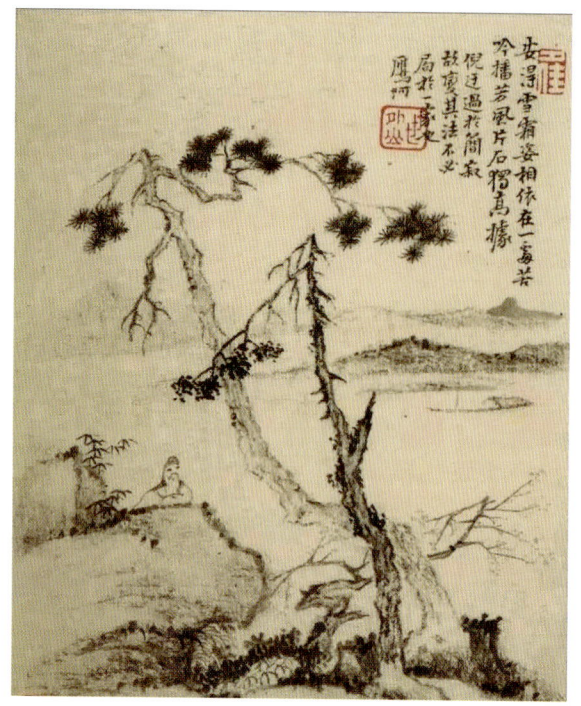

山水册（十二开之九至之十二）
纸本　墨笔　21.3cm×16.5cm　美国大都会博物馆藏

山水意境

在意境的创造上,"新安画派"画人基本上呈现一个总的风格:宁静寥廓、格局简约、意趣枯淡。渐江以笔墨精谨、山石取势峻峭方硬、林木造型盘弩遒劲的风格为主,较之元人倪云林萧疏清逸更多几分阳刚之美,这与他的生活环境及黄山自然景象有关。戴本孝不尽同渐江和其"追随者",他的画于冷逸幽寂之中显得特别沉厚,比他们近乎理性化的意趣要显得更加自然化。就师法自然而言,戴本孝倾毕生精力于绘事,游历之兴,至老不衰,我们不妨从他的作品中细加品味。

(1) 真山真水

走向自然,师法造化,是戴本孝一贯的艺术主张。他一生遍游名山,荒山僻岭,绝巘危峰,奇松怪石,云海飞瀑……森列胸中,翻腾笔底。友人程可则曾有感于画家形迹匆匆,刚登太华又复上兰州,作诗云:"叹君马首何太频""自写真图箧底归"。画家登临山水,其目的在于"师真山",从自然的真山真水中体验古人的笔墨技法,并表现自己对笔墨传统精义的理解,所谓"澄怀观道",道者,古人之美学。"师真山"要比对景写生深刻得多,"形见神藏"(本孝自用印),是山水之神,亦是画家之心性。如《莲花峰图》《黄山胜景山水》《文殊院图》《白龙潭图》等都是他两次游黄山的成果;如《华山图》《华山图册》《华山毛女洞图》等,也都是戴本孝借实景而"写心",体现了画家深刻的艺术理念和独特的笔墨风格。所谓"学山至于山,山面即吾面",[1] 实胸中丘壑。

"新安画派"都崇尚"简淡"风格,所谓"简",只是笔墨表现的一种追求,戴本孝尤为典型。从其传世作品《文殊院》一画来看,渴笔愈显简化,其景物则是按照自己的创作意图增添了其他处实景,从而使这些景象更加集中地体现在画中。这就需要作者具有高度的概括力和表现力。繁而不散,于简中弥见深邃之境。因而,使得画面非但不因作者大胆的"借景"而显得不真实,反而使作品的风格更加突出,气势更加壮观。

在"新安画派"中,或许存在某些画人造型功底不够扎实的问题。很多遗

---

[1] 戴本孝:《余生诗稿》卷四,《戏作阳崖钓叟图辄题其上》。

民画家借绘事遣怀，排挞苦闷，故一味追求高旷简约，恐怕亦是为了掩饰自身"写实功力"的不足，所谓逸笔草草，很容易成了玩弄笔墨情趣的墨戏。戴本孝似乎可称为"科班"出身，循序渐进，道法自然。以《华山毛女洞图》来看，大幅画面上，峰峦烟霞、流泉飞瀑，尽在眼底，气势雄伟磅礴；他又能着眼于细节处的描绘，远处的泉口，近处的杂树、山洞、石凳、仙女，栩栩如生，引人入胜，是一幅极有创造性的"写真山"之作，在现实主义与浪漫主义的审美创造中表现出颇深的"传统功力"。作品用渴笔勾画，皴擦中略施淡青、赭石，典雅秀逸、枯润相和，充满自然生趣。可见画家并非一味以"残山剩水"来抒发对朝代变迁的慨叹，相反，却强烈地表现出对大自然中的"青山依旧"的热爱。"山气郁以苍，泉声咽而碧。安得太无情，冥然如木石"。[1] 面对大自然的神奇变幻，画家怎能如木石无情而不尽情挥毫作画呢？

（2）世外仙境，逃避尘嚣

> 不是真逃世，悬崖谁敢居！[2]

在戴本孝笔下，有许多描绘所谓"世外仙境"之作，虽或朝夕游览之景，却是奇旷幽远之境，借此抒发遗世而独立的情感，从而达到身临其境、"澄怀"遁世、心境高旷的理想世界。

以《傅山对题册》（十六开）为例，或写松林高士、奇岫云窟，或写烟树茅斋、古木空亭，戴本孝借尘外之意境称傅山不仕清廷遗民之志。傅山自能领会其深意，有题曰："天地逸我老，老趣能自领。"堪为会心之言。

又如上海博物馆藏《山水册》，烟岚气象，多作高古奇峭之境。其一，虽以米家烟雨之法出之，仍不改枯涩之意。如其画上题识云："元晖笔何尝湿，房山砚亦恒枯。说向世人不信，始知自我糊涂。"很有点"后现代"的意思。画面着墨犹矜，所谓"山雨淡尤白"。江面、山峰明亮的光泽与烟柳的湿润笔墨极其生动地表现出雨中山水的清湛空阔气象。其二，巉崖洞天，奥境奇辟，

---

[1] 戴本孝题画诗之一，见《余生诗稿》卷一。
[2] 戴本孝：《画岩居图》，见《余生诗稿》卷八。

邃邈而幽谲，清流激湍而出，古槎溯流而上，此奇异境，引人真作上古之想。其三，亦以宋人笔意，题云："名山之奇，皆非尘想所及，变现不可端倪，古人所以独尊气韵也。"气韵者，如黄宾虹言"气清而后可言气韵"（《六法感言》）。戴本孝虽云"六法之外"，然于"气韵"自有所解，此亦"师真山"之真意在焉。

中国国家博物馆藏戴氏 73 岁时的作品《茅斋梅鹤图轴》，堪称是一幅萧散雅逸之作。近处山坡上的松与枯树亭亭耸秀，巨大的山石旁，茅斋空寂，野梅横斜，修竹萧疏，闲鹤独步。茅斋后，山道直通远处，峭壁下，溪流潺潺；在山道的右转处，悬崖间有一茅亭，杳无人踪。画上除戴本孝题诗外，尚有款署"浣枫湘自题"诗一首：

> 冷冷山容鲜，漠漠野云薄。中有羲皇人，披襟坐高阁。壁挂无弦琴，灵籁悠然作。老鹤一声啼，松花满径落。何年谢尘嚣，愿言此栖托。

"浣枫"即朱湘，戴本孝晚年在济南为他作画多幅，此为其一。

在翁氏本《山水册》中，其第一帧颇与上图意境相似，寒崖、枯树、修篁、茅亭，不见人影，唯白鹤孑然独步。画中题曰："皆是岁寒侣，何人堪共游。闷岩攀不及，老鹤下高秋。"其第七帧，更是耐人寻味的佳作。空旷迷蒙的湖面上，远山一抹淡若蚕眉，一叶小舟，几点飞鸿，有老翁悠闲垂钓，白鹤相随。诗中写道："携鹤上钓舟，群鸿忽惊起。物我未忘机，多此钓竿耳。"并识云："钓意即机心……"

本孝又说："今古人间事，渔樵分外尊。"[1] 足见他对沉浸于山川自然的渔人樵夫自由平淡生活的向往。客观地说，戴本孝的绘画与禅宗有着不可分割的关系，然而这种关系并非像世界观那样，像精神与物质的本体意义那样的严肃、深刻而沉重，它更多的是从美学意趣角度对禅宗的借鉴，是一种较为轻松的人生趣味和审美意义。

---

[1] 戴本孝：《守砚画册题示屏星各家法十二首》，《余生诗稿》卷九。

戴本孝　茅斋梅鹤图轴　1693年
纸本　墨笔
99.8cm×43.9cm　中国国家博物馆藏

（3）荒寒之境思古幽情

> 清严气乍肃，千岩松雪影。[1]

何等清寂的意境。

> 冰雪孤吟客，关河一寒驴。[2]

何等痛切的心情。

这类题材虽然也是表现避世隐居的独处之情，但更侧重刻画"冷寂"。画面幽冷静谧，寒流独咽，修木萧疏，荒无人迹，笼罩着强烈的凄清荒索的意趣，使人倍感悄怆幽寂、凄神寒骨。作者借描写清幽、荒凉之境，发思古之幽情，寄沧桑之感慨，或写苍崖、老木、荒台，叹喟汉家山河破残。我们可以从画面上那苍茫的野水、闲系的孤舟、横斜的老梅、飒飒拂动的苇草，看到画家内心的苦闷和凄凉。亡国的痛楚、无可奈何的人生空幻，沉淀于笔墨之中，强化了作品的思想深度与艺术感染力。如癸酉（1693）《山水册》第六帧，借描绘春秋时齐晋两国发生过著名大战的济南千佛山，吊古抒怀，览物之情溢于幅中。高崖孤秀，寒流独湍，残垒依旧，齐晋霸业安在？思古抚今，寄托感慨。

> 我与松同调，鸣泉岂不知……群

---

[1] 戴本孝：《题山水册十二首》，美国翁万戈藏本。
[2] 戴本孝：《画中杂诗》之十二，《余生诗稿》卷七。

木何其竦，孤亭空所思。[1]

诸如此类题画诗很常见，可以想见作者于画中竭力营构一个远离现实的冷寂安宁的世界，但难以掩饰的是内心隐隐的焦灼和苦闷，这在大多数正直遗民画家的作品中处处流露出来。

（4）老树寒鸦与村居田园

乾坤剩得团瓢在，老树寒鸦共一家。[2]

寒林暮鸦，是历代文人画家所喜爱的题材之一。而在戴本孝这些遗民的笔下，并非旨在表现"日暮鸟归林，秋树晚添叶"的绚丽景象，画家透过落日、寒林、归鸦，寄寓无限的失落之情。群鸦的噪鸣，回荡着亡国的悲音，凄寒彻骨……

如果说描写萧疏荒寒、清幽冷寂之境是遗民画家共同的风格，那么，颇堪玩味的是戴本孝亦有不少表现农家田园生活的画题，稻田、村舍、风车、渔舟，尽在幅中，充盈着生活气息。

癸酉（1693）《山水册》的第七幅呈现着这样的一个情景：近处的丘陵下，两旁树木葱茏，溪流缓缓，村舍茅屋，水轮碓房，仿佛不时传来阵阵水碓舂米之声。这里虽然悄无一人，但它既非超然物外的清幽，也不同于杳无人迹的寒索，而是一幅典型的描绘山地农家日暮村居、和平宁静的图画，反映了画家热爱生活、与劳苦平民休戚相关的内心世界。

…………

沧海桑田，如同幻梦，正直的遗民感到了人生的渺茫。心灵的失落，使他们困惑、苦闷，最终归结于隐遁之路。然而，透过戴本孝的诗歌和绘画，我们深刻地感到，他逃避的仅是政治的旋涡，而并非生活本身。他和他所景仰的陶渊明一样，"心中虽有反抗尘世的欲望，但并不沦于彻底逃避人世，反而使他和

---

[1] 戴本孝题画诗，见《余生诗稿》卷六。
[2] 戴本孝：《三山浮阁题画杂诗》，见《余生诗稿》卷八。

戴本孝
结竹庐图
年代不详
立轴
水墨　绫本
144.5cm × 41.5cm
私人藏

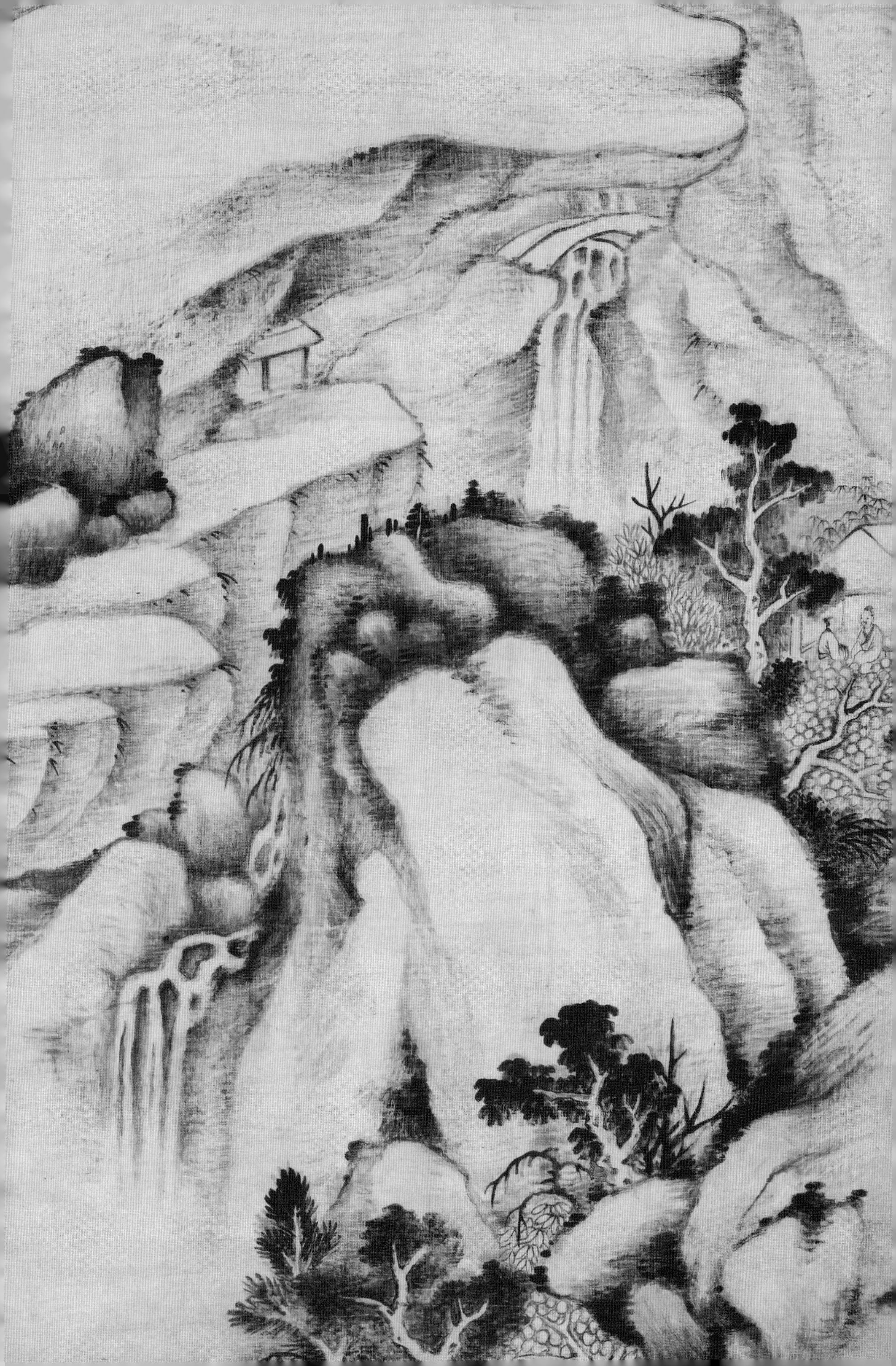

七情六欲洽调起来"。[1]国破父亡之恨，使他痛不欲生，家庭的沉重负担，又使他不得不卖文佣书鬻画，"苟活人世"。他只能向往那"怀良辰以孤往，或植杖而耘耔"的浪漫与闲散，最终还要回到他的迢迢谷，回到他的家庭之中。"他既为尘世所生，又属于尘世，其结果不是逃避人生，是和谐，而非叛逆"。[2]这充分体现了他的人生观与现实生活的激烈矛盾以及对立的复杂性，同时又具有佛光哲理的美学思想。可见画家已把自己的艺术与现实生活融为一体，把人类平凡而美好的情感投入那和谐而又充满矛盾的丰富的艺术表现中去。这也是明清文人画的共性。

比较研究

1. 与新安诸家兼论渴笔焦墨

黄宾虹论明季新安遗逸画家称："明季俶扰，沧桑变易，黍离麦秀之感，孤臣畸士，思托零缣片楮，抒写幽思，故取境益高，造诣益进。"然画史论古之画品之高逸，莫过元季。是故，新安画人多宗倪迂遗意；是故，简淡的笔墨技法，是新安派画家的共同追求，除查士标等多有湿笔外，普遍以用干笔见长。但就突出者来看，莫过于戴本孝和程邃二人。秦祖永《桐荫论画》称：

> 务旄本孝，山水擅长枯笔，深得无人气味，大幅罕见，所作卷册小品，雅与程穆倩笔意相似，盖穆倩务为苍古，脱尽窠臼；鹰阿取法枯淡，饶有韵致，两家画各有所长也。

秦祖永在这段文字中，对程、戴二人的笔墨特点论述的虽不够全面，但却颇能道出其中差异。比较两家作品，不难看到，"枯是异中之同，淡是同中之异"，所谓枯中又有不同韵致。程邃的笔墨之中以沉厚古朴的金石气而显得凝练苍茫，他的枯线条主要是在于笔中含水的程度多少，是率性出之，恣肆而绵厚，黄宾

---

[1] 林语堂:《生活的艺术》，北方文艺出版社，1987。
[2] 林语堂:《生活的艺术》，北方文艺出版社，1987。

虹称其"俱从身世感慨中而出，耿耿非可磨灭"（《黄山画苑论略》）；戴本孝则完全以干渴的笔墨，反复皴斫，如"锥画沙"，积点成线，因而，显得蓊郁迷离，干裂秋风，沉厚苍润。

虽未见戴、程二人"深交"的文献记载，但他们也有过谋面之缘，算是"点头之交"吧。两人都曾客居金陵，共同参加过朋友的聚会，至于私下为何未能有进一步的交往，就不必作各种猜测或推想了。但作为同时代同样以渴笔焦墨见长的山水画家，对于后世研究者来说自是要作二人"比较研究"的。

戴本孝与渐江，早期相识于歙县，又因与萧云从的关系，自然会有许多共同语言，可以说他们的绘画美学理念是一致的。虽同样师法元人，趋萧疏冷寂，但渐江执着于"风骨"，戴本孝则更兼苍茫朴厚之趣。可能因为渐江去世较早，他对古人的关注没有戴本孝更具体，渐江专致于倪瓒，戴本孝则更关注王蒙，乃至吴镇。

纵观戴本孝的许多作品，都是于实践中表达自己的笔墨观点，借描绘自然景象表现自我、个性、风格和思想。如前面提及的其晚年代表作沈阳故宫博物院藏《山水册》之四，以极为枯淡的笔墨画出峰峦低昂、山石参错、林木蓊郁的自然境界，题诗中对自己泓颖渐枯、云山欲淡的画法不无矜欣之意，从而提出"最分明处最模糊"这一千古绝响。又如他在翁氏本《山水册》之八页题诗："枯颖弄氤氲，聊以见山静。"可见，枯笔是戴本孝绘画艺术风格的灵魂，通过它捕捉到大自然最动人的审美情趣。他的笔墨绝非前人衣钵的承续，而是建立在传统基础上，从师自然中感悟，于师造化中升华，渐成己貌，故能独树于清初画坛。

关于渴笔枯毫，戴本孝于诗中反复阐述，如"染成枯寂性，或恐笑狂夫"，[1]此以一"染"字论枯笔，颇有深意，如龚半千所谓"皴，干染也"（《课徒画稿》）。如"渴笔犹堪扫尘砚，写成幽独许谁邻"，[2]对渴笔，戴本孝颇自矜也。又如"古纸水痕渍，枯毫山影生"[3]"焦颖刷霜茧，古墨湛清露"[4]，关于"焦""枯""渴"，从字面上看或指其"水分"的多少，然用水虽在墨，

---

[1] 戴本孝：《余生诗稿》卷一《得废谷皮纸作指掌小册闲课一画辄题小诗以见意》。
[2] 戴本孝：《余生诗稿》卷二《题画赠阮亭》。
[3] 戴本孝：《余生诗稿》卷九《守砚画册示屏星各家法十二首》其八。
[4] 戴本孝：《余生诗稿》卷九《题梅花洞天卷》。

更在笔，笔之含水少而至"渴"，故"古人用墨，妙在用水"（黄宾虹《画谈》）。

黄宾虹尝论程邃称："垢道喜用焦墨，所谓'干裂秋风，润含春雨'。"（《自题山水》）此中真味正是戴本孝所说的"枯槁最鲜妍""墨太枯则无气韵，然必求气韵而羡漫生矣；墨太润则无文理，然必求文理而刻画生矣"。[1] 黄宾虹说"墨法至元人，而大备"，当然包括"焦墨"，明季清初遗民画人追求元人"枯寂""冷逸"之境，焦墨渴笔之法于是彰显。以戴本孝、程邃两家最突出。焦墨不只是纯粹与朴素，更具有一种玄妙之境，"最分明处最模糊"，实则是最模糊处最分明。所以黄宾虹又说"能水墨淋漓，而后能焦墨渴笔"（《自题山水》），实则亦道出渴笔之难，及至"古墨湛清露"，便是化境。句中一"刷"字，非只用笔之法，更是一种状态，前人论用笔有皴、刷、点、拖四者，若论"刷"当以焦墨为胜。又说"春云沃寒砚，苍润挹朝爽"，[2] 苍润，是"秋风""春雨"之妙境。"空惭衰拙益其痴，云山移我枯槁性"[3]"雨余枯砚润，四壁现秋影"，[4] 对于戴本孝来说，枯与渴不仅仅是笔墨的方法，更是其心境。

2. 与龚贤

戴本孝与龚贤有一个共同的基点——师法元人的传统，事实上这也是清初遗民画家的共同追求。龚贤长于"积墨法"，以淡墨表现明丽的质感。戴本孝只用干笔，元人的传统技法在他的画中"如水中盐、蜜中花，体匿性存，无痕有味"（钱锺书语）。他的墨线已表现为模糊迷离，所谓浓淡已不是依靠水与墨的调和变化，而是完全凭借笔的轻、重、徐、疾以及反复皴擦的层次而产生的。所以，他的画面显得苍茫、深远，于迷离中见分明。这种风格尤其体现在他晚年的作品之中。戴本孝也偶用"积墨法"，如上海博物馆藏《山水册》九开其六《白云结山光》一图，虽然不像龚贤作品那样层次丰富，墨色多变，但他们对"积墨"这一技法的处理有着异曲同工之妙。其题识云："古人笔法能突其所虚，复能虚其所实，此亦

---

[1] 黄宾虹《论淡墨法残稿》引明顾凝远言。《黄宾虹文集·书画编》下。上海书画出版社，1999。
[2] 戴本孝：《余生诗稿》卷十《深林读书图寄喻正庵》。
[3] 戴本孝：《余生诗稿》卷十《云山四时图寄喻正庵》。
[4] 戴本孝：《余生诗稿》卷十《千峰策杖图为竹堂道人作》。

龚贤　千岩万壑图（局部）

天地自然之理也，仲圭其入微者也。"本孝此图似得董源（北苑）遗意，其所论虚实，让我们想到张庚（浦山）论龚贤之画："半千画笔得北苑法，沉雄深厚苍老矣，惜秀韵不足耳。"此"秀韵"二字，当"虚"所属。程青溪曰："画有繁减，乃论笔墨，非论境界也；北宋人千丘万壑，无一笔不减，元人枯枝瘦石，无一笔不繁。"[1] 半千以湿而苍，本孝以渴而能润，皆以墨韵胜，于虚中而运实，同臻佳境。在戴氏1668年所作的《华山图册》以及同年赠冒青若的《山水册》中，有很多地方能使我们联想到龚贤的某些作品。例如，戴的《华山图册》第七页，俯瞰广阔群峰层层叠叠景色，在某种程度上与龚贤的《千岩万壑图》有着很大的相似之处，特别左半部的构图以及笔墨技法等方面。正如前面所言，尽管戴本孝使用"积墨法"，但却以散点为主，不像龚贤那样层层点画，如老僧补衲，细心致密，但这些足以表明"两者是在共同基础上发展起来的"。[2]

戴本孝和龚贤虽结交甚晚，但二人志趣甚投，在艺术观念上有着许多共同点。那么，这种相互理解与见地一致是否在他们绘画风格上也相互影响？由此而想起徐邦达关于戴本孝《溪山积雪图轴》（《国光艺刊》第三辑影印）真伪的论定。徐文认为："此画款印均真，而画法完全是龚半千简淡一种面目，这一定

---
[1] 转引自黄宾虹《龚半千画之气韵》，《黄宾虹文集·书画编》上，上海书画出版社，1999。
[2] [日] 西上实：《戴本孝研究》，见《论黄山诸画派文集》，上海人民美术出版社，1987。

是龚贤代笔无疑。"[1]仅以"简淡"二字一锤定音,恐怕显得有些不妥。龚贤长于本孝,画名似亦过之,称其为戴氏"代笔"恐怕难合情理。戴、龚二人既然都是在继承元人风格的基础上发展起来的,他们画风在某种程度上有相似之处并非偶然。孔尚任请戴本孝替亡友龚贤完成《石门山图》,其赠诗称:"柴丈尚浓此尚淡,淡远林木犹神似。"可见戴本孝也画"简淡"的风格。表现"简淡"风格是时代赋予遗民画家的共同特点。因未见原作,从模糊的图片来看,近处树木的确略似半千,但观其全貌,究之细节,基本可以判断为一件"存疑"之作。一位有成就的画家,既有自己的独特面目,又能以多种风格出现也不足为奇。戴本孝偶尔拟半千笔意为之,倒也不是没有可能。

3. 画派归属

入清以来,在关于画家画派的归属上,最为混乱的莫过于"新安画派"。对于戴本孝这位出生于安徽,而长期活动在金陵、如皋、徽州一带的布衣画家,很少有人具体地论及其画派归属。不过现在把他划入"新安画派",已成为大多数研究者的定论。

关于"新安画派",一般认为:一、明末清初之遗民;二、籍贯新安或以新安为主要活动地;三、以画山水为主(题材多写黄山);四、崇尚倪、黄,干笔枯墨,风神清雅为主。这四点必须都具备才算得上一个正牌的"新安画派"成员。[2]

薛永年《戴本孝三题》[3]中认为:戴本孝对渐江艺术倾慕(见赠诗),并皆师法黄山,引为同调。因此,即使不以祖籍或活动地区划分戴的画派所属,也完全有理由把他列为新安画家。其理由是什么?显然是因为戴景仰渐江引为同调。那么,薛永年所指的"新安画派"显然是以渐江为首的群体。

长期以来,画史每论"新安画派",遂举"海阳四家",所谓"四家",想必都是援"元四家""明四家"旧说。而每论"四家"则称渐江为"导师"。王士祯说"新安画派"崇尚倪、黄,以渐江开其先路。张庚《国朝画征录》也承王

---

[1] 徐邦达:《龚贤生平及考订》,见《龚贤研究集》上,江苏人民美术出版社,1989。
[2] 李明回:《新安画派浅议》,刊《徽州学丛刊》创刊号(内刊)。
[3] 见《论黄山诸画派文集》,上海人民美术出版社,1987。

之说,"新安画家,多宗清閟法者,盖渐江导先路"。乃至近人谢稚柳说:"世称新安,实以渐江为主……当时如祝昌、姚宋、江注及戴思望,俱不能出渐江藩篱,即查士标一生纵横笔墨,亦始终徘徊于渐江之门庭。"[1]这便意味着新安其他画人成了追随渐江"众星捧月"似的偏裨牙将。又如谢言,查士标"其笔势,山势,易渐江之谨饬而柔缛之情,世人目查于倪,其实神理之间,固非倪云林而为渐江之倪"。[2]这就是说,新安画家中,连查士标这样"一生纵横笔墨"的人也只是在某种程度上承渐江之衣钵,其他诸人更是"视渐江亦步亦趋"。至此,我们觉得问题不在于戴本孝是否归属于"新安画派",这种"被新安"的结果,湮没了其卓越的艺术思想和艺术成绩,因而得不到公允的"待遇"。

黄宾虹《论明季遗逸之余风》称:"黄山徽、宁二郡,向多聚族,性喜远游,壮而涉历,归老山林,所至皆有邦人足迹。绘事渊源,每由父诏其子,师授其弟,习俗流派,恒有不同。"(《黄山画苑论略》)黄宾虹作为新安后起,故所论自显允当,戴本孝虽然仰慕渐江,但绝不意味在艺术上步其后尘。就二人学倪来看,渐江学倪,却说"疏林寒山淡远姿,明知自不合时画",这是渐江师古人而能出新意的根本所在。戴本孝也不同凡响,"我欲栖心归淡远,复嫌违俗过于疏"。[3]上海博物馆藏戴本孝《山水册》九开,其七《黄山松石》一图,题识有云:"黟海松石,古人多未见,况画可摹耶,引为近玩,仙帝所嗔。余与友渐公不能无谴

---

[1] 谢稚柳:《鉴余杂稿》,上海人民美术出版社。
[2] 谢稚柳:《鉴余杂稿》,上海人民美术出版社。
[3] 戴本孝:《题仿云林十万图》,香港何氏至乐楼藏画。

溪山积雪图轴 国光艺刊 第三辑影印

也，彼盦松囊云者，当复如何？"二人同以黄山为师，却不作人间尘世图画，心栖上世之境，殊途而同归。由于身世的悲凉，所以情不自禁地向往淡远之境，借自然抒情，吐心中块垒。渐江的画神韵逸趣似元，风度法度似宋，而"新安画派"许多画家一味追求减笔风格，过分强调渴笔干线，简约淡远，往往只片石数峦，三两枯树，茅舍简陋，人迹杳然，从而失却宋人山水画雄伟浑厚之气象。戴本孝取法宋元，笔墨虽淡远，而丘壑则嵌崎磊落，结构严谨，气势磅礴；尤其晚年之作，高古而不荒率，幽旷而不萧索，别具淡远雅逸、雄深朴茂之风概。渐江冷峭，让人难以走近；本孝冷逸，醇厚而古淡，自有一种令人亲切之感。传统文化向来重以人品论其艺术成就（价值）。渐江画名以外，更以人品气节称誉；戴本孝坚守民族气节，布衣终老，直可与渐江媲美，他以半个多世纪漫长岁月惨淡经营的艺术实践为基础，探索、总结，以实践结合他所体会的理论思想，相互印证，成就卓然。诚然，从审美角度来看，渐江与戴本孝均承一脉，渐江居"新安画派"之首，这是历代评论家公认的。那么，戴本孝当时虽无意自认是什么画派，但在客观效果上，他的足迹行踪和艺术实践却对"新安画派"的影响力，和与其他地域的绘画交流起到了重要的作用。所以我们不必要列戴本孝于"新安画派"之外，更无意为戴氏另立门户。问题是所谓"海阳四家"（又称"新安四家"）并不完全代表着"新安画派"的全部。如果非得要因袭传统弄出个"先进代表集团"，那么，不应置戴本孝于不顾。所谓"四家"，应该是各具面目，若后三者皆步渐江后尘，那不成了"一家四口"，岂能称之"四家"呢？朱季海《新安四家新议》[1]于"海阳四家"之外另立"新安四家"，于"海阳四家"中取弘仁、查士标，益以程邃、戴本孝。朱季海认为："以年程（1605年生）、江（1610年生）、查（1615年生）、戴（1621年生）其序也，其生递后，相差五年，惟戴后查六年，略可雁行，戴，休宁人，三家皆歙人，谓之'新安四家'，名实不爽矣。""其于画学……四家津逮略同，而各有所得，见闻广狭之不齐，斯其所造，亦咸自成面目，则其所以为'新安四家'而非一家者，正以其人其画，自有真境，所以为真人真画，将与新安万山，终古争光艺苑者也。以为'新安四家'，谁曰不宜？"其见解颇为独到，诚然"亦将为新安学人所乐闻欤"！

---

[1]《论黄山诸画派文集》，上海人民美术出版社，1987。

第四章 艺术思想与画风之衍变

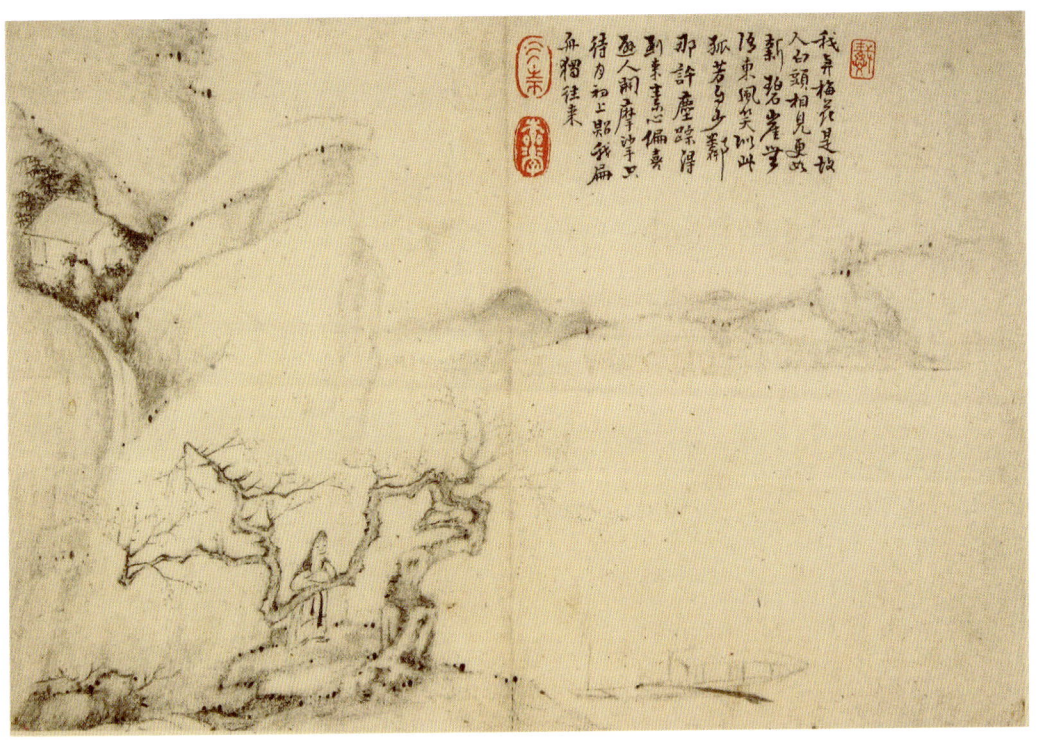

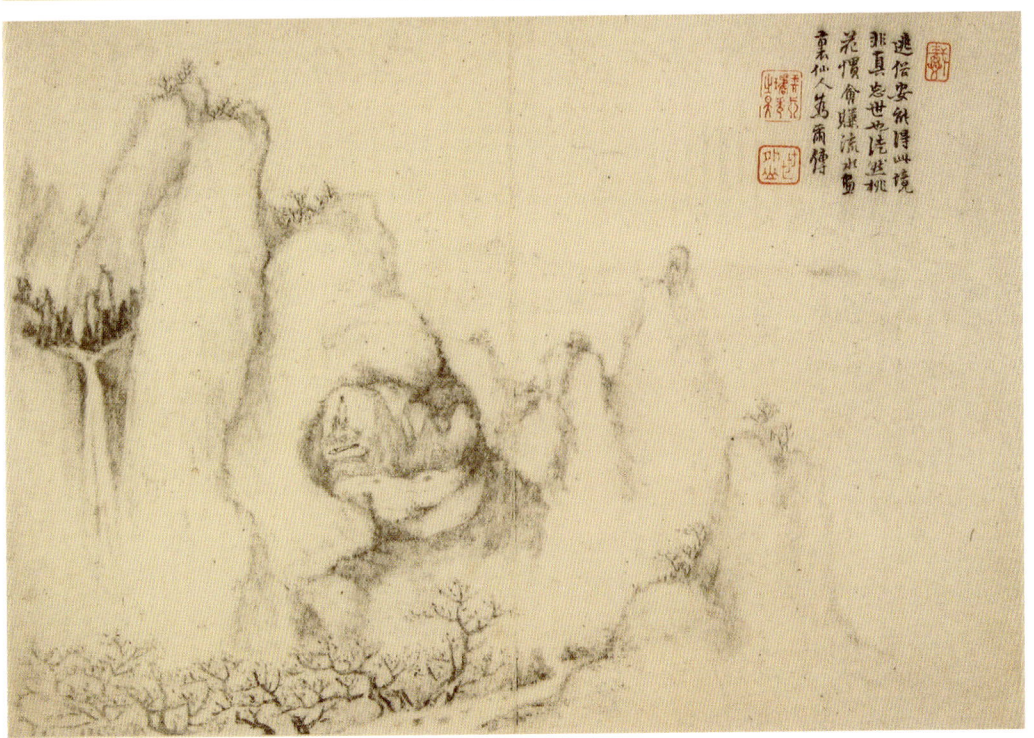

山水册（十二开之一、之二） 1693年 册页 纸本 墨笔 34.2cm×23cm 沈阳故宫博物院藏

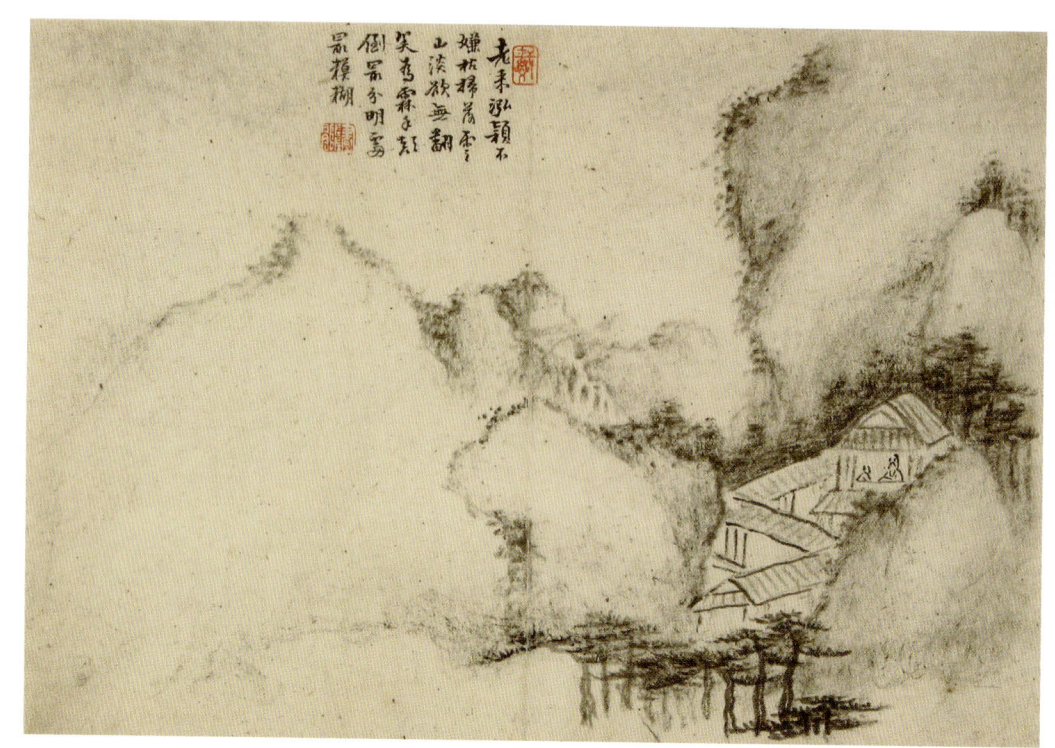

山水册（十二开之三、之四） 1693 年 册页 纸本 墨笔 34.2cm×23cm 沈阳故宫博物院藏

第四章 艺术思想与画风之衍变

山水册（十二开之五、之六） 1693年 册页 纸本 墨笔 34.2cm×23cm 沈阳故宫博物院藏

山水册（十二开之七、之八） 1693 年　册页　纸本　墨笔　34.2cm×23cm　沈阳故宫博物院藏

第四章 艺术思想与画风之衍变

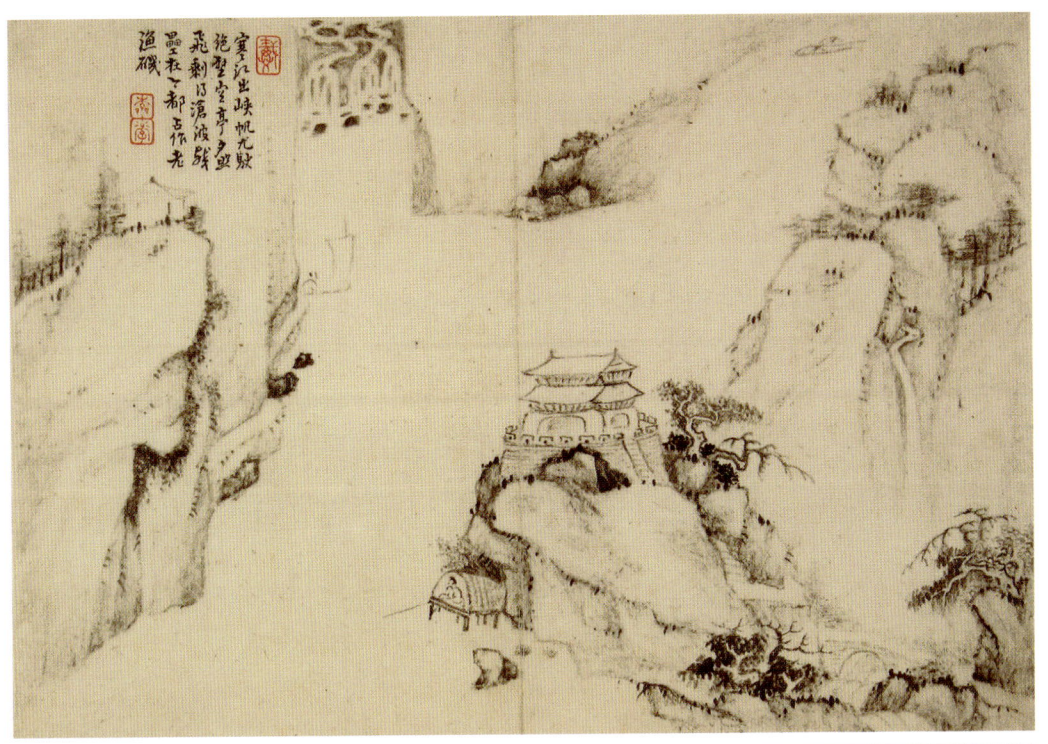

山水册（十二开之九、之十） 1693年 册页 纸本 墨笔 34.2cm×23cm 沈阳故宫博物院藏

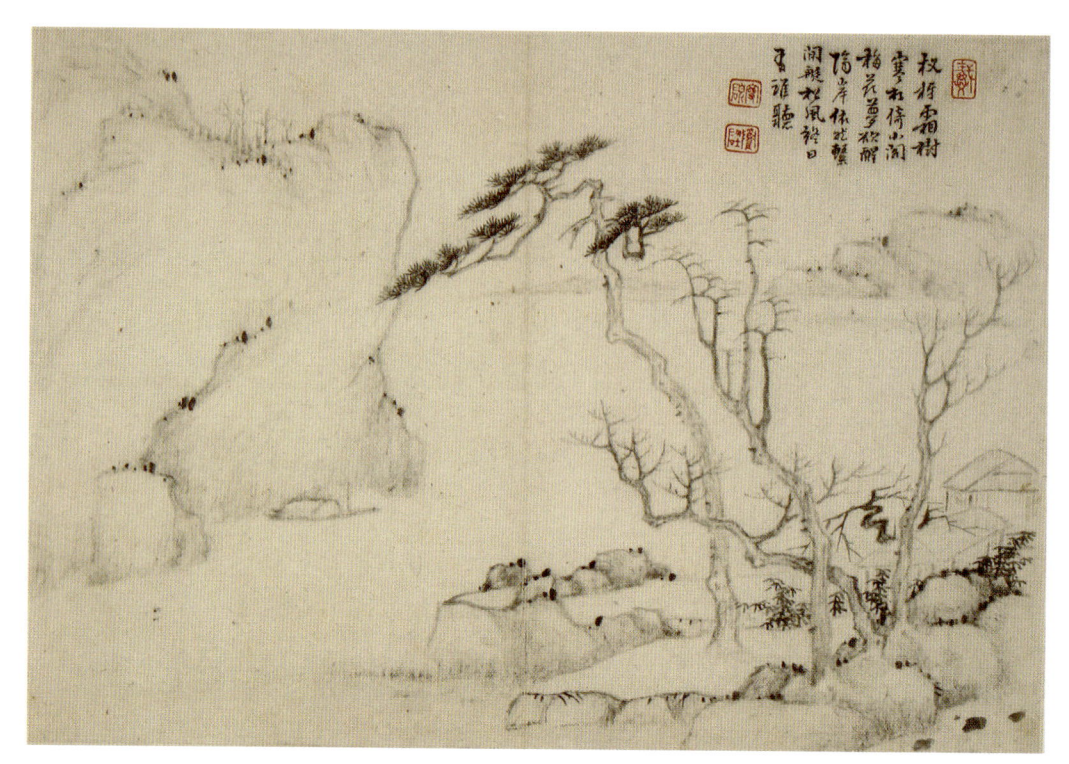

山水册（十二开之十一、之十二） 1693年 册页 纸本 墨笔 34.2cm×23cm 沈阳故宫博物院藏

美国景元斋主人高居翰论述所藏戴本孝丁未春所绘《山水卷》时认为，这手卷是戴本孝早期的作品，但并未展示他早期作品中所具有的特色，风格上更接近于早期的龚贤和与龚贤同时期的金陵画家，与戴所属的"新安画派"画风反而有点距离。[1]戴本孝曾在南京近郊住过一段时间，晚年大部分时间也在南京度过。当时诸多画坛高手相继活跃于此，可谓名家荟萃，流派林立。比如，他与髡残，虽然没有史料显示二人有过交往，但髡残于1669年为周亮工所作山水轴中，有戴本孝的题赞。此据西上实《戴本孝研究》所记叙："此图也有当时已故的弘仁题赞，这是个疑点。"不过西上实又认为："不管如何，以南京牛首山为活动据点的髡残，就地理位置看，给戴本孝以影响可能性极大。"[2]所以，在研究一个画派的同时，不应孤立于它所属的某一地域，而应从整个时代艺术思潮的高度来分析其形成的根源、风格及活动范围和影响，包括纵向的继承、横向的相互影响，等等。探讨研究戴本孝与当时金陵画坛的关系，无疑给"新安画派"的研究打开了一个新的视界。

---

[1]《艺苑掇英》第41期，上海人民美术出版社。
[2] [日] 西上实：《戴本孝研究》，《论黄山诸画派文集》，上海人民美术出版社，1987。

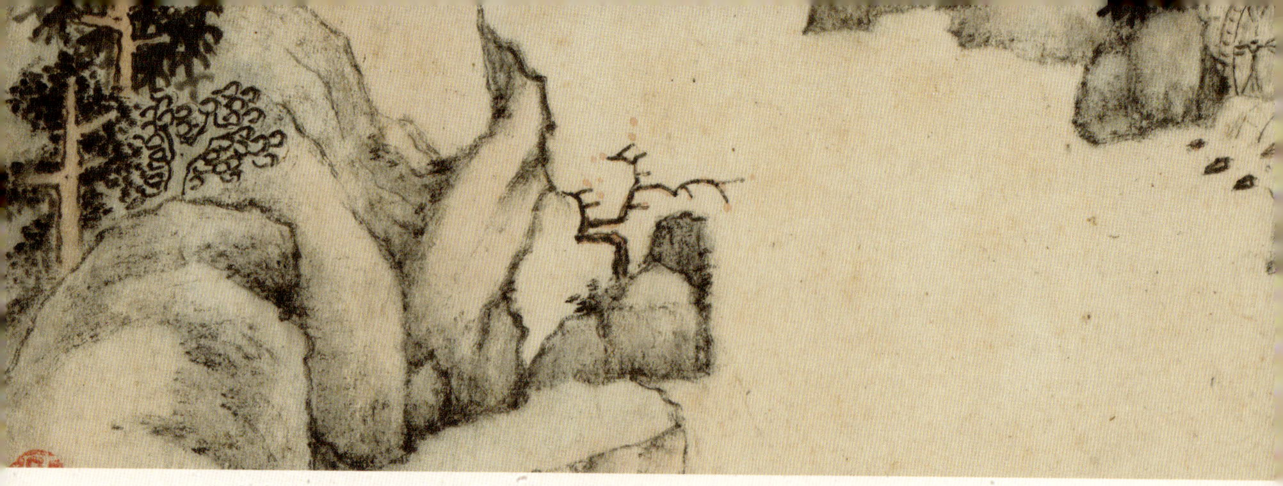

第五章

诗歌评述

概　述

清初诗坛，遗民堪为重镇。如《清诗史》所称："遗民诗群是诗史上的一种复合群体，是特定时代急剧的政治风云激漩盘转中聚汇而成的诗群形态。这是一群'行洁''志衰''迹奇'，于风刀霜剑的险恶环境中栖身草野，以歌咏寄其幽隐郁结、枕戈泣血之志的悲怆诗人。"[1] 卓尔堪（子任）倾毕生精力辑《遗民诗》十二卷，收录遗民三百余人，诗两千余首。朱彝尊赠其诗曰："忠贞公后族蝉联，一代遗民藉尔传。"卓自序云：

  当天步移易之际，天之生才反独厚，而人之禀爱者亦不一，其刚烈清正之气，大则发为死事之忠臣，次则蕴为肥遁之志士。死事者名垂青史，固无论已，独是肥遁者敛迹岩穴，一往不返，或为袁闳而土室自封，或为范粲而柴车终老，或为唐珏、谢翱而夜哭西台，涕洒冬青，甚或戢影方外，如雪菴和尚之流，类皆胸蕴英奇，不克见之行事，不得已而寄之于言，况既谢绝尘世，自毕力学问，其所纂著，俱堪风世。虽曰身将隐矣，焉用文之？诸君子固无意于流传，而彼为造化者，岂肯闭塞所禀受之气而使其所蕴之英奇泯没于天下后世乎？

因是，戴氏父子三人皆有传略与诗篇收入集中。其本孝小传称：

  戴本孝字务旃，和州人。文学。为河村先生长子，隐居鹰阿山中，以守砚名其庵，不接流俗，卖书画供朝夕。有《前生》《余生》两诗集。

---

[1] 严迪昌：《清史诗》上，浙江古籍出版社，2002，61页。

《余生诗稿》书影

传以"文学"二字称,可见戴本孝于当时已有诗名。卓尔堪生于清顺治十年(1653),小本孝33岁,二人相识于扬州,其交往史迹仅见于卓氏《近青堂诗》(附《遗民诗》后)所收入的《旧院故址看花同鹰阿、些山、不菴赋》一诗,移录如下:

> 短草青青石径斜,药栏竹坞两三家。
> 风流谩说全消歇,不见美人犹见花。

《遗民诗》收录戴本孝诗五首,皆游历怀古之作,一首黄山,其余皆北游所作。称辑自《鹰阿山人集》,似是《余生诗稿》辑刻前之稿本。

从《余生诗稿》所辑戴本孝"余生"后诗作,可以大致窥见清初之际这位身为遗民的布衣诗人生平行迹乃至离乱之际的悲愤心态,更如一幅折射出斑驳陆离、苍凉沉厚的历史画卷。

1. 以积极入世的思想，表现强烈的民族意识，感喟河山残破、岁月萧条

> 莫为兴衰频长望，淮流今日使人寒。[1]
> 野色衰犹病，车声哀似歌。[2]

戴本孝46岁远游齐鲁燕赵之地，沿路所见依然是河山破碎、田园榛芜、楼台荒废、古木苍凉的凄凉景象，故多是志痛泄愤之作，慨然流露山河故国之思。不过，诗中并非一味对亡国之哀怨叹息，而多为沉郁悲壮之慨。

> 雨日兼晴日，山城对水城。龙蛇荒大泽，云物改神京。
> 古塔定波立，浮梁骇浪横。帝乡无复问，老骥但长鸣。[3]

"老骥但长鸣"，是诗人壮心不已的坚定信念。戴本孝此次北上，一路放歌，排闷胸臆，或如"匹马还当到处游"（《偕诸子登北岭》），声调激越；或如《登泰山放歌》，涵泳万象。当然，在那个"血雨腥风"的时代，加之家庭的不幸遭遇、个人的悲凉身世，因此，他的诗作于豪壮的表象下亦难挥去无端悲郁的情调。

由江南而涉燕赵，其诗风与情境亦由言不由衷变深婉而见磅礴，所谓"才由间出，必有灵秀所依，感而神通，自赖江山之助"。[4] 朱彝尊在《荇溪诗集序》文中亦称"而予舟车南北，突不暇黔，于游历之地，览观风尚，往往情为所移"。读本孝北游之诗，情见乎词，于古淡清和犹见沉厚与奇崛。不妨再读《土木》一首：

> 惊心土木朔风残，宗社当年谁再安。大漠丧师云大将，中原辱国有中官。辇回北狩君臣在，门夺南宫兄弟欢。今日边庭无内外，青山可忆翠华看。[5]

发幽隐心声，雄气逸响，悲惊跌宕。又有《登张家口城楼》句云："一望西

---
[1]《余生诗稿》卷一，《宿泗州前王蒙修先生园亭感赋》。
[2]《余生诗稿》卷一，《宿迁感怀》。
[3]《余生诗稿》卷一，《泗上》。
[4] 吴绮：《陶憺庵诗序》，见《林蕙堂全集》卷四，297页。
[5] 戴本孝：《余生诗稿》卷一。

风烟草寂,驼鸣旐幕夕阳斜。"声情骀宕,无论视野胸襟已非处身江南时可以比之。所谓一切景语皆情语。当然,这些诗作已非游山玩水之闲逸,而是凭吊"前代",既是"咏史""论史",亦可作"诗史"观。诗中借怀古情思,糅合河山残阙之感伤,淡语苦情,故显得悲亦深,歌益豪。其怀古之作多为豪壮之语,北寒南心,细腻清阔,那种苍凉、凄楚,乃是发自内心之悲鸣。

2. 以消极的出世思想,表现为耽于烟霞、洁身自好的狷士风范;或借山林清泉陶冶情操,缅怀古贤;或以诗歌酬唱,表明心志,在遗民中寻觅知音

(1) 山川田园

戴本孝一生虽称"隐逸",实多在漂泊之中,行迹所至,多有佳作。他以诗、画抒发对自然之倾心与依恋,同时,诗人之心灵也在领略自然神奇境界中得以慰藉。他意欲逃避尘俗,却于山川田园之情不可能泯灭。正如鲁迅所言:"据我们的意思,即使是前人,那诗文完全超于政治的'田园诗人''山林诗文'是没有的,既然超出于世,则当然连诗文也没有,诗文也是人事,既有诗,就可以知道于世未能忘情。"(《魏晋风度及文章与药及酒之关系》)因此,在戴本孝的这些山水诗中,无论是表现日暮苍山的悲凉、夏阴垂钓的野趣、鹤步闲庭的幽然,还是登临泰岱之的豪迈,都无不流露出作为一名"遗民诗人"热爱生活、热爱自然的炽热情感。诚然,他于自然的山水之情绝不同于一般士大夫"游山玩水"之逍遥,而是借山水"澄怀观道"来验证他的佛老哲学观点,即以求得精神上的解脱,达到自我修养与对社会现实的潜力抗争,故其心境益远,情感亦显得复杂许多。举目旧时山河,吟啸却多苍凉,他更以画人之审美视角,状写景物,寓情于景,表达出丰满的思想内涵。

山水诗最早产生于南北朝。其时,民族斗争激烈,民不聊生,当权的统治阶级腐化堕落。失意的有识之士无力回天,便纵酒清谈、消极遁世、归隐田园、匿迹山林,加以佛、道的影响,出世思想弥漫社会。于是文学史上产生了山水诗,在绘画上就产生了山水画。其最杰出的代表便是宗炳和王微。如果我们深刻地体会宗炳的《画山水序》,更有助于我们去理解戴本孝的山水诗。

"山水以形媚道，而仁者乐，不亦几乎？"[1] 戴本孝在山水中寻找精神慰藉，并吟咏、描绘它，他想把大自然所赋予真山真水既神奇变幻又朴素纯真的自然之美，用诗歌、绘画的形式表现出来。所以戴本孝才会二上黄山、三登太华，羁旅漂泊，作画、吟唱，抒情写意。

  千霄莲霁忽开房，万壑风摇草树香。天堕花中真逼侧，松眼石鳟最苍凉。丹梯水接孤云迹，碧汉峰衔独木梁。到此已如登上世，攀龙今欲梦轩黄。[2]

  人与自然精神的深深契合，正是中国艺术的自然观中天人合一的精神。在西方人的眼中，这特性也是中国艺术与西方艺术最大的差别所在。"到此已如登上世"，无疑是一种宇宙意识与人生意识和生命情调最深沉的境界表现。这是一种自然的人生观——超越时空、超越现实、极力追求虚无的人生观，是清初遗民画家共同的思想境界。对于戴本孝来说，身怀国破父亡之恨，固然心境凄冷，但他还是强压胸中之苦索，而表现为一种豁达的超脱。他抱着如出家一般空幻的心理去领悟自然之美，并加以主观表现。这种审美意识所表现的空幻冷逸的趣味，充分表明黄山画家那种"以儒立身，以道参禅"的人生境界。

  如果说著名山水诗人谢灵运的《登池上楼》为南朝山水诗的代表作，扭转了东晋以来的玄言诗风，对南朝和唐代诗歌的发展产生了一定的影响；那么戴本孝的这首《登莲花峰绝顶》，由登莲花峰联想到攀登人类社会的最高理想境界，主观意识更为强烈了，无疑更促进了清代山水诗的诗论、诗评和研究的深入展开，把山水诗的创作推向一个新的高度。

（2）怀亲思旧

  戴本孝一生笃于孝悌。亲人骨肉，朋辈挚友，或遇死生离别之际，其心赤诚，深情自见。或饯行，或问疾，或哀吊，情见乎词。如泣如诉，和泪之声，声固真切，我们在"游历、交往"一节中不难窥见。己巳（1689）秋，龚贤遽

---

[1] 宗炳：《画山水序》。
[2] 戴本孝：《余生诗稿》卷四，《登莲花峰绝顶》。

然下世，本孝悲痛之极，恨不能同归，实在是生死之谊。岂止龚贤，于朋辈同道亦皆如此，真乃"四海之内皆兄弟也"。再看他悼念老妻之诗：

> 老妻何静好，食苦此山村。三十八年内，五男见十孙。深秋剧引诀，凶岁几能存？衰眼全无泪，悲风谷口吞。[1]

从来感人肺腑者莫过悼亡之作。老妻贫病而死，使戴本孝深深感到自己终年漂泊他乡，家中生计全赖老妻辛勤操劳，悲切中不无愧疚之意。继而，从老妻之死看透世态炎凉，民不聊生，衰眼无泪，只有呼啸的山风如泣如诉，昼夜哀鸣。

至于他的诗集中抑或有饯行送别、祝寿慰问篇什，固为"应景"，却非复"应酬"之作，于乱世中，相与慰藉，更以气节相互砥砺，皆能情真意切，是谓"其歌也有思，其哭也有怀"（宋荦《遗民诗》序）。

即便是"吟风弄月""赏花醉酒"篇章，亦平实清和，戴本孝毕竟不比冒襄，水绘园中难免有诗酒酬唱之娱……

（3）感时忧患

遗民之遁世实质上是逃避现实，这是在激烈政治斗争中不得已的手段，但于"世情"难以忘却。"先天下之忧而忧，后天下之乐而乐"的伤时忧民之情，在戴本孝的诗作中表现甚为强烈。直至他临终前，仍惦念凶年大旱，山民何以生存？康熙十五年（1676），"时因黄河失故道，逼淮入高宝诸湖，复以雨涨潮涌，故为灾特甚"，戴本孝感而赋，继又作《大雨叹示儿子》：

> 水荒千里困漂泊，农家蚁命谁当哀？君不见，上江满城惟白骨，白浪声声带鬼哭。[2]

《清诗纪事》收录戴本孝诗《长干丐者》，无系年，未收入《余生诗稿》，当

---

[1] 戴本孝：《余生诗稿》卷六。
[2] 戴本孝：《余生诗稿》卷五。

作于明亡后,字字辛酸,云:

> 青天盖黄土,生死太寻常。欲乞谁家食,甘同故国亡。一瓢诗泪尽,双履迹尘香。蒙袂真堪诔,斯人岂庙廊。

诗人在"尽日风和雨"的时代环境里饮泪吞声,情调凄厉,可谓遗民的血泪诗。诗人因此仰天长啸:"我欲讼风伯,吹枯大地心。"[1]毫无萎靡之色,比起那些一味哀怨消沉的诗要多几分苍凉与悲壮的风概;其忧患之感发自内心,具有强烈的感染力。

(4) 示子孙、言心志

戴本孝自幼受家学思想的熏陶,对于自己的子孙后辈,自然也常以家风勖勉,诗集中如此类"示儿孙诗"(亦兼有示知己者)不下十数首。或勉其穷不矢志,或规劝耕田务农,或告诫做人哲理。作为一个热爱民族的知识分子,热爱民族传统文化乃其本性所致,故而,戴本孝亦有许多如"示儿画法""嘱儿读书"的诗作。最为感人的要算他去世前写给后人的十首《绝命辞》了:

> 此日日月已终穷,雪尽肝肠见祖宗。
> 魂去犹依松径里,峨峨西岭有家风。
>
> 七十三年亦惘然,何能先测后来天。
> 炎空好驾回飙去,追待先严日月边。
>
> 生无可喜死无哀,生死何须虚往来。
> 天托英雄仍我辈,十秋怀抱为谁开?
>
> □知世味有何如,大命将期安可迟。
> 膏泽既枯生意尽,天灾人难哪能支!

---

[1] 戴本孝:《余生诗稿》卷四,《终夏南风甚竟旱势可忧复闻江警作此自解兼示知己》。

世间乐土岂常有,何处将来不乱离?
穷谷贫家能死守,安知不到太平时。

百年五世古霜阡,茅屋相依力石田。
我若魂归风雨夜,松呼泉应也堪怜。

文章节孝耿幽忠,兄弟儿孙不怨穷。
自是无心犹可转,青松黄药白云中。

惟我埙箎老益谐,在原分手有余哀。
生平学力惭何用?隐几从今岂□□。

仅有残编三两厨,传家此外已全无。
若教手泽轻□散,此是吾孙责也夫。
——燹余所存,屏星、钺星所及行笥,可哀而藏之,付与星督麦孙、芸孙守之,无令借粥佚散,不者至为不肖

面骨棱森瘦益奇,不归将复待何时?
此身无矣宁何患,弃此轮尻随所之。[1]

诗人自知垂危,生命之火,喷薄而出。诗情寒苦,言辞真切,不只是向儿孙,更多的是向时代与社会,发出了生命终止时的最强音,却也充满了无奈和失落。他表白了自己73年的一生,不渝遗民之志,无愧于列祖列宗;他表白了自己肩负老小三代生计,不趋名利,遁迹山野,砚田勤耕,诒风子孙;他勉慰儿孙当存远怀,守砚明志,世代相传,莫做不肖子孙。十首绝命诗,字里行间淋漓尽致地勾勒出一个饱经沧桑、愤世嫉恶的诗人形象,呼之欲出。

---

[1] 戴本孝:《余生诗稿》卷十一。

（5）题画论画

戴本孝的题画（论画）诗，除见于传世绘画作品之外，《余生诗稿》中也颇为可观。或绝句；或长歌；或即景状物，开拓意境；或抒发自我襟怀，陈述艺术见解，反映艺术思想；或表明创作心情，论述笔墨观点，信手拈来，皆成妙谛。在我们尚未发现戴本孝有关绘画理论专著之前，这些题画诗无疑是研究戴氏艺术思想乃至清初画坛艺术思潮的珍贵资料，其独到的理论见解与石涛的《画语录》一样，具有一定的历史意义和学术价值。

影响与评价

戴本孝性好交游，与其唱和者不乏当时诗坛大家，如王士禛、陈维崧、阎尔梅、王弘撰、龚贤、傅山，以及冒襄父子。《清诗别裁集》及《清诗纪事》诸集都未忘这位蛰居山野、老于布衣的诗人，收录其诗。《清诗别裁集》卷七称其"诗近平直"，并录其"集汉、魏集陶数章"，《律陶》诗曰：

乐与数晨希，区区诸老翁。贫居依稼穑，绕宅自篱蓬。
懒惰故无匹，箴规向已从。闲居三十载，乡里习其风。

自注：赠野人。"诗近平直"，由是可见。清初诗坛，宗宋人成风气，邵长蘅说："诗之不得不趋于宋，势也。盖宋人实学唐，而能冷逸唐轨，大放厥词。唐人尚蕴藉，宋人喜径露。"（《青门剩稿》卷四《研堂诗稿序》）所谓"径露"，当似"平直"。张英比唐诗如"朝堂之所服也"，宋诗如"田野之所服也"（《笃素堂杂著》卷一）。亦如是。

存世戴本孝诗作多为"余生"后所作。钱锺书尝言："一集之内，一生之中，少年才气发扬，遂为唐体；晚节思虑深沉，乃染宋调。"（《谈艺录》）由深沉思虑转为平直，或议或咏，眼前之物，日常所及，皆成诗什，阅历不同，诗风亦不同，若论随时风使然，实则在其诗中，师宋而不薄唐人，可谓唐质宋韵。遗憾的是，于戴氏的诗作历代只有简略的概述，而竟无具体的评论，倒是杜岕在为戴本孝诗集所写的序中有一段精辟的论述：

> 余与定交久，叹其才充学博，将几于道矣。夫戴子以河村先生为之父，其诗文磊落孤愤流传两间。务旃伏处迢迢，著述四十年，有双白雉来栖其庐，抱书枕石，吟风树间，兹非务旃之大室欤。余因与之论诗，诗者三百篇之苗裔，必渔猎百家，考天文地利乐律字田歌舞战阵之文章，辨十五国贞淫八风邪正治乱，旁及六艺书画，然后免伏杜伏腊之诮。戴子博论无所不窥，足迹大半天下，历登五岳，图其形胜，间与二三名公卿游……[1]

戴本孝博鉴经典诗史，复"历登五岳"，所谓"读万卷书，行万里路"。其所作不囿于一家一法，又当非"平直"二字可以全面，其由宋人而溯汉魏乐府、陶令古风，故能形成声律和谐、吐属高雅、清丽古淡的诗风。其缅怀回溯质朴淳厚的汉魏古风，无疑是对唐宋格律诗的一个突破。诗人深沉的内心情感和审美情趣表现得淋漓尽致。因而，我们不能片面地将他的诗作笼统视为亡国遗民的颓废消沉的哀叹，而应从亡明遗民特定的历史地位来看待它的积极影响。诗人超脱了人世的污浊，浸身于大自然的怀抱，把满腔的孤愤磊落之情倾注于诗、书、画的审美追求中，使自己的心灵得以自由驰骋。

另一位为其诗集作序者王楫亦在序文中给予戴本孝很高的评价：

> 昌黎称其（文昌）诗学古淡，历阳诗派，千秋嗣响者，其惟戴氏父子乎！务旃以尊甫河村先生为之父，文章气节远迈顾厨，理高渊源，直溯濂洛，允足炳焯史册矣。

所称"历阳诗派"，由张籍（文昌）倡导乐府诗风，而成为中唐重要的"江南文学"代表，戴本孝很多"悯农"之诗，皆可联想到张籍平淡而奇崛的诗风。

当然，戴本孝的诗名与当时的诗坛领袖王士禛的称许是分不开的，王渔洋曾赠诗戴氏兄弟，称之"二戴历阳秀"，赞扬本孝"诗画皆超绝"。戴本孝是一位极其勤奋而早慧的"民间诗人"。据《和州志》可知，其自幼体弱，父亲未肯强其就学，他本人亦无意于时艺文章，而"肆力于诗古文辞间"。戴本孝幼年随

---

[1] 原文模糊佚缺多处，所录恐有舛误，谨记。

父至南京会晤如皋冒襄先生，得见先生与父辈唱和吟诵情景。由于家庭和前辈名流的影响，青年时代的戴本孝即显示出卓越的才华。康熙十一年（1672），冒襄分别邀陈其年和戴本孝至如皋，并于水绘园设小三吾诗会，雅集如皋名流饮酒唱和，又分别命其年、本孝为序。二人皆才思敏捷，顷刻千言，瑰玮无比。

身为布衣，戴本孝的诗作固没有王渔洋、吴梅村等人的影响和地位。但作为一名遗民诗人，戴本孝的诗涉猎广泛，更有卓尔不凡的关于绘画观念的阐释，故应当引起后世研究者的关注。其恪守遗民之志，"志节趣高，品格自持而不阿谀附势"，[1]于广大遗民中堪称无愧于"遗民"者。其诗与时代命运息息相关，"既然这是一个特定的历史文化现象，是刻印有深深的时代烙印的群体，那么该群体中的诗人们的深寄以家国沦亡之痛而足能感鬼神、泣风雨的血泪歌吟，自然具有巨大的认识意义和审美价值"。[2]

值得一提的是，戴氏父子及其后人曾遭清代"文字狱"之劫，但他们的诗作仍能被保留下来，尤其戴本孝与其同时代的诗坛名流唱和之作，竟毫无顾忌地公诸于世，可见他的诗作在清初至清末前后三百年中的历史地位。

关于《余生诗稿》兼说"戴氏文字狱"

据史料记载，戴本孝生前主要有《前生诗稿》《余生诗稿》《守砚庵文集》，以及编著的《画学澄观录》，[3]历经清代"文字狱"与连年不断的战乱，除了《余生诗稿》尚能见一孤本外，其他则于世难觅，未卜尚在人间否？

有清一代"文字狱"，可谓残酷绝伦。微露"不敬"之词，遂致酷吏搜抄。盖因汉族文人多系念故国，耻事异族，于诗文中，志痛浅愤，"慨然流露其故国之思"[4]。于是清廷一面表彰儒术，一面大兴文字狱，钳制思想，扼杀言论自由。

---

[1] 严迪昌：《清诗史》上论"遗民"曰："布衣诗人的社会特性应是：未得科第进身，生活于平民层面，志节趣高，品格自持而不阿谀附势。"
[2] 严迪昌：《清诗史》上，浙江古籍出版社，2002，64页。
[3] 据清翁楚《画话》引用书目知，此为写本四册，署"历阳鹰阿山樵戴本孝辑"。从《画话》所引"萧云从条"可见此书乃以小传体记载画人生平事略及其作品、著述。《中国画学著作考录》（上海书画出版社）的作者谢巍曾于1961年访问常熟，询顾麟文先生此本下落，谓："某家藏有抄本，秘不示人。不知经十年浩劫后尚存世否？"
[4] 梁启超：《近代学风之地理分布》，文见《清华学报》第一卷第一期。

雍、乾之时，可谓登峰造极，"乾隆间更假'四库馆'为名术，取威胁焚毁改窜甚于焚书坑儒之祸"。[1] 戴氏家族在戴重、戴本孝死后又一次惨遭厄运。

雍正十年（1732），戴重的《河村集》和戴本孝的《前生诗稿》《余生诗稿》因运漕（含山南）黄正超家藏禁书之狱被销毁，于是，所有戴氏著作着地方官严密搜查，尤戴重的《河村集》被搜查了几代人。据安徽巡抚闵鹗元《查办〈碧落后人诗〉及〈约亭遗诗〉折》[2] 载：移孝《碧落后人诗集》及其子戴昆《约亭遗诗》二书当时销毁，认为戴昆诗集中有"长明宁易得""短发支长恨"二句，遂为"悖逆"确证。众所周知，前一句指的是昼夜交替，因而不可能永远是光明，后一句则指年已老大多有痛苦，但却又不得不强自支持（"短发"指头发稀少，为年老之意。本自杜甫"白头搔更短"）。清廷却把"长明"之"明"解为明王朝，把"短发"解为清人发式，从而将此句说成是"被迫剪短发（剃发）而永远痛恨"。至于移孝的诗中，连这类句子也找不到，就笼统说其中"悖逆狂吠处甚多"。就是根据这莫名的"确证"，称其父子两人为逆犯，乾隆四十五年（1780）遭戮尸；作序之鲁之裕也要问罪。当时鲁已死，其后人也不知去向。为了惩处其后人，当时，安徽、湖北、广东等地大批官吏大动干戈，四处搜查，风声鹤唳。当时，收缴禁书的网络全面展开，直至各县级以下。据章学诚撰《永清县志》所记载，直隶永清县密布"地保"，县级设二个地保，城外四个郊区各设一名，每村或二到三村设一个地保，[3] 形成地毯式的拉网搜查。各地"地保"们为了业绩深挖严查，乃至夸大其辞，一时查缴禁书成为地方政府"特定公事"。[4] 如杨念群所称"查禁违碍之书的严厉对清初士人生活的影响往往是相当巨大的，不少遗民子孙往往是在不知情的情况下卷入了一场杀身之祸"。[5] 焚书坑儒之劫千百年阴魂未散。戴昆的儿子用霖及孙世法、世得均斩监候，另一个孙子世道立即斩首，妻子给功臣家为奴。他们之所以要用这"莫须有"的罪名残酷镇压人民，无非为了抑制人民的民族意识，维护其对汉民族的统治。

戴重的《河村诗文集》以及戴本孝的《余生诗稿》历经沧桑终于被保存下来，

---

[1] 孟森：《心史丛刊》序，中华书局，2006。
[2] 《文字狱档》第五辑。
[3] 《永清县志》卷十三，引自杨念群《何处是"江南"》，三联书店，2010。
[4] 《纂修四库全书档案》，8页。
[5] 杨念群：《何处是"江南"》，三联书店，2010。

留传于世。民国初,和州含山学者张学宽(栗庵)等人校刊印行《河村诗文集》,名《河村诗文集》),张票庵并撰序、题跋追忆曰:

> 《河村集》四卷,明推官戴敬夫先生著。先生有忠义大节,事具贵池刘伯宗为传,不具论论其文集。吾乡有文集者,在唐为张司业籍,宋则张学士孝祥,在明则先生。然司业长于诗,学士长于词,而先生则诗与文并至。顾其集或不传,独郡文学鲍君有其传抄本,珍护若头目。宽与友人朱雪舲请录其副,鲍未许也。今年春乃以白于郡侯高君侯饬史录之,而命宽与祝君司校字之役,将付之梓人,而后此书复显于世。先生之文清峻刚简,出入先秦西汉,下者浸淫于唐昌黎韩氏、皇甫氏、孙氏,无当时奸侧幽诡之习,盖素所蕴藉然也……

今存完本《余生诗稿》共十一卷,其中卷十一为《不尽诗稿》,计二册。前十卷收戴氏45岁至70岁所作诗歌421首,《不尽诗稿》收戴氏70岁后至73岁终前诗作33首。封面隶书四字署"余生诗稿",右上为"鹰阿山樵著",左下旁标"守砚庵藏版"。集前有杜岕、王楫撰序文及戴本孝自序共三篇。《自序》末记:"旃蒙大荒落白藏相月,鹰阿山樵识于守砚庵。""旃蒙"为干支乙,"大荒落"是巳的代称,"白藏"指秋,"相月"即七月,可知此序作于"康熙乙巳秋七月",戴45岁。戴自序后为《目次》,首题:余生诗稿十卷,不尽诗稿一卷,清戴本孝撰,清康熙守砚庵自刻本,二册。二至十卷每卷卷首分别钤印一或二方,分别为:卷二:"鹰阿山樵"正方朱文;卷三:"天根""本孝"椭圆朱、白文各一;卷四:"迢谷山农"正方朱文;卷五:"碧落精庐"正方朱文、"离矼堂"方朱文、"□□□"长方朱文各一;卷七:"□""破琴"长方朱文各一;卷八:"□□□"正方朱文;卷九:"子戊""知耻"仿战国玺印二方;卷十:"形见神藏"方形朱文。

另据《徽州学丛刊》第二辑知,尚有《余生诗稿》手抄不全本一册,存四卷,毛边纸,蓝丝栏,行书手抄。前有"三序",抄本于戴自序后,且有如皋冒广生(鹤亭)题跋,跋文如下:

> 旃蒙大荒落为康熙四年乙巳,是集诗即是年除夕,迄十四年乙卯。

以乙巳逆推四十五年，务旃先生盖生于天启元年辛酉。此为四十五岁至五十五岁所作。此集无序，以《前生集》自序及王、杜所作《前生集》两序为序。《前生集》今既不获见。乙卯以后，有无续刻，又不可知。后此十六年辛未，先生尚重过如皋有诗，刻先巢民徵君《同人集》中。冒广生记。

另行记：

先生长子钺星，字晦思。辛未岁，亦来如皋，并见《同人集》。

从跋文可知：（1）《前生集》早佚；（2）全本《余生诗稿》为后续刻本；（3）《前生集》三序与《余生诗稿》三序相同。

另据王楫撰序文中"昔河村先生绝粒之年，仅四十有五，今务旃之年已逾指使，哀其生平之诗，凡四十五年以上者，命曰《前生稿》，以后则曰'余生'。是其孝思之感身世之悲……"从此段文字可知，《前生稿》（或《前生集》）刊印（或只辑录而未刊）当在康熙二十三年（1684），本孝60岁（"务旃之年已逾指使"），王、杜二序亦为是年所撰。戴之自序作于45岁时，当时可能只是写在稿本前。

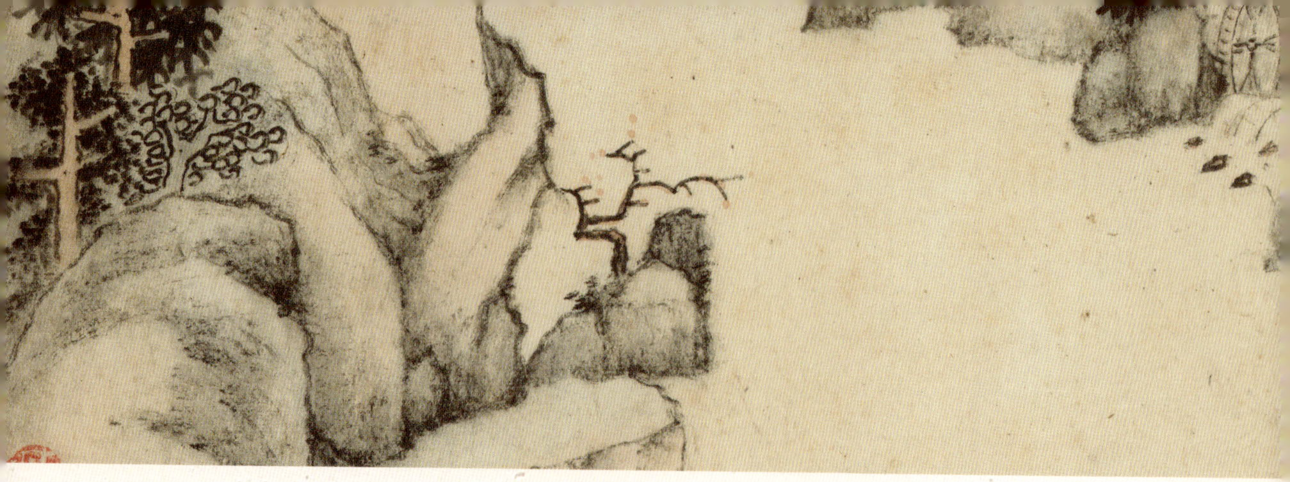

第六章

年表简编

1621年（明天启元年　辛酉）　1岁

农历七月初九（8月25日），戴本孝出生于和州西河村（今安徽省和县乌江镇河村）。

1630年（明崇祯三年　庚午）　10岁

弟移孝生。（《和州志·戴移孝传》）

1632年（明崇祯五年　壬申）　12岁

随父移南京避难。（《和州志》载："重知和州将乱，移家避之。"）此后居南京五载。

1635—1636年（明崇祯八年　乙亥）　15岁

农历十二月（1636年1月），流寇屠和州，死者十余万。

1637年（明崇祯十年　丁丑）　17岁

石白湖邢昉送戴重、萧云从归乡里。（邢影昉诗《寇定后，送戴敬夫萧尺木还乡省亲》《历阳典录》补编卷六，引自《石白集》）

1638年（明崇祯十一年　戊寅）　18岁

戴重在吴应箕为弹劾阮大铖起草的《留都防乱公揭》中签名。

1640年（明崇祯十三年　辛巳）　21岁

戴本孝娶妻。

1642年（明崇祯十五年　壬午）22岁

戴重应南京乡试被放，欲上书请崇祯帝迁都陕西。谓中原流寇充斥，国家倘逢不测，欲一旦京都南迁取道无由，莫若早据关中，可以扼河山之固，号召天下，书阻遏未得上。

时，中原灾害荐臻，沿江百里饿殍枕藉，野死无瘞。戴重挈家流徙，卜居横望，过石白湖、句曲抵南京，后移太平、铜井，最后还和州。（《和州志》）

是岁，本孝随父游鸡笼山。（戴重《河村诗文集》）

1644年（清顺治元年　甲申）24岁

农历三月十七日（4月23日），李自成攻陷北京，崇祯帝缢死。

农历五月（6月），清定鼎北京。马士英拥福王朱由崧于南京称监国。戴重入应天巡抚程世昌幕下。应岁贡廷试，擢举第一，授湖州府推官。不久，改廉州。马士英索沉泥砚遭重拒绝，归石白湖。（《和州志·戴重传》）

1645年（清顺治二年　乙酉）25岁

本孝生长子。

戴重与12人结"不敢忘社"。应巡按正东御史凌駉招，欲行，因駉死未果。赴南京，知祸将至，归石白湖，教射于乡里，与数十名同仁结"正社"。后携全家随程世昌去湖州。当时避乱石白湖的萧云从等为饯行。

农历五月（6月），清兵破南京，掳福王。戴重途至夹浦闻讯，遂由大全港至湖州后林村，与潘国赞策谋，招义勇两千多人，与他方呼应，于中秋后五日举事。战中，戴重中箭负伤，本孝扶之挈家还迢迢谷。（《和州志·戴重传》）

1646年（清顺治三年　丙戌）26岁

戴重和含山张不二"绝命词"。农历十一月（12月），戴重绝食殉节。萧云从作《和州含山张不二先生乙酉殉节纪实》文称："（重）举义被创，扶还故邱，因和先生辞，以哭先生辄失声，亦绝粒不食于迢迢谷，死焉。论者谓，和州为高皇帝汤沐郡，自开天三百年来，竭力致身以报国者，惟此幽终数人而已，岂非两间正气焉。"（《和州志·戴重传》《历阳典录》）

1654年（清顺治十一年 甲午） 34岁

秋，冒襄于如皋水绘园筑碧落庐祭祀戴重。（戴本孝:《小三吾唱和诗序》，见《同人集》）

1656年（清顺治十三年 丙申） 36岁

除夕，戴移孝与诸子共聚合山度岁。（方中通《陪诗》卷一《迎亲集·不择地除夕同戴无忝、伯兄、三弟作》）

1657年（清顺治十四年 丁酉） 37岁

冒襄与子谷梁、青若客南京，本孝、移孝过江会集诸贤。有小三吾世盟高会。另据方中通《陪诗》卷一《迎亲集·丁酉秋日，父执冒朴巢大会世讲于白门》一诗题下注，列于此会数十人，有陈贞慧子维崧、吴应箕子孟贤、周岐子暄、梅朗中子庚、沈寿民子斑、黄虞稷、方氏诸子及其他复社后嗣等人。

1659年（清顺治十六年 己亥） 39岁

农历七月，戴本孝至如皋，谒碧落庐，于枕烟馆与冒襄诸人赋诗唱和。

1660年（清顺治十七年 庚子） 40岁

作《仿启南山水轴》（故宫博物院藏）。

1661年（清顺治十八年 辛丑） 41岁

郑成功进军台湾。

南明桂王朱由榔于缅甸被俘。（《明史》卷一百二十）

清世祖福临死，康熙帝玄烨嗣位。

1662—1663年（清康熙元年 壬寅） 42岁

农历四月（5月），朱由榔为吴三桂逼死于云南昆明，南明彻底灭亡（《明史》卷一百二十）。是岁冬，戴本孝游黄山，于歙县乌聊为渐江庐山之行饯行（许楚诗，见《渐江资料集》115页）。

农历腊月（1663年1月），归和州，于守砚庵为印山道兄作《晓窗梅影图轴》，并题《菩萨蛮》词一首（《四味书屋珍藏书画集》）。

1663—1664年（清康熙二年　癸卯）43岁

农历二月（3月），作扇面山水图。（《风雨楼扇粹》第五册）

六月末（8月），作《林泉高蹈图》。（神州国光集》第十九册）

作《山水图》。

农历十二月二十二日（1664年1月19日），弘仁圆寂。

是岁，为冒襄治六面套印。（《明清流派篆刻印谱》）

1664年（清康熙三年　甲辰）44岁

农历八月一日（9月20日），作《山水》（美国景元斋高氏藏）。

作《溪亭清兴图》（安徽省博物馆藏）并题五绝一首，款识："甲辰八月并题，鹰阿山老樵本孝。"

跋项锡胤（犀水）藏董其昌《仿关仝关山雪霁图卷》。

1665—1666年（清康熙四年　乙巳）45岁

因父45岁殉节，自称45岁前为"前生"，其后为"余生"；45岁前诗作辑为《前生诗稿》，其后辑为《余生诗稿》。（《余生诗稿》自序）

除夕（1666年2月3日），作诗示儿辈："一生诗送岁，不欲问余生……"

农历五月（6月），王士禛在南京牛首山兜率岩见戴本孝之《东峰图》。（王士禛《带经堂集·渔洋诗》卷十八）

1666—1667年（清康熙五年　丙午）46岁

移孝娶妻。

元日（2月4日），作述怀诗。弟移孝游蜀未归，本孝将作燕赵之游。

春，起程游燕。雪阻全椒吴氏园林。雪霁，偕项锡胤（犀水）等经滁山，过珠龙镇、清流关，由桃花营取道张八岭。过泗上，宿泗州王蒙修先生园亭。途中客次宿迁。经琅琊谒王右军故宅。过蒙阴。登泰山，作《登泰山放歌》长诗。经阜城，至涿鹿。过吴盛藻（观庄）上谷署。巩华城谒天寿诸陵。过居庸关，登武宗行官故址。

农历五月五日（6月7日），作怀乡诗。至上谷。

题画赠王郎。

望宣府东南一带山，吟诗感叹汉家河山破残。

去燕途中，不得无忝游蜀还家音讯，作诗感喟兄弟行藏可怜。

登北山寺。

过洋河。

农历六月朔（7月2日），时雨中日食，题上谷邸壁。

上谷得方以智所著《药地炮庄》，读后感赋七言诗一首。

初秋，登张家口城楼。过边城，游东山。

秋，抵燕市。遇李念慈（屺瞻）。

除夕（1667年1月23日），于燕市作感怀诗呈项锡胤兼忆无忝。

1667年（清康熙六年　丁未）47岁

客燕京过年（春节）。

人日（1月30日），雪中吟诗示知己。作《灯丁市辞》十首。

正月，题画诗二首。

得废谷皮纸，作指掌小册，计十帧。

农历二月望（3月9日），作《山水图卷》。

燕市逢钱肃润（础日），赠之诗。

东河寄轩宴集，限"齐"字为诗，本孝即兴一首。又呈阎尔梅（古古）。

七夕（8月25日），再过上谷。后二日，本孝生日，作诗遣怀。

冒丹书（青若）游燕与本孝相逢，其从者无论老少皆乞赐诗，本孝各"戏赠"之。

刘体仁（公勇）索画，写赠，并题。

燕市，移居金鱼池馆（崇文门外）。和项锡胤诗。

农历七月九日（8月27日），作诗《对月》。

游正阳门外夜市，作《穷汉市吟》。

题《千岩对语图》呈项锡胤。

诗赠刘体仁（公勇），诗赠王士祯（阮亭），诗赠沈荃（绎堂），诗赠程可则（周量）。

题画。题画赠王阮亭，题画赠阎尔梅。

王士祯在京，与沈荃、程可则一起在戴本孝为项锡胤所作《倦鸟亭图》上题跋。(《带经堂集·渔洋诗》卷二十)

1668 年（清康熙七年　戊申） 48 岁

农历三月二日（4 月 12 日），《赠冒青若山水册》八页。(《神州国光集·外名品》，刘体仁《七颂堂集》、程可则《海日堂集》诗之一，王士祯《带经堂集·渔洋诗》卷二十一)

农历三月十八日（4 月 28 日），游西山。十九日（29 日）至香山来青轩，四望凄然，作诗抒怀。

春，辞燕赴华山。诸友赠诗为之饯行。出都三日过保定，经庆都，过定州、真定、井陉、黑沙岭。

迂道太原访傅山（青主）不遇，雨返邸次，怅然赋诗却寄。

诗赠傅眉（寿毛）。

经介山。经灵石、霍邑。过洪洞刘子方迟饮三日。农历五月（6 月）抵西岳庙。访王弘撰（山史）。作诗赠山史子伯佐。为无悉作《千尺峡、百尺峡云雪图》并诗。

农历九月（10 月），成《华山图》十二页；并题《杂诗》十二绝句。

1669—1670 年（清康熙八年　乙酉） 49 岁

赠王山史《华山图》并诗。旋返京。(王弘撰《砥斋集》)

离京去兰州。(程可则《海日堂集》诗之二)

秋，返江南，于淮浦之深省堂作《华山图》寄冒襄，并长跋。(《和州志·戴本孝传》)

归鹰阿山。冬，作《迢迢谷雪夜感吟示儿辈》二首。将游历下。

除夕前五日（1670 年 1 月 15 日），至历下。游趵突泉以松雪原韵为诗。

作《诗画合璧册》。(王弘撰《砥斋集》《守砚庵文稿序》)

1670 年（清康熙九年　庚戌） 50 岁

春，客历下，作《济南杂兴》七言即景诗五首。

至清江浦潜庵，作《咏牡丹》等诗。

初夏，病居普应寺，作诗《病中野望》云："木鱼随梦破，精燕逐潮生……药白愁难稳，心旌苦未平……"旅途染疾，凄苦心境可见。

普应寺西寮静坐，和项锡胤诗。浦上逢柳老（疑是柳堉）。疴病未愈，作《疾中感怀》《题画》《西寮送日》诸诗。

冒青若过淮浦寺邸，本孝赋答原韵二首。

送刘体仁假归出都，将游历下。

冒禾书（谷梁）将从刘体仁东游，本孝解羊裘以赠，放歌为之饯行。

迢谷草堂初成。作诗漫赋"谷口风高声更悲，茅屋初葺漫愁吹。且将树色分池影，好纳烟光下月帷"。

1671—1672年（清康熙十年 辛亥） 51岁

题画四首。

除夕（1672年1月29日），于迢迢谷作《感怀诗》。

1672—1673年（清康熙十一年 壬子） 52岁

和移孝《学香山镜换杯》原韵。

居迢迢谷，作《除夕追述》诗20首寄城中移孝、河村从弟格孝两弟和之并示诸子。回忆是冬情况谓："余自燕归，不一月枯鬓尽白。"

是岁，移孝在城中经营药肆，本孝入城卖画，与弟同寝。往往画业萧条，门庭冷落，致生聊赖，不觉凄然。诗云："画山哪可卖？更叹酒钱悭……"

本孝得长孙，取名麦孙。越九月，移孝得子，名苗星，除夕前四日（1673年2月12日）生于迢迢谷。时本孝至城中，雪。

移孝重病，吐血数斗，几殆命。世有讥其凤好炼丹术，故获病。其已无意于人世，乃拒服药。本孝不以为然，命长子钺星跪奉汤药，并吟诗"学道何妨病"勉其进药。病浃五旬，始渐饮食。岁末，本孝还迢迢谷。是岁，本孝命季儿权星课樵至赤石埠（迢谷北邻全椒县境）卖之。举家生计维艰。

是岁，从弟格孝在迢迢谷授子侄经业。

1673年（清康熙十二年 癸丑） 53岁

山寺喜雨，夜坐作诗示从弟格孝。

劝季儿权星力田，诗云："樵路蒙茸纵复横，墓田虽瘠劝儿耕。""传家祖德唯忠厚，何羡虚名白首成。"

诗赠弟子陈诋（季箴）。

入城辄疾，欲还山堂，惯于山居，与尘嚣无缘。中秋，逗逗谷对月吟诗寄移孝、格孝两弟。

1674年（清康熙十三年 甲寅） 54岁

正月初五（2月10日），逗逗谷山中大雪。人日（2月12日），大儿铖星戏堆假雪山，本孝作诗赋之。

静坐马鞍寺，深林石上题诗。

作《感兴》诗，有句言："作梦依然遍神州。"

生日，读七年前自游华山时顾生为之所写小照，顾镜对影，怅然若失，感题其上。

作《阴崖钓叟图》并题。

作《云泉石隐图》祝二舅父七十寿。

1675年（清康熙十四年 乙卯） 55岁

1月26日，舟中度过。

游贵池哪刹矶。

农历三月望日（4月9日），冒雨出歙治岁寒亭，为黄山之行。次夕，抵双溪宿。

过黄土岭。泉口道中逢二十年前故人程能，作《话旧诗》。

杨干道中有诗。

至黄山，作《桃花岩狎浪对雨》诸诗12首。作《黄山图册》十二开（广东省博物馆藏）。

（上海博物馆藏四条屏及《莲花峰图》，安徽博物院藏《黄山文殊院图》，广东省博物馆藏《玉壶峰图》均可能为此时期或稍后作品。）

黄山游归，途经贵池，舟泊清溪，作《感旧诗》三首。

诗中首句言："夹溪双塔卓寒烟，不觉曾游十九年。"十九年前，不知本孝何故至此或曾至贵池。

农历七月三日（8月23日），作《莲花峰图》（瑞士凡诺迪尼藏）。

钺星30岁生日，本孝作诗勉之。

迢迢谷中与诸儿守岁，作诗抒怀。

1676—1677年（清康熙十五年　丙辰）　56岁

2月14日，作《纪怀诗》。

客邗上。

诗赠孙默（桴庵），赠范国禄（十山）。

过文选楼访邓汉仪（孝威）。

李良年（武曾）黔游还，复自颖州过邗，将归嘉禾，过访邸次。雨访黄云（仙裳）不值，后惠诗见存，依韵奉答。

过访兰州谢汉襄。

黄奇生为本孝作《破琴览镜图小照》，本孝作诗赋怀。长歌赠杨季先，兼示顿公伯辅，寄怀恽恪（正叔）（正叔为季先作《蝴蝶牡丹》，本孝以《黟多海云莲图》易之）。

孙枝蔚（豹人）滞豫章，深以为怀，作诗寄赠。

广陵逢方中德（田伯），舟次话旧。有诗。望东皋返棹，复至邗上。

农历五月（6月），东游还迢迢谷。苦雨为患，触怀吟诗二十韵叹示儿辈。水荒千里，农家蚁命，遍地鬼哭，"此后谁家是吾家，儿辈休嗟破茅屋"。

题画，并作《丙辰卒岁四首示儿辈》。

是冬，碧落精庐建成。农历十二月（1677年1月），于碧落精庐作《山水轴》（美国景元斋藏）。

1677年（清康熙十六年　丁巳）　57岁

大雪新霁，于西顾岩碧落精庐礼谒慧兰禅师暨先父遗像（慧兰，和州高僧，南宋抗金兵时自焚身亡，戴重素有宿愿，为禅师建庐祀之，今本孝代父矢志还愿）。

送移孝偕陈谊游陟州。

至苍山，作《白龙濑茶歌》并记："先君子裹创憩苍山巅，至今三十有二年矣，近念旧游，何殊凤梦，二三白头僧一见相慰藉……"

作长诗《白石洞天歌》。

暮春,作《华山毛女洞图》(浙江省博物馆藏)。

生日,作诗示儿辈。

农历九月二十七日(10月23日),先父忌辰,于碧落精庐祭奠。

于碧落精庐西建茅庐,名为"蜕峡",作诗为记。

是冬,谒鸡心山祖墓。

1678年(清康熙十七年 戊午) 58岁

人日(1月29日),于迢迢谷咏《人日叹》抒怀。

春,作诗《柬杜三楚芳讯老梅胜常否》。

三伏竟不雨,耕农惶惶不安。于迢迢谷作长卷以消永忧。

作《雨赏画卷》(上海博物馆藏)。

农历七月(8月),于守砚庵中作《傅山对题册》(上海博物馆藏)。

1679—1680年(清康熙十八年 己未) 59岁

人日(2月17日),忆移孝弟入粤,感吟。

陈志偕移孝过碧落精庐,赋诗三章见示,本孝依韵答之。

初夏,骑驴至含山。途中望鸡笼山即兴吟诗一首。宿安国寺。诗示僧人。

至含山城中,一时文人雅士敬慕其名,纷纷招寻。

诗赠王东柯。赠钟鹿宕。赠王石梅及长君桐源。赠饮香堂唐秩臣。

谒游定夫先生祠。

谒张不二先生遗像,作诗示其孙忠孙,云:"为访张公后,孤忠尚有孙。遗容应下拜,幽愤莫招魂。饿是成仁术,贫为系道根。千秋名教事,九朋一丝存。"感慨孤忠尚有一丝系存,后继有人。

应褒山禅堂唐秩臣之邀同钟孝虎、黄素书过宿一夕,有诗。

过昭关,将欲遍为群山之游,不克果。

望太湖鼓山,触怀为诗吊鹤岩僧人。

夏,旱势至。西郊雩坛有群儒挟僧齐诵祈雨经。本孝郁闷不安,登城望雨不至,裹砚还迢迢谷。

农历六月上弦,客梅山作《仿范华原山水》(安徽博物院藏)。

1685年（清康熙二十四年　乙丑）65岁

农历立春，雪寮静坐，作诗示麦孙。

四日甲子，新霁，欣然赋诗。

作论画诗示学画者，有句云："天地一法象，笔墨万理窟。"阐明戴本孝主张师法造化的艺术思想。

农历三月（4月），作《焦墨山水卷》（中国美术馆藏。伪）。

是秋，山民频有虎患，从来未有也，本孝闻之怆感，有诗四首。

金陵，作诗《长干杂感》。

格孝从弟姑溪逆旅染疾，归河村而殁，作诗长哭。

闻陈诋患疾，赋诗示慰。

至江南采石矶访吴云（舫翁）不遇，怅然返舟，夜不能寝。

此年有与李良年书信往来。

1686年（清康熙二十五年　丙寅）66岁

岁朝，晴雪，闲居碧落精庐，读苏轼《黄州诗》。匡庐谢生索题。除夕前二日（1月21日），雪霁，还迢迢谷。题碧落精庐石壁，"结此庐成又十年"。

元夕（1月24日），至城中。

题《四时画长卷》四首。

和移孝梅花诗。陈诋病中，复和其梅花诗二首。

王楫请画其家山《艾溪图》。

金陵，于三山浮阁作题画杂诗。

题胡致果《九十授经图卷》。

题《溪山心影画卷》赠王楫。

久滞江上，大儿钺星驰省留待旬日，作诗遣其还药肆，兼示山中诸儿。

是秋，访清凉山龚贤，赠以长诗，龚贤亦赠之画。

钟山晚望作《江干》诗一首。

秋倏将半，思归故山，作诗柬王楫。

作《画中杂诗》一组。

农历九月（10月），作《亭皋落木图》。

作《寒月》二首柬盛枬窗、张屋舟。

偕盛栩窗、丘茹升、刘蓁乙过张屋舟处痛饮，月下散步，时渔丘红梅尽放，欣然赋诗二首。

归山中，作诗忆王楫。

作《守砚画册》并题示屏星各家法十二首。

1687年（清康熙二十六年 丁卯）67岁

春，本孝偕盛栩窗、弟子叶肇梓（季良）入迢迢谷观蜕峡牡丹，移孝有诗《送叶季良之邛上》（《历阳典录·碧落后人遗稿》）。

梓人端木生索图，因题以赠。

立夏前一日，同张屋舟阻风针鱼嘴。

过铜井。过板桥。

客长干，吴舫翁忽至，喜赋诗以赠。

长歌题《名山雪霁图》赠吴舫翁六十初度。

长干逆旅，东山汤省老偕王楫（艾溪）赍酒枉顾，赠之以诗，本孝和韵二首。

初伏十日，酷热，市途渴死者甚多。时本孝于长干寺南寮，忽甘雨晓至，喜赋。

题《汾仲江栖阁图》。

题《梅花洞天卷》。

归鹰阿山。

诗赠刘沣湖。

题《高士还山图》怀傅山。

作《三绝图卷》《松岭梅屋图扇页》（上海博物馆藏）；作《山水扇页》，为冒丹书画（辽宁省博物馆藏）。

1688—1689年（清康熙二十七年 戊辰）68岁

春，迢谷草堂乍晴，见水石盂中水仙盛开，援笔写生，并题二首以颂。

患肺疾久而遽瘥，感吟二题。

诗赠翠微山中岩上人。

江上逢宁都魏和公暨其令子昭士。

张总（南村）历游天台、武夷归来，以《山记诗卷》见示，本孝和诗二首。

黄山汪快士忽来长干，与本孝同邸，临别，本孝赠之以诗。

题《武夷第五曲、六曲图》。

长干勖微乞画《梦游小卷》，更以白描《文殊图》见答。

题《登岱图》。

长干勖，作《琉璃塔影歌》。

本孝以先父沉泥砚授子庙星守之，作歌以述其事。

作《深林读书图》寄喻正庵。

作画寄知己，并题五首。

农历九月（10月），在鸠江作《山水图》（瑞典斯德哥尔摩远东美术馆藏）。

农历十月（11月），作《山水》（《笔啸轩书画录》）。

是秋，梅清远订花果会，本孝长歌以答。

除日（1689年1月20日），雪霁，还迢迢谷，适梅花盛开，喜赋以志。

《名山选胜图》（泰州博物馆藏）。

《山川磅礴图》（天津博物馆藏）。

1689年（清康熙二十八年　己巳）69岁

元月21日，本孝率诸儿群孙荐碧落精庐。

农历三月，《春山淡霭图》（《考槃社支那名画选集》二）。

华山王山史至金陵，以所著《周易图说述》见示，本孝作《希夷避召崖图》并题长歌赠之。

偕树居观城北一带桃花园，过雨花台松风阁，诗赠张怡（白云）。

画《千峰梅影图》并题。

丁最庵南岳游归造访，赠之以诗，本孝和之。

柳愚谷七十，本孝作诗寿之。

农历八月（9月），龚贤卒，本孝作五言二首吊之。

是岁秋，曲阜孔尚任（东塘）过访，索画《石门山图》。秋，应邀赴冶城西山道院公宴（孔尚任《湖海集》卷七，有五古一首，题曰《冶城西山道院公宴，同程穆倩、杜苍略、戴务旃、饶正庵、郑谷口、余鸿客、胡致果、陈挹苍、阮岩公、吴介滋、黄云臣、蒋波澄、先渭求、王安节、伏草、司直、张元子、蔡铉升、梁质人、姜斌翼、听吉、蔡临苍、李自怡、王子由、僧蒲庵、云辩、南枝分韵秋江霁色》)。同集者多为本孝知友。

作《陶渊明诗意山水轴》十二帧（扬州博物馆藏）。

又《陶渊明诗意山水轴》十二帧（南通博物苑藏）。

1690年（清康熙二十九年　庚午）70岁

题《云山四时长卷》寄喻成龙（正庵）。

农历二月一十五日（3月25日），作《扇面山水图》（《明清扇面画选集》）。

冒巢民八十，本孝作长歌寿之。

题画。又题《巢民老人避召崖图》。

客东皋百日。

巢民丈人八十得曾孙，作诗贺之。

农历三月，作《天门垂钓图》（上海朵云轩藏）。

农历四月（5月），作《山水》（日本东京私人藏）。

农历五月（6月），滞留如皋，作《杖头高秋图》（《神州大观》续六）。同月下旬，作《峻岭飞泉图》（《画苑掇英》卷一图八十二，或系伪作）。

农历六月下旬，作《寒木虚堂图》（天津博物馆藏）。

为倪正（竹堂道人）作《千峰策杖图》。

客金陵。方有怀遣子虞律至金陵过凤山寺邸索画，本孝并题长句寄之。

秋，长干寺重逢王弘撰，赠之《华山图》并七言长歌一章。复请王为自撰之《守砚庵文稿》作序。（《砥斋集》）

农历十月（11月），长干寺邸作《杜诗山水册》（北京故宫博物院藏）。

作《仿倪瓒山水》（美国普林斯顿私人藏，著录见《穰梨馆过眼录·续录》卷十一），"至乐楼本"（香港）、"王季迁氏本"（美国）可能均是这时期作品。

作《山色泉声图》（程十发旧藏）。

1691年（清康熙三十年　辛未）71岁

客金陵，宋以伟以秦淮水阁为华山王山史下榻。阁外凭望钟山，本孝欣然赋诗。

皖江叁无彦以其尊甫仅斋先生遗命征画。因题十四韵寄之。

为王道林画兰并题《画兰歌》长诗以赠。

作《示林修青溪意园图》并题诗。

农历六月（7月），作《山水册》十页（见《梦园书画录》卷二十三）。

和许参军《岳麓纪梦诗》。

客东皋，时维七夕，观前人《七夕图》，集巢民诗次韵。

农历闰七月初九（9月1日），本孝生日。诗云："生当七夕后二日，不记几逢闰七夕。今年我复来东皋，恰值行年七十一……若怀千古不死心，食力四方空在笔……"

客海陵（江苏泰县东），闻黄俞邵讣音，怆然作诗以悼。

杜岕（些山）故，作诗悼之。

农历九月（10月），客东皋为丹臣作《象外意中图卷》（私人藏）。

农历十月（11月），为曹寅作《楝亭图》（《文物》1963年第6期）。

《巢民老人观菊图》疑为此时作品（安徽博物院藏）。

客东皋，作《拟北苑秋山》（安徽博物院藏）。

长子铖星至东皋迎父还迢迢谷，与冒禾书兄弟之子共话两家渊源。

是岁，作《浅色山水图》（《历代流传书画编年表》，148页）。

1692年（清康熙三十一年　壬申）　72岁

石柱冲咏梅花绝句二十首和王安节（宓草）。

是岁五月不雨，题诗自遣。

诗赠顾敏成。

王楫（艾溪）属画，寄历下李兴祖，为修历下亭而作。

农历九月初，至山东任城，于泮宫观汉五碑，作歌遥寄淮阴张力臣。

登任城太白楼，观少陵南池。时与本孝同游者有会稽王子盛、襄平佟图南暨本孝次子屏星。有诗为记。又感赋七言诗一首，书南池亭上。

初至任城署中（诗中有记：乘舟自石头城至任城，一千三百里，兼旬始至，时值九月中旬）。

王安节相继至历下来访，见示新诗，和之。

借王安节登华不注峰，屏星随同。日暮始返，各赋五言诗四首为记。

历下观察署斋逢贵池刘估四（刘城季子），本孝和韵二首。

为李广宁作《四时云山无尽图卷》，并题绝句八首。

作五言诗四首记游。

客历下，《感遇即事》诗呈喻正庵、盐使李广宁兼致朱复斋。

喻正庵本孝王艾溪、安节暨次儿屏星同游锦屏山龙洞。有诗记游。

谢别喻正庵，作诗感述。

李广宁修复古历下亭，本孝有诗并记。

农历七月（8月），作扇面《山水》（《风雨楼扇粹》第五册）。

为喻正庵《雪峤寒梅图卷》（故宫博物院藏）。

1693年（清康熙三十二年 癸酉）73岁

春二月（3月），游历下未归，为朱湘（子青）作《山水册》十二页（沈阳故宫博物院藏）。另有《茅斋梅鹤图轴》（中国国家博物馆藏）。另据朱缃文集知本孝为其作画四幅，除《孤松老鹤图轴》又《晴峰晓树图》《秋江落雁捕鱼图》等三幅。

作《绝命辞》十章。

农历六月望日，本孝病卧渔邱寺。绝粒兼旬，其孙扶归迢迢谷，一息待尽，书绝句十首。自谓"鹰阿山归樵"。恍惚中犹不忘惦念岁逢旱灾，百年未有，山农不知何以生存？

病重，书其梦题于壁间。

恍惚中，又于壁间画竹并题。

画梅并题。

农历七月初一（8月2日），戴本孝病卒于迢迢谷。葬鹰阿山。（《和州志·戴本孝传》）

凡条目未注明出处皆参见戴本孝著作《余生诗稿》《不尽诗稿》。

1992年10月初稿于和州北望堂

2000年10月二稿于北京融斋

2018年9月修订于怀柔留云草堂

2019年2月再校订

图书在版编目（CIP）数据

戴本孝评传 / 许宏泉著 . -- 沈阳：辽宁美术出版社，2021.11
（戴本孝研究丛书）
ISBN 978-7-5314-8961-0

Ⅰ . ①戴… Ⅱ . ①许… Ⅲ . ①戴本孝（1621-1691 后）—评传 Ⅳ . ① K825.72

中国版本图书馆 CIP 数据核字（2021）第 227701 号

出 版 者：	辽宁美术出版社
地　　址：	沈阳市和平区民族北街 29 号　邮编：110001
发 行 者：	辽宁美术出版社
印 刷 者：	辽宁新华印务有限公司
开　　本：	787mm×1092mm　1/16
印　　张：	23.25
字　　数：	500 千字
出版时间：	2021 年 11 月第 1 版
印刷时间：	2021 年 11 月第 1 次印刷
责任编辑：	彭伟哲　吴 绰
责任校对：	郝　刚
装帧设计：	一瓢文化・邱特聪
书　　号：	ISBN 978-7-5314-8961-0
定　　价：	260.00 元

邮购部电话：024-83833008
E-mail:lnmscbs@163.com
http://www.lnmscbs.cn
图书如有印装质量问题请与出版部联系调换
出版部电话：024-23835227